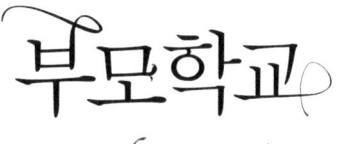

ⓒ 2004 by Gary L. Thomas
Originally published in English as With:
SACRED PARENTING by Zondervan, Nashville, TN, USA.
All rights reserved.

This Korean translation edition ⓒ 2007 by CUP, Seoul, Republic of Korea
Published by arrangement with The Zondervan Corporation L.L.C.,
a division of HarperCollins Christian Publishing, Inc. through rMaeng2,
Seoul, Republic of Korea.

이 한국어판의 저작권은 알맹2 에이전시를 통하여 Zondervan과 독점 계약한 도서출판 CUP에 있습니다.
신저작권법에 의하여 한국 내에서 보호받는 저작물이므로 무단 전재와 무단 복제를 금합니다.

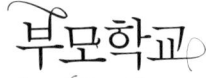
Sacred Parenting

초판	01쇄 발행 2007년 12월 03일
	25쇄 발행 2025년 05월 12일
지은이	게리 토마스
옮긴이	윤종석
발행인	김혜정
기획위원	김건주
마케팅	윤여근, 정은희
디자인	홍시 송민기
발행처	도서출판 CUP
출판신고	제 2017-000056호 (2001.06.21.)
주소	(04549) 서울특별시 중구 을지로148, 803호 (을지로3가, 중앙데코플라자)
전화	02) 745-7231
팩스	02) 6455-3114
이메일	cupmanse@gmail.com
홈페이지	www.cupbooks.com
페이스북	facebook.com/cupbooks
인스타그램	instagram.com/cupmanse/

ISBN 978-89-88042-38-0 03230   Printed in Korea

* 파손된 책은 구입하신 서점에서 교환해 드리며 책값은 뒤표지에 있습니다.

게리 토마스의
인생학교
05

부모학교
Sacred Parenting

게리 토마스 | 윤종석 옮김

자녀 양육은 놀라운 축복이다
자녀를 기르며 우리 영혼도 아름답게 빚어진다

Sacred Parenting

How Raising Children Shapes our Souls

GARY L. THOMAS

브레이디와 셜리 바빙크에게!
두 분의 모본과 가르침은
가장 고귀한 영적 유산을 남겨 주셨습니다.

추천의 글

일상(日常)에서 이상(理想)을 경험하게 하는 자녀 양육

후암동에 사는 나는 남산에 종종 올라 서울 시내를 조망하곤 한다. 어느 쪽으로 가야 광화문으로 갈 수 있는지, 은평구 방향은 어디인지, 인왕산은 어디에 있는지 남산에 오르면 훤히 보인다. 《부모학교》는 흡사 자녀 양육의 전망대와 같은 책이다. 또한 자녀 양육의 목적과 의미와 방향을 알려주어 부모들이 길을 잃지 않고 자녀 양육의 여정을 잘 감당할 수 있도록 성경적 세계관을 제공해 준다. 이 책의 안내를 따라 자녀 양육의 여정을 떠날 때 다음과 같은 유익을 경험할 것이다.

첫째, 하나님을 깊이 경험하게 된다. 게리 토마스는 이 책에서 '신성한 자녀 양육'이란 표현을 자주 사용한다. 더러운 기저귀를 치우고, 걸음마장이의 생떼를 받아주고, 사춘기의 반항을 겪어내야 하는 일이 '신성한' 일이 될 수 있을까? 저자는 자녀 양육이 우리의 일이 아니고, 하나님의 일임을 강조한다. 그리고 자녀 양육을 통해 하나님께 영광을 돌리도록 부름 받았음을 역설한다. 이 신성한 소명을 인식하며 나아갈 때 보다 깊고 새로운 방식으로 하나님을 경험할 것이다.

둘째, 부모를 어떻게 영적으로 성장하게 하시는지를 배우게 된다. 저자는 자녀 양육이 부모를 위한 최고의 영성훈련 과정이라고 말한다. 하나님께서는 자녀들만 깨끗하게 하시는 것이 아니라 부모의 성품을 만지시고 다듬으신다. 자녀 양육을 통해 인내와 견딤과 희생을 가르쳐 주시며, 역경과 고난에 직면하게 하시고, 두려움에 맞서는 용기를 길러 주신다. 우리를 끔찍이 아끼시어 자녀들을 우리의 영성훈련을 위한 소중한 교사와 선지자로 보내셨음을 깨달을 때 자녀 양육이라는 길에 숨겨진 수많은 보화를 발견할 것이다.

마지막으로, 일상에서 경이로운 기쁨을 경험하게 된다. 자녀 양육의 여정에는 애간장이 녹는 고통의 순간들이 분명히 있다. 그러나 저자는 그것이 전부가 아니요 하나님이 주시는 심오한 경이와 기쁨과 감사가 있음을 구체적으로 이야기해 준다. 저자의 안내를 따라가다 보면 일상(日常)에서 이상(理想)을 경험할 것이다.

하나님을 더 깊이 경험하고, 영적으로 성장해 나가고, 천국의 기쁨을 누리길 원하시는 분들은 꼭 이 책을 밑줄 그으면서 읽으시길 진심으로 추천한다.

김정일 | 목사, 삼일교회 청장년진 및 기독교세계관아카데미 담당

"너도 멋진 부모가 될 수 있어!"

20년 전 유학 시절, 아내의 난산 후에 인큐베이터 안에 있는 첫 아이와 만났다. 그 작은 몸을 꼼지락거리며 "당신이 아빠입니까?"라고 말하는 듯 나의 얼굴을 빤히 쳐다보던 아이의 모습이 지금도 생생하다. 아빠가 되던 그 순간의 감격을 잊을 수 없다. 동시에 그 순간 왠지 모를 책임감과 두려움을 느꼈다. 정말 좋은 아빠가 되고 싶었다. 그러나 그런 만큼 아빠 노릇은 어떻게 하는 것인지에 대한 막연함이 몰려왔다. 어쩌다 아빠가 되었지만, 아빠가 된다는 것이 무엇인지에 대해 깊게 생각해 보거나 공부를 해 본 적이 없었기 때문이다. 그때 이 책을 만났더라면 얼마나 큰 힘과 위로가 되었을까? 저자의 말처럼 "우리는 자녀 양육의 '방법'을 말하는 데 들이는 시간이 너무 많아서 똑같이 중요한 자녀 양육의 '이유'는 간과"할 때가 많다. 이 책은 부모의 역할을 잘하기 위해서는 먼저 부모의 정체성을 분명히 정립해야 함을 도전한다. 자녀 양육 책들 대부분이 방법론에 관한 것이라면, 이 책은 자녀 양육의 의미와 목적, 특별히 성경적인 부모 됨이 무엇인지를 이야기한다. 이 책은 자녀 양육에서도 하나님께 영광 돌리는 삶을 살기 원하는 부모들의 필독서이다.

어린 시절에 어른들을 보면 모두가 성숙한 사람들로 보였다. 그러나 내가 어른이 되어 보니, 심지어 부모가 되어 보니, 성숙하고 듬직한 모습은커녕 여전히 어리고 불완전 모습으로 가득해 당황스러울 때가 많다. 다만 나이를 먹을수록 내 안에 있는 어린 모습은 감추면서 완벽한 어른처럼 보이는 기술만 계속 늘어나는 것 같다. 그래도 부모 노릇을 해야 하기에 최선을 다해야 하고, 최선을 다해도 여전히 변하지 않는 자녀들을 보며 무력감을 느끼거나 죄책감에 빠질 때도 많다.

그러다가 다시 힘을 내어 좋은 부모가 되기 위해 자녀 양육에 관한 방법을 찾아본다. 자녀 양육 방법이 때론 실질적인 도움이 되기도 하지만, 오히려 그 지침들이 내가 부모로서 정말 부족한 사람임을 다시 각인시켜 준다. 그런 시기에 이 책을 읽었다.

"자녀 양육 과정이야말로 인간이 떠날 수 있는 최고의 영성 훈련 여정의 하나"라는 저자의 말이 큰 깨달음은 물론 위로와 격려로 다가왔다. 하나님께서 나를 부모로 세우신 것은 나의 완벽함이 아니라 부족함 때문이고, 어른이 되어도 여전히 철 들지 않은 나를 성숙하게 하는 하나님의 최고의 교육 방법이 바로 나를 부모로 세우신 이유다. 자녀 양육은 부모와 자녀가 동반 성장하는 최고의 교육 방법이다. 자녀 양육의 현장에서 위로와 격려가 필요한 부모들이, 그리고 자녀 양육의 부담감과 죄책감에서 벗어나기를 원하는 부모들이 꼭 이 책을 읽어 보면 좋겠다. 그리고 내가 이 책을 읽으면서 들었던 하나님의 속삭임을 동일하게 듣기를 기대한다.

"야, 너도 멋진 부모가 될 수 있어!"

유경상 | 박사, 기독교세계관교육센터(CTC) 대표, 《하나님, 생각이 뭐예요?》 저자

감사의 말

자신의 삶이 책에 실리도록 너그럽게 허락해 준 우리 집 세 아이 앨리슨, 그레이엄, 켈시에게 감사하고 싶다. 아이들은 이 책에 나오는 자신들과 관계된 이야기를 모두 읽고 게재를 승낙해 주었다.

신성한 부모의 역할을 충실히 수행하심으로 부모 노릇의 모범을 보여 주신 나의 부모님 E. J.와 제네바 토마스에게 감사드리고 싶다.

초고를 읽고 유익한 소감을 밝혀 준 많은 독자가 있다. 그들은 짐과 코니 슈모처, 질 타케무라, 셜리 바빙크, 니콜 위태커, 애니 칼슨, 래리 개드바우, 제리 토마스, 메리 케이 스미스, 멜로디 로드 박사다. 지금 독자의 손에 들려 있는 이 책은 그들의 통찰력 있는 의견과 제안 덕분에 더욱 풍성해졌다.

스티브와 레베카 윌키 박사에게 특별히 감사드린다. 그들의 지원과 격려, 그리고 책의 내용에 대한 통찰은 이루 말할 수 없을 정도다. 그들을 친구이자 동역자로 주신 하나님께 감사드린다.

캐시 카펜터 박사와 그 남편 고든도 이 책을 검토해 주었다. 까다로운 자녀 양육을 다룬 자신의 미간행 원고를 인용하도록 허락해준 캐시에게 특별한 빚을 졌다. 그 가치를 알고 그녀의 원고를 출간할 출판사를 속히 만나기를 소망한다.

케빈 리먼 박사에게도 감사하고 싶다. 그의 우정과 지원, 그리고 집필과 강연 사역에 대한 멘토링은 정말 소중하다. 늘 곁을 지켜주는 나의 저작권

대리인 칩 맥그리거에게 감사하며, 비서인 로라 톰슨에게도 감사를 전한다. 그녀의 다양한 은사 덕분에 나 역시 은사를 발휘할 수 있었다. 그리고 훌륭한 조언과 우정과 지원을 아끼지 않은 그 남편 스티브에게도 감사한다.

나는 어머니들의 시각도 함께 담고 싶어서 통찰력과 종종 위트까지 겸한 여성 저자들의 도움을 받았다. 그녀들의 묵상에 힘입어, 남자인 나로서는 역부족인 부분이 보충되었다. 특히 레이첼 커스크, 아이리스 크래스노, 낸시 퍼츠-크레이머 랍비에게 감사하고 싶다.

존더반 출판사는 여느 때처럼 최상의 작업을 해주었다. 존 슬로운과 더크 버스마는 내 원고를 몰라보게 다듬어 주었다. 이메일을 맡아주고 사람들에게 이 책에 대해 소개할 기회를 열어 준 존 탑리프와 그레그 스틸스트라에게 감사하며, 스캇 볼린더의 개인적 격려에 특별히 감사한다.

끝으로 성인의 경지에 가까운 인내를 보여 준 아내 리자에게 감사하고 싶다. 홈스쿨링 중인 아내에게 불쑥 끼어들어 문단이 적절한지, 예화가 맞는지 물어볼 때마다 아내는 친절히 응대해 주었다. 리자는 이 책에 가장 큰 영향을 미쳤다. 내 사무실과 가까운 거리에 아내가 없었다면 이 책을 어떻게 썼을지 상상이 안 된다.

contents

추천의 글 6
감사의 말 10

01 아빠 하나님
자녀 양육은 하나님을 갈망하게 한다 15

02 가장 뼈저린 아픔
자녀들이 역경과 고생에 직면하도록 허용하는 용기 35

03 죄책감 뒤에 숨은 보화
자녀 양육은 죄책감을 다루는 법을 가르쳐 준다 57

04 천국이 잡히는 순간
자녀 양육은 하나님의 음성을 듣는 법을 가르쳐 준다 85

05 오, 이 기쁨!
자녀 양육은 하나님의 경이로운 기쁨을 누리게 한다 111

06 지독히도 무력한 자리
자녀 양육은 두려움에 맞서는 용기를 길러 준다 139

07 불타는 사랑
자녀 양육은 분노 처리법을 가르쳐 준다 161

08 망가짐 저편의 영광
자녀 양육은 외양을 넘어 영광을 보게 한다 189

09 유난히 힘든 아이도 선물이다
자녀 양육은 인내와 견딤과 오래 참음을 가르쳐 준다 213

10 삶을 영원히 바꿔 줄 성경의 가장 지루한 장
자녀 양육은 인생에서 정말 중요한 것이 무엇인지 가르쳐 준다 237

11 모전여전 부전자전
자녀 양육은 우리의 성품 계발을 독려한다 257

12 희생
자녀 양육은 우리에게 희생을 가르쳐 준다 277

13 떠나보내기
자녀 양육은 통제와 두려움을 넘어 신뢰와 소망에 이르게 한다 309

14 당신이 받을 상
자녀 양육은 신성한 소명이다 341

주 351

Chapter 01

아빠 하나님

자녀 양육은
하나님을
갈망하게 한다

자녀 키우기가 쉬웠다면 애당초 출산이 진통으로 시작되지도 않았을 것이다.
_ 무명

우리가 깨지는 곳도 가정이고 우리가 치유되는 곳도 가정이다.
_ 칼 위태커(Carl Whittaker)

그런즉 사랑하는 자들아 이 약속을 가진 우리는 하나님을 두려워하는 가운데서 거룩함을 온전히 이루어 육과 영의 온갖 더러운 것에서 자신을 깨끗하게 하자.
_ 고린도후서 7장 1절

우리 딸 켈시가 두 살 무렵의 일이다. 어느 날 켈시가 가족 식탁 의자를 일일이 가리키며 말했다. 그때 아빠인 나는 집에 없었다. "엄마, 앨리슨, 그레이엄, 켈시 …." 그렇게 쭉 이름을 대던 켈시가 내 빈 의자를 가리키면서는 "하나님"이라고 말했다.

"하나님이 아니지, 켈시." 아내 리자가 고쳐 말했다.

"거긴 아빠 자리야."

"예수님." 켈시는 씩 웃으며 다시 말했다.

아내로부터 그 얘기를 들은 지 사흘 후, 온 가족이 어느 호텔 방에 함께 있었는데 켈시가 또 그랬다. 켈시는 가족을 하나씩 가리키며 이름을 대기 시작했는데, 내 차례가 되자 "예수님" 하고 말했다.

"난 예수님이 아니야, 켈시." 내가 말했다. "난 아빠야."

"아빠 하나님." 켈시가 대답했다.

나는 황당해서 딸에게 사실을 설명하려 애썼으나 두 살짜리 아이에게 먹힐 리가 없었다. 내가 본론으로 들어갈 즈음 켈시는 신학보다 훨씬 더 재미있는 것을 찾아냈다. 사방으로 빙빙 돌릴 수 있는 자신의 조그만 발가락이었다.

이 일은 아이들을 양육하는 내게 매우 큰 감흥을 주었다. 돌이켜 보면, 아직 20대의 무지하기 그지없었던 내가 우리 아이들에게는 얼마나 커 보였던가! 약간 경륜이 쌓인 40대의 지금은 내가 아이들에게 얼마나 턱없이 작아 보이는지 웃음이 날 정도다! 그레이엄은 수학시험에서 나를 앞지를 수 있고(하지만 이 글을 쓰는 현재, 다행히도 골프 시합에서는 한 번도 나를 이긴 적이 없다), 큰딸이든 막내딸이든 나를 신으로 착각할 가망성은 전무하다.

그러나 초보 아빠 시절의 그 일화를 통해, 젊은 아빠인 나는 정말 눈이 뜨였다. 아이들이 걸음마를 떼고 열 살이 넘어 사춘기를 맞기까지 아빠가 함께하는 시간이 많을수록 아이들은 삶 속에서 하나님의 임재를 더 느끼는 것 같았다. 아빠와 함께 보내는 시간이 적어질수록 아이들도 기도를 덜 하는 것 같았다. 이런 현상 앞에서 나는 정신이 번쩍 들고 겸허해졌다. 아이들 마음속에 하나님을 향한 열망과 갈급함이 자라는 데 많든 적든 내가 영향을 끼치고 있었다.

하나님을 향한 나 자신의 열망과 갈급함도 아빠로서의 내 본분과 연결되어 있다. 자녀 양육 경력이 20년이 채 안 되지만, 자녀를 키운 기간이 그 이전의 세월을 다 합한 것보다도 영적, 정서적, 관계적으로 더 넓어졌다고 해도 무리는 아니다.

자녀 양육이 왜 개인적 성장과 성찰에 유력한 통로가 되는 것일까? 자녀를 기르는 과정에는 하나님만이 소유하고 계신 기술이 필요하다. 그러나 우리는 하나님이 아니다. 아이들은 우리를 "아빠 하나님"이라 부를지 몰라도, 그 하나님 앞에서 턱없이 부족한 우리에게 자녀 양육은 우리가 철저히 인간임을 일깨워 준다. 우리는 하나님이 사랑하시듯 완전하게 사랑하지 못한다. 관계를 맺고 이해하며 친밀함을 쌓는 부분에서 우리는 하나님과 달리 역부족이다.

자녀 양육은 내 평생 가장 의미 깊고 보상이 큰일 중 하나였지만, 그 과정에서 낮아지고 좌절하며 때로 완전히 오리무중에 빠지기도 했다. 나는 어린아이나 사춘기 자녀를 키우는 법에 관한 책은 절대 쓸 수 없다. 많은 면에서 아직도 무지하기 때문이다! 이 책에서 딸의 학업 성취를 돕는 5단계나 아들의 사춘기 대비를 위한 10단계를 기대한다면 실망할지도 모른다. 대신 이 책에서는 하나님께서 어떻게 자녀들을 사용해 우리를 영적으로 키우시는지 살펴볼 것이다.

큰딸이 태어나고 몇 주 후부터 내 삶의 법칙이 달라졌다. 남쪽 오리건주로 내려가던 길에 우리는 요기를 하려고 잠시 식당에 들렀다. 한때 내가 세상에서 제일 좋아하던 음식은 아이스크림 전문점 데어리퀸의 블리저드라는 메뉴였다. 이 환상적인 메뉴의 창시자는 그리스도인이 틀림없었다. 성령의 감화가 아니고서는 M&M 블리저드처럼 맛있는 음식이 나올 수 없을 테니 말이다.

우리는 햄버거와 감자튀김을 주문했고 내 몫의 블리저드도 샀다. 날씨가 화창해서 음식을 들고 밖으로 나왔는데, 바로 그 순간 우리 딸이 사흘 주기가 됐는지 기저귀에 왕창 일을 벌였다. 우리 첫아이는 아기 때부터 '모아두기'를 좋아했다. 교회에 가려고 길을 나섰든지 저녁을 먹으려고 막 자리에 앉았든지 자기를 목욕시키는 일을 막 끝냈든지 상관없이 자기 편한 시간에 72시간 분량의 배설물을 쏟아내기를 좋아했다.

그 무력감을 잊을 수 없다. 감자튀김은 식으면 별로 맛이 없고, 블리저드도 녹으면 제맛이 아니다. 하지만 족히 10분에서 15분은 걸릴 일이 우리를 기다리고 있었다. 아기가 한꺼번에 몰아서 일을 보다 보니, 기저귀를 가는 것으로 끝나지 않고 사실상 목욕을 시킨 다음 옷까지 전부 갈아입혀야 했다. 그것도 어디를 가는 길에 말이다.

"그렇게 서 있지만 말고 좀 거들어요!" 아내 리자가 말했다.

"하지만 …."

나는 10분 정도의 저장 수명으로 이미 눅눅해지고 있는 감자튀김을 쳐다보았다. 맛을 약속하며 입맛을 다실 뿐 …. 어느새 땡볕 아래 금방이라도 끓을 것만 같은 내 블리저드를 속절없이 노려보았다. 그리고 음식 봉투를 차 위에 올려놓고 작업에 들어갔다.

정말 삶이 달라졌다. 당신에게는 작은 희생처럼 들릴지 모르나(그리고 15년이 지나서 지금 돌아보니 별일 아니었지만) 당시 스물다섯이던 내게 그 일은 일대 전환점이었다. 나는 다른 사람의 필요를 나 자신의 필요보다 앞세우는 법을 배우고 있었다. 자녀 양육이라는 영성 훈련의 여정이 이제 막 시작된 줄은 꿈에도 몰랐다.

우리 부부는 자녀 양육법을 가르치는 여러 책과 세미나에서 큰 유익을 얻었지만, 자녀들이 우리를 빚어왔다는 사실도 점차 깨닫게 되었다. 자녀 양육은 일방통행로가 아니라 양방향 통행로다! 우리 아이들은 우리에게 희생하는 법(12장)과 죄책감의 처리법(3장)을 가르쳐 주었다. 우리에게 경청의 기술을 터득하게 했고, 우리로 무릎 꿇고 기도하게 했다(4장). 웃는 법(5장)과 슬퍼하는 법(9장)과 용감하게 사는 법(6장)을 보여 주었다. 그리고 우리보다 크신 분께 의존할 수밖에 없는 우리의 부족함과 필요를 절감하게 해주었다(13장). 영성 훈련에서 내가 아는 가장 영향력 있는 일 중 하나는 자녀 양육의 경험이다.

자녀는 하나님이 보내신 스승이다

하나님이 자녀를 사용해 우리를 가르칠 수 있고, 자녀를 가르치고 기르도록 부름을 받은 우리가 오히려 그들에게서 영적 통찰을 얻을 수 있다는 이 개념은 우리 주님에게서 온 것이다. 이 부분에서 그분은 가히 혁명적인 존재였다.

1세기에는 아이들이 그다지 중요한 존재가 못되었고 사실상 전혀 존중받지 못했다. 집에서야 자기 자녀를 아꼈겠지만, 사회는 그저 참아주는 정도였다. 당시 언어에서 1세기의 그런 편견을 엿볼 수 있다. 아이에 해당하는 헬라어의 한 단어(파이스 또는 파이디온)에는 '종'이나 '노예'라는 뜻도 있다. 또 다른 단어(네피오스)에는 미숙하고 미련하며 무력하다는 의미가 담겨 있다. 그리스 철학자들은 어리석거나 미련한 사람을 꾸짖을 때 늘 '네피오스'라고 불렀다. 실은 성경 기자들도 그리스도인들에게 "지혜에는 어린아이(파이디아)가 되지 말고"라고 권고했다(고전 14:20).[1]

그런데 예수께서 성가시고 시끄러운 한 어린아이를 불러 무리 가운데 세우셨으니 사람들이 얼마나 놀랐겠는지 상상해 보라(마 18:1~9).

예수는 아이의 어깨에 손을 얹으시고 "이 작은 꼬마야말로 모두가 따라야 할 본"이라고 당당히 말씀하셨다.

아이 자신도 화들짝 놀랐을 것이다! 아이들은 어서 어른이 되고 싶어 안달이다. 비천한 신분을 벗어날 날을 애타게 고대한다. 그러나 예수는 "아니다, 너희가 핵심을 완전히 놓치고 있다. 이 어린아이처럼 자신을 낮추지 않으면 결단코 천국에 들어갈 수 없다."라고 말씀하셨다. 이런 뜻이다. "지금 아이들을 보고, 지금 아이들에게서 배우라. 그리고 아이들처럼 되려고 꿈꾸라."

성전에서 환전상들을 몰아내신 직후에도 예수는 그러신다(마 21:12~16 참조). 예수는 강도들을 쫓아내실 뿐 아니라 눈먼 자들과 저는 자들을 고쳐 주신다. 아이들이 소리치기 시작한다. "호산나, 다윗의 자손이여."

대제사장들과 서기관들은 격노하여 그분께 따졌다. "저희의 하는 말을 듣느뇨?"

예수께서 대답하셨다. "그렇다. 어린 아기와 젖먹이들의 입에서 나오는 찬미를 온전하게 하셨나이다 함을 너희가 읽어 본 일이 없느냐?"(마 21:16)

이 무슨 일인가? 종교 지도자들은 예수를 이렇게 책망했다. "너를 메시아 취급하는 이 무지하고 미련하며 천한 아이들을 단속하라. 네가 아이들은 속일 수 있을지 몰라도 우리에게는 네 속이 훤히 보인다!" 예수는 예리하게 상황을 뒤집어 사실상 이렇게 말씀하신다. "너희는 속고 있지만, 저 '무지한' 아이들은 아니다!"

'미숙하고 천진난만한' 아이들이 교육받은 성인들보다 더 이해력이 뛰어났다는 사실을 예수는 기뻐하셨다. 갈릴리에서 무리에게 말씀하시던 중에 그분은 이렇게 선포하셨다. "천지의 주재이신 아버지여, 이것을 지혜롭고 슬기 있는 자들에게는 숨기시고 어린아이들에게는 나타내심을 감사하나이다. 옳소이다 이렇게 된 것이 아버지의 뜻이니이다"(마 11:25~26).

아이들의 비범함은 영적인 의미에서 그 무력한 상태에서 나온다. 성경과 기독교 영성의 일관된 가르침처럼, 교만은 인류 역사상 가장 큰 영적 결함이다. 복음의 메시지는 교만한 자들을 분개하게 만든다. 복음의 철칙대로, 우리는 자신이 타락하고 무력한 자이며 누군가 대신 값을 치러주고 외부에서 힘을 불어넣어 인간 본연의 삶을 살게 해주어야 함을 인정해야만 한다. 어린아이야말로 이 진리의 완벽한 화신이다.

그러나 이 책의 메시지는 우리가 아이들을 보면서 뭔가 배울 수 있다는 개념에서 끝나지 않는다. 자녀 양육 과정이야말로 인간이 떠날 수 있는 최고의 영성 훈련 여정의 하나라는 것이 나의 믿음이다. 우리가 영적으로 아주 완벽히 냉랭하지 않으면 자녀를 돌보고 기르며 훈련하고 사랑하는 여정은 우리에게 지울 수 없는 짙은 흔적을 남긴다. 우리는 예전과 같은 사람이 될 수 없다. 영영 달라지고 영원히 변화된다. 아이들에게 그들을 길러줄 부모가 필요한 것만큼이나 우리도 아이들을 길러야 할 필요가 있다.

하나님의 영광을 위해 자녀를 주셨다

〈신성한 결혼생활〉 세미나 참석자들에게 결혼 사유를 물으면 머뭇거리는 경우가 많다. 그들 중에는 꽤 어린 나이에 결혼한 사람들도 있고, 다분히 피상적이며 이기적인 이유로 결혼한 사람들도 많다. 성경적 결혼에 요구되는 깊은 헌신과 섬김의 소명을 알고 결혼한 사람은 거의 없다.

안타깝게도 우리 대부분은 자녀를 갖는 이유도 똑같이 피상적이다. 어떤 여성들은 혼전임신 상담소 상담자들에게, 자신을 사랑해 줄 사람을 만들고 싶어 임신을 원했노라고 말한다. '집안의 대를 잇는' 것을 중요시하는 남자들도 있다. 어린 아기들이 '너무 귀여워 보여' 자녀를 두는 부부도 있다. 그런가 하면 자아도취에 빠져 자기네 둘을 합한 인간을 만들고 싶은 부부도 있다. 아기가 있으면 적적한 결혼 생활에서 해방될 것으로 생각하는 사람도 더러 있다.

솔직한 고백으로 내가 아이를 간절히 원했던 데는 가까운 부자관계와 친밀한 부녀관계를 경험해 보고 싶은 이유도 있었다. 우리 아버지가 내게 영웅이었듯이 나도 내 아이들에게 영웅이 되고 싶었다. 자녀를 둠으로써 내 남성성이 확인될 것 같았다. 하지만 듣기에는 고상할지 몰라도 그런 동기들 역시 자아도취에 뿌리를 두고 있다. 자녀에 대한 이상주의적인 관념과 실제 가정생활에 대한 낭만적인 시각에 기초한 것이다.

얼마 지나지 않아 부모라면 누구나 깨닫는 것을 나도 알게 되었다. 우리에게 태어나는 아기들은 하나님의 은혜가 필요한 죄인이며, 하루

24시간 보살핌을 필요로 하는 의존적인 인간이다. 가정생활에 대한 우리의 낭만적 관념과 감상주의는 첫 기저귀 봉지가 채 떨어지기도 전에 이런 현실로 말미암아 허물어질 수밖에 없다.

자녀 양육의 도전을 헤쳐나가려면 뭔가 그보다 견고한 영구적 기초가 필요하다. 자녀를 두는 최고의 이유, 즉 단순한 감상 너머의 유일한 영속적 이유는 너무 단순해 심오하게 보이지 않을 수 있다. 하나님이 우리에게 자녀를 출산하도록 명하신다(창 1:28). 우리가 '생육하고 번성하는' 것은 그분의 뜻이며, 이것은 이 땅에서 하나님을 섬기며 그분 나라의 영광을 위해 일할 영적으로 민감한 자녀들을 기르는 것도 포함된다. 신명기 6장과 시편 78편에는 창세기의 지시가 보다 확대되어, 우리는 하나님을 사랑할 뿐만 아니라 또한 그분을 사랑하고 그 계명에 순종할 자녀들을 길러내야 한다고 되어 있다.

다시 말해서 자녀를 두는 것은 우리의 일이 아니라 하나님의 일이다. 우리는 하나님의 영광을 위하여 자녀를 낳고 기르도록 부름을 받았다.

자녀 양육에 있어 우리 대부분은 본래부터 이기적이다. 우리는 나에게 뭔가 유익이 있기를 바란다. 그러다 자녀가 늘 착실하지만 않고 속 썩일 때도 있다는 현실에 눈뜨는 순간 우리는 분개하고 괘씸해하며, 가정은 금세 영적으로 탁한 기류에 휩싸일 수 있다. 자녀 양육의 목적을 이해하지 못하면 그 과정이 지겨워진다.

자녀를 두는 것이 우리의 일이 아니라 하나님의 일임을 깨달으면 자녀 양육의 시련과 희생을 감내하기가 훨씬 쉬워진다. 우리는 어려움 이면의 목적을 보며, "내 일이 아니라 그분의 일"이라고 자신을 일깨우게 된다. 궁극적인 관건은 이제 자녀가 얼마나 내 자랑거리가 되는가가 아니라 하나님이 맡겨주신 본문을 내가 얼마나 충실히 수행하는가가 된다. 우리의 소망과 기쁨을 죄인의 반응에 둔다면 그것은 기껏해야 위태로운 일이다. 같은 소망과 기쁨을 걸음마나 사춘기 때 죄인의 반응에 둔다면 그것은 환멸과 절망을 자초하는 일이다.

자녀 양육은 물론 결혼생활도 우리에게 실망과 상처와 좌절을 안겨 준다. 물론 순전한 희열의 순간과 초월에 가까운 경이의 순간도 있다. 하지만 오해는 금물이다. 가정생활은 우리를 찢어 놓을 수 있다. 이기적인 동기밖에 없다면 우리는 자녀 양육의 가장 큰 도전에서 달아날 것이다. 일단 실망하면 우리는 고통을 피해 어릴 적 은거했던 그 조개껍질 속으로 숨어들 것이다. 어렸을 때처럼 자기 방이나 뒷마당으로 숨지는 않겠지만, 사무실, 회의실, 헬스클럽, 커피전문점, 심지어 교회로 숨어들 것이다.

이렇게 해보자. 결혼생활과 자녀 양육이 우리에게 행복한 순간도 많이 주지만, 우리 존재의 뿌리에까지 도전이 되기도 하는 현실을 받아들이자. 가정생활이 그 무엇보다도 우리에게 시련이 됨을 인정하되, 그것이 하나님의 소명이며 우리를 온전하게 하시는 그분의 계획의 일환임을 받아들이자. 우리도 죄인이고 하나님이 주신 자녀들도 죄인이며 다 함께 한가족으로서 하나님을 향해 자라가야 함을 깨닫고 나면 가정생활의 목적과 방향이 완전히 달라진다. 하나님이 우리를 더욱더 예수 그리스도를 닮은 사람으로 변화시키기 위해 더러운 기저귀와 걸음마장이의 생떼와 사춘기의 침묵에 세례를 베푸실 수 있음을 이해할 때, 가정생활은 성직이 된다.

방금 말한 내용은 우리 대부분이 말로 표현하지 않았을 뿐 이미 심중으로 알고 있는 것들이다. 목사인 내 친구 하나가 나더러 무슨 책을 쓰느냐고 묻기에 이 책 이야기를 했더니, 자기 부부가 아들을 기르며 겪었던 몇 가지 문제를 들려주었다. 그리고는 이렇게 고백했다. "아내도 나도 확신하고 있네. 제프를 기른 일이야말로 영적으로 말해서 우리 인생에 가장 큰 영향을 준 일 가운데 하나라고 말일세."

수상(受賞) 소설가 레이첼 커스크(Rachel Cusk)는 말했다. "어머니는 순교자이자 동시에 악마가 되는 것을 배운다. 어머니가 되고서야 나는 나 자신의 선한 면과 악한 면을 둘 다 보았고, 세상의 선과 악에 더 일체감을 느꼈다. 만약 내게 자녀가 없었다면 그런 극단적 개성을 드러내는 일은 없었을 것이다."[2]

발달장애 자녀를 낳은 한 어머니는 말했다. "아무것도 바꾸고 싶지 않아요. 이런 아들이 있어 오히려 다행이에요. 그렇지 않다면 지금의 나는 없었을 테니까요. 아이를 생각하면 정상 상태가 좋겠지만, 그간 내가 배운 것을 생각하면 유감이 없어요."

그간 배운 것을 생각하면 유감이 없다

여러모로 이 말이 이 책의 메시지다. 신성한 자녀 양육의 여정에서 당신을 이처럼 고백할 수 있는 자리로 인도하는 것이 이 책의 목표다.

"간혹 어려울 때도 있었지만 그간 내가 배운 것을 생각하면 유감이 없다."

우리 부부는 3남매를 두었다. 현재 딸 앨리슨은 열여섯 살, 아들 그레이엄은 열세 살, 딸 켈시는 열한 살이다. 우리 부부는 아직도 이 과정의 한가운데 있고, 그래서 나는 방법론 책은 쓸 엄두가 안 난다. 이 책은 그보다 '이유'와 '경험'을 담은 책이다.

그동안 우리가 깨달은 것이 있다. 까다로운 아이와 총명한 아이, 우리를 울리는 아이와 웃음을 주는 아이, 무릎 꿇어 감사하게 하는 아이와 무릎 꿇어 두려움으로 기도하게 하는 아이, 우수한 아이와 뒤처지는 아이 등 이들 모두가 우리에게 뭔가 가르쳐 줄 것이 있다. 이 모두가 자녀 양육에 대한 하나님의 마스터플랜의 일부다.

우리가 자녀를 기르는 동기

당신에게 일단 자녀가 있다면 자녀 양육의 동기는 무엇인가?

아이를 낳기만 하고 양육하는 데 필요한 희생은 마다하는 부모들이 있다. 부동산 업계의 한 유명한 거물이 최근 어느 기자에게 이렇게 말했다. "나는 두 달에 한 번만 저녁 식사 때 내 딸을 볼 수 있다면 그걸로 족하다. 항상 옆에 있어야 좋은 아버지가 되는 것은 아니다."[3] 아이를 갖겠다는 결정은 비교적 쉽다. 그러나 날마다 아이를 기르려면 전혀 다른 결정이 요구된다. 아침 일찍 일어나 자녀의 숙제를 도와주거나 밤늦도록 딸과 함께 그날 있었던 일을 대화하도록 당신을 움직이는 것은 무엇인가? 자녀에게 필요한 것을 해주려고 정작 당신은 계획 없이 지내는 까닭은 무엇인가? 아이들과 함께 집에 있으려고 당신이 좋아하는 일들을 포기하는 이유는 무엇인가?

당신이 편모라면, 몸이 녹초가 되어 천근만근인데도 일인다역을 계속하는 이유가 무엇인가? 당신이 계부모라면, 그 모든 고생을 감내하며 위태로운 관계를 조정하고 일각에서 사실상 불가능하다고 말하는 상처를 안고 있기 일쑤인 서로 다른 두 가정을 성공리에 융합하는 일에 애쓰는 이유가 무엇인가? 당신이 양부모라면, 한때 남의 자녀이었던 아이에게 그토록 지극 정성을 다할 마음이 어디서 났는가?

우리는 자녀 양육의 '방법'을 말하는 데 들이는 시간이 너무 많아서 똑같이 중요한 자녀 양육의 '이유'는 간과한다. 결국 '방법'을 끌어내고 결정짓는 것은 '이유'이므로 그건 안타까운 일이다. '이유'가 잘못되어 있으면 우리의 동기가 비뚤어진다. 그리고 '방법'이 효과적이라 해도 결국 빗나가게 된다!

바울은 고린도후서 7장 1절에 '이유'를 아주 분명하게 밝힌다. 언뜻 보기에 이 구절은 자녀 양육에 관한 말씀처럼 들리지 않을 수 있지만 (문맥상으로는 자녀 양육에 대한 구절이 아니지만), 신약성경을 통틀어 자녀 양육에 대해 가장 유익한 구절일 수 있다.

> 그런즉 사랑하는 자들아, 이 약속을 가진 우리는 하나님을 두려워하는 가운데서 거룩함을 온전히 이루어 육과 영의 온갖 더러운 것에서 자신을 깨끗하게 하자.

우선 바울은 자녀들이 아니라 우리 자신을 깨끗하게 하는 데 주력해야 한다고 말한다. 우리 중에는 자녀를 깨끗하게 하는 일에 매달리려는 유혹 때문에 자신의 영적 성장은 간과하는 사람들이 많다. 케빈 리먼(Kevin Leman) 박사는 자녀 양육이란 항공기 비상사태와 비슷하다고 말한 적이 있다. 모든 탑승객은 이륙 전에, 산소마스크가 내려오면 자녀에게 씌워주기 전에 부모 먼저 써야 한다는 교육을 받는다. 왜 그럴까? 비상시에 아이들에게는 명료한 판단력으로 훌륭히 대처할 수 있는 부모가 필요하기 때문이다. 부모인 우리가 산소마스크를 쓰지 않는다면 사고가 흐려질 것이고, 결국 우리의 판단에 의존하고 있는 자녀들이 위험하게 된다.

상공에서의 물리적인 원리가 지상에서 영적으로도 똑같이 적용된다. 하나님과 동행하는 우리 자신의 '영적 산소'를 무시하면, 우리의 동기는 오염되고 만다. 그러면 분별하고 공감하며 격려하고 지적하는 능력이 떨어지게 된다. 우리는 자녀 양육을 하나님이 우리 아이들을 기르심과 동시에 부모인 우리들을 깨끗하게 하시는 과정으로 보아야 한다.

이 광범위한 정화 과정은 '육과 영의 온갖 더러운 것'을 아우른다. 이 과정은 우리를 약물 남용, 구타, 성적 부도덕, 욕설 따위의 명백한 '물리적' 죄를 훌쩍 넘어 시기, 두려움, 원망, 분개심, 강압, 소유욕 같은 보다 은밀한 오염으로 데려간다. 바울은 이 정화 과정이 깊고도 철저한 영적인 병 고침이라고 경고한다. 자녀 양육을 통해 우리는 여태 있는지조차 몰랐던 영적인 죄들을 대면하게 되고, 장점인 줄만 알았던 자기 내면의 약점을 지적받는다. 대형차가 쑥쑥 지나다닐 만큼 커다란 구멍이 자녀 양육 과정에서 드러난다.

바울은 이것을 '거룩함을 온전히 이루는' 과정이라 했다. 이는 신약성경을 통틀어 내가 제일 좋아하는 바울의 말이다. 나는 이 말이 그냥 좋다! 타락한 죄인인 우리는 그리스도께서 오시는 날까지는 그분의 형상을 온전히 반사하지 못한다. 그때까지 우리는 얼룩을 닦아내고 금 간 곳과 모난 곳을 잘 갈아 우리를 통해 그리스도의 영이 최대한 빛나게 해야 한다. 이러한 영적 성장의 과정은 총체적이고도(온갖 더러운 것에서), 지속적이어야 한다(온전히 이루어, 현재시제).

그런데 우리가 이렇게 애써 수고하는 이유는 무엇인가? 자녀 양육에 그런 식으로 접근하는 동기는 무엇인가? 바울의 말은 이 이상 확실할 수 없다. 즉 우리는 "하나님을 두려워하는(경외하는) 가운데서" 행하는 것이다. 하나님을 경외하는 마음이 우리의 동기가 되면 가정생활에서 우리가 늘어놓는 변명의 99.9%는 사라진다. 하나님은 영원토록 경외 받기에 합당하신 분이며, 따라서 우리는 거룩함을 향해 나아가지 않는 쪽으로 행동할 구실이 전혀 없어진다.

내 삶의 한 예를 생각해 본다. 어느 주말 강연 출장을 갔다가 일요일 밤늦게 돌아왔다. 딸을 며칠간 못 봤기에 나는 몇 시간도 못 자고 일어나 딸을 직접 학교에 태워 주었다. 버스 편도 있었지만, 내가 태워 주면 딸이 좀 더 잘 수도 있고, 가는 길에 함께 이야기도 할 수 있다.

내 딴에는 그럴 줄 알았다. 그러나 월요일답게 딸은 월요일 무드에 젖어 있었다. 에베레스트산을 들 수 없는 것만큼이나 나는 딸의 입에서 단 한마디도 끌어낼 수 없었다. 딸은 고맙다는 말도 없이 침묵이 가득했던 차를 내렸다. 평소 감사 표현에 빠른 앨리슨이었지만, 그날은 영락없이 사춘기 소녀의 아침이었다.

내가 "자녀 중심의 아버지"라면 괘씸해 당장 속이 부글부글 끓었을 것이다. '일부러 잠도 못 자고 일어났는데 고작 나에게 이렇게 나와? 다시는 이렇게 태워 주나 봐라! 다음에는 잠이나 푹 자고 골프나 치자!' "자녀 중심의 부모"는 자녀가 자기에게 잘할 때만 그들에게 잘해 준다. "자녀 중심의 아버지"는 자녀가 자기의 희생을 고마워하는 만큼만 희생한다. "자녀 중심의 어머니"는 자기 행동의 기초를 자녀의 반응에 둔다.

반면, "하나님 중심의 부모"는 하나님을 경외하는 가운데서 행동한다. 자녀가 나를 어떻게 대하든, 자녀에게 다가가 그 삶에 개입하며 성경적으로 바로잡아 주고 사랑으로 지원해 주는 것이 하나님의 뜻임을 나는 안다. 아이들이 내게 어떻게 반응하느냐보다 하나님이 나를 어떤 일로 부르셨느냐가 더 중요하다. 내가 딸을 사랑하는 것은 사실이지만, 몇 시간밖에 못 자고 자리에서 일어나는 것은 그 사랑 때문만이 아니라 하나님을 경외하는 마음에서다.

차이가 보이는가? 중요성도 보였으면 좋겠다. 하나님이 우리의 동기가 되지 않으면, 우리는 잎사귀를 가지로 삼고 가지를 잎사귀로 삼는 경향이 있다. 예의 바르고 말 잘 듣는 아이로 기를지는 몰라도, 최고로 중요한 것은 전수하지 못한다. 자녀 양육의 관건이 오직 행동 수정에 있다면, 예수는 바리새인들을 칭찬하고 간음한 여자를 단죄하셨을 것이다.

우리 자신의 영적 추구가 자녀 양육의 동인이 되어야 한다. 영적인 미해결 과제나 무시된 부분은 반드시 우리 관계 속에 부정적인 방식으로 파고든다. 우리는 더 닦달하고 더 강압하며 더 참지 못하고 더 분개한다. 배우자나 자녀는 하나님이 우리 영혼에 주신 영적 갈증을 채울 수 없다. 하나님을 무시할 때, 우리는 결혼생활과 자녀 양육을 그 본래의 취지와 무관하게 하나님의 대역으로 삼는다.

이 책을 통해 이러한 영적 추구를 이해하고 우리 가정과 하나님 나라의 유익을 위해 자녀 양육을 거룩하게 하는 것이 내 바람이다. 그리스도인의 자녀 양육은 정말 신성한 여정이다. 그 초대에 응해 우리는 자신을 깨끗하게 하고, 자녀를 키우는 과정을 통해 거룩함을 온전히 이루되, 날마다 끊임없이 하나님을 경외하는 마음으로 그리할 수 있다. 이러한 이해를 갖추고 자녀 양육에 들어서면 힘든 부분들까지도 새로운 의미와 목적을 띠게 된다.

우리는 거룩한 스승들 속에서 살고 있다. 때로 그들은 자신이나 우리를 멸시한다. 성질을 부릴 때도 있고 우리를 껴안고 뽀뽀하며 사랑할 때도 있다. 좋을 때든 나쁠 때든 그들은 우리 마음을 빚고 우리 영혼을 성장시키며, 더 깊고 새로운 방식으로 하나님을 경험하도록 우리를 초대한다. 자녀 양육의 신성한 여정 중에 눈물도 많이 흘리겠지만 길모퉁이마다 헤아릴 수 없이 많은 축복이 우리를 기다리고 있다.

Chapter 02

가장 뼈저린 아픔

자녀들이 역경과
고생에 직면하도록
허용하는 용기

햇빛만 나고 비가 없으면 남는 것은 사막이다.
_ 아랍 속담

생각건대 현재의 고난은 장차 우리에게 나타날 영광과 족히 비교할 수 없도다.
_ 로마서 8장 18절

아비가일 애덤스(Abigail Adams)가 살던 시대에는 중요한 외교 임무를 띤 아버지의 해외여행에 자녀를 딸려 보내면, 몇 주가 아니라 몇 년이 지나야 다시 만날 수 있었다. 언젠가 그런 여행을 앞두고 존 퀸시(John Quincy)는 갈등했다. 그렇게 오랫동안 어머니와 떨어져 있는 것에 자신이 없었다.

그런데 아들에게 건넨 아비가일의 작별 편지를 보면 아비가일이 무엇을 가장 중요시했는지 알 수 있다. 아비가일은 아들 존 퀸시를 치마폭으로 잡아끄는 대신 아들의 결심을 굳혀 주었다. 이별이 힘들었고, 앞길에 만만찮은 위험이 도사리고 있음을 그녀는 알고 있었다(18세기 바닷길은 아무래도 위태로웠다). 하지만 그녀는 맏아들에게 영향력 있는 아버지를 둔 혜택을 십분 누려야 할 본분도 일깨워 주었다. 그런 혜택에는 그에 상응하는 희생과 모험이 뒤따르지만, 결국 모험과 함께 혜택을 수용하면 더 풍성한 삶을 누릴 수 있었다. 아비가일은 아들에게 이렇게 속 깊은 말을 적어주었다.

훌륭한 성품은 고요하고 잔잔한 삶 속에서 빚어지지 않는단다.

왕성한 사고 습관은 역경과 싸우는 중에 형성되며, 커다란 난관이 네게 위대한 덕성을 선물하리라 믿는다. 심금을 움직이는 광경들을 통해 생각하는 힘을 잘 기르고 격려하면, 그냥 잠잘 뻔했던 너의 귀한 자질들이 생명을 입고 깨어나 영웅과 정치가의 성품을 빚을 것이다.[1]

영적으로 약한 부모라면 이런 편지를 쓰는 것이 죽기보다 괴로울 것이다. 힘들어하는 자녀를 지켜보는 것보다 더 큰 아픔은 없다. 아비가일은 자기 남편에 대해 "그가 상처를 입으면 나는 피를 흘린다"라고 말한 적이 있다. 대다수 부모가 자녀에 대해 똑같이 말할 것이다. 부모치고 한 번쯤 하나님께 이렇게 매달려보지 않은 사람이 있을까. "주님, 아이가 살 수만 있다면 저 고통을 제가 당해도 좋습니다." 하지만 아비가일은 더 큰 시각을 품었다. '커다란 난관'이 없이는 아들이 절대로 '위대한 덕성'을 기를 수 없다고 생각했다. 그녀는 도전으로 가득 찬 삶이 곧 영혼을 다듬는 삶임을 알았다. 성숙한 아들을 원했기에 그녀는 시련을 똑바로 응시하며 "네가 이기나 내가 이기나 한번 해보자"라고 말하도록 아들을 가르쳤다. 그렇지 않고는 아들 안에 잠자고 있는 위대한 성품이 표면에 떠오르지 않고 그냥 묻힐 수도 있었다.

아비가일의 방식은 통했다. 존 퀸시는 자라서 아주 훌륭한 인물이 되었다. 미국 역사상 가장 창의적이고 유능하며 실력 있는 국무부장관 중 한 사람이었으며, 나라의 최고 직위인 대통령에까지 올랐다. 그 뒤로 국회의원으로 일하면서 노예제도 종식을 위해 열심히 뛰었다.

나라에 이런 영향력과 감화를 끼친 인물을 길러냈다면 어느 어머니인들 자랑스럽지 않겠는가.

당신이 자녀를 위해 가장 바라는 것은 무엇인가? 편안함인가 덕성인가? 이 둘은 서로 충돌할 수밖에 없다. 그래서 우리는 매일 선택해야 한다. 신성한 자녀 양육은 자녀의 고생 없는 삶보다는 봉사 정신과 덕성을 선택하는 현명한 부모가 되도록 우리를 초대한다.

너는 특별하다

아비가일의 태도를 오늘날의 흔하디흔한 반대 현상, 즉 자녀에게 조금도 스트레스나 고생이 없게 하려는 광적인 노력과 비교해 보라. 이런 소심한 신세계에서 경쟁은 금물이다.

스포츠 전문지에 실린 '릭 레일리(Rick Reilly) 칼럼'에 따르면 뉴욕, 텍사스, 유타, 버지니아주 일부 학군은 피구를 법으로 금했고, 다른 많은 학군도 같은 조치를 고려하고 있다. 피구는 승자와 패자가 분명하다. 공에 맞은 사람은 아웃이다. 이것이 아동의 자존감을 해칠 수 있다고 보는 사람들이 있다. 피구 시합이 공격성을 길러 준다고 우려하는 전문가들도 있다. 다른 아이에게 정면으로 공을 던져야 하니까 말이다.

하지만 모험 없이 진정 보상다운 보상이 있을 수 있을까? 테스토스테론(남성 호르몬의 일종) 이상 분비로 초등학교 3학년 때부터 면도를 해야 했던 아이에게 살금살금 다가가 내 조막손으로 불시에 공을 던져

맞추고는 그의 충격 받은 얼굴을 지켜보던 일보다 더 신났던 기억은 별로 없다. 장사같이 힘센 아이가 던진 완벽한 공을 너끈히 받아내던 스릴은 더 컸다. 이 나라의 일부 주도적인 교육 사상가들 덕분에 요즘 아이들은 절대 그런 경험을 할 수 없다. 스포츠 기자 릭 레일리는 이렇게 개탄했다.

> NPR(공영 라디오 방송)을 듣고 스타벅스를 단골로 드나드는 모든 부모가 무엇을 원하는지 나는 안다. 그들은 자기 아들딸들이 경쟁 없이 아늑한 뱃속에서 자라기 원한다. 거기는 모두가 두부를 나누어 먹고, 동화 속 빨간 모자와 몸집 큰 나쁜 늑대가 하나의 마을을 이루는 곳이다. 그러나 이 아이들이 비틀비틀 현실 세계의 밝은 빛 속으로 나가게 되면, 약자와 강자가 있고 팀과 편이 있으며 승리와 패배가 있음을 알게 될 것이다. 당신은 그런 아이들이 세상을 가득 채우고 있음을 알 것이다. 그들은 경쟁력이 없다.[2]

이런 교육인 중 일부는 피구를 금하는 것으로 양이 차지 않는 것 같다. 그들은 의자 빼앗기 놀이도 문제로 본다. 음악이 끝날 때마다 자리를 차지하지 못한 아이는 자존감이 무너질 소지가 있다는 것이다.

이들 수호자에게 안전한 시합이란 거의 없다. 캘리포니아주 산타모니카의 프랭클린 초등학교는 이제 '감독 없는' 술래잡기도 금했다. 레일리는 이 시합을 구할 길을 제시했다. 술래가 다른 아이를 잡으면

"네가 술래다"라고 외치게 되어 있는데, 그 규정을 바꾸어 "너는 특별하다"라고 외치게 하라는 것이다.

서글픈 사실은, 이런 시합들로 상처를 입는 것은 아이들이라기보다 부모들이라는 것이다. 그렇게 터무니없이 극단으로 치닫는 것은, 자녀를 살리기 위함이 아니라 부모 자신을 살리기 위함이다. 아들이나 딸이 고생하는 것을 보는 것은 자신이 공에 맞는 것보다 갑절의 용기가 필요하다. 그래서 부모들은 아이들이 고통에서 피해가도록 꾀를 부려보는 것인지도 모른다.

여기서 요지는 경쟁만이 아니다. 결혼과 가정 상담자인 내 친구 멜로디 로드(Melody Rhode) 박사는, 역경과 고생 없이 귀하게 기르자는 철학 밑에서 자란 아이들일수록 중독, 비만, 자살, 무기력에 빠질 소지가 높고 삶에 주눅이 드는 예가 많음을 경험을 통해 발견했다. 그녀의 지적에 따르면 '성장통'은 무릎의 통증을 넘어 마음의 아픔과 영혼의 실망(성숙을 향한 여정에 꼭 뒤따르는 경험)에도 적용된다. 우리가 모든 모험과 도전과 가능한 거부에서 자녀를 감싸고돈다면 그들은 자칫 발달이 저지되어 미성숙을 면치 못할 것이다.

자녀를 사랑하기에 우리는 그들이 아파하고 실망하는 모습도 지켜보고 그들의 울음소리도 들을 수 있을 만큼 영적으로 강해져야 한다. 그렇지 않으면 속 빈 강정처럼 무난하고 고분고분한 자녀로 키울 위험이 있다. 이런 부분에서 우리 자신의 미성숙과 영적 나약함이 우리 자녀들을 해칠 수 있다.

고분고분한 아이로 키우고 싶은가?

마릴리 존스(Marilee Jones)는 미국 최고 명문대학 중 하나인 매사추세츠공과대학(MIT) 입학처장이다. 2002년 4월에 그녀는 이 학교에 불합격한 한 남학생의 아버지에게서 편지를 받았다. "당신이 내 아들을 대학에서 떨어뜨려 이렇게 비참하게 만들었소. 법정에서 봅시다."

이런 일은 비일비재하다. 존스 씨는 이렇게 경고한다. "날이 갈수록 요즘 부모들은 자녀의 대입 과정에 지나치게 개입하고 있으며, 많은 경우 그들의 행동과 태도는 도를 넘어서고 있다."[3]

내 친구 짐 슈모처(Jim Schmotzer)도 같은 생각이다. 마릴리 존스처럼 짐의 직업도 아이들을 상대하는 일이다. 학교 교사 출신인 그는 현재 북서부에서 대규모 대학부 사역을 이끌고 있다. 그러다 보니 짐은 현대 자녀 양육 방식의 열매를 가장 가까이에서 보아왔다. 짐에 따르면, "요즘 아이들은 부모가 사사건건 과잉보호 대변자로 나서는 첫 세대다. 자녀의 성적이 나쁘게 나오면 교사 잘못이다. 자녀의 경기 출전 시간이 부족하면 코치를 비난한다. 내가 보기에는 대다수 아이가 대략 평균치인 것이 당연한데, 모두가 자기 자녀만은 특별하거나 적어도 평균 이상인 줄 안다." 아울러 짐은 자신도 이런 지적에서 배제하지 않는다. 자신도 이런 문제로 애먹고 있고 어떤 때는 다른 부모들에게서 본 것과 똑같은 실수에 빠지기도 한다고 솔직히 고백한다.

짐의 말은 이렇게 이어진다. "현세대에 부모인 우리는 굳이 자녀를 고생시키지 않고 성공시키려 애써 왔다. 이런 접근법의 문제는 아이들이 스스로 지혜를 터득하지 못하고 결정 능력을 배우지 못한다는 것이다. 나는 우리가 성공보다 실패에서 더 많이 배운다고 믿는다. 그러나 부모가 자녀의 실패를 막아주면 우리 자녀들은 어쩔 수 없이 지혜가 부족할 수밖에 없다."

짐은 또 이렇게 덧붙인다. "요즘 아이들은 생활 수준이 높고 좋은 식당에서 먹으며 좋은 옷을 입고 좋은 차를 타고 다닌다. 자기가 일을 하든 하지 않든 그렇다. 아이들은 점차 이런 생활 스타일을 규범으로 생각하며, 본인이 일을 해야 그렇게 살 수 있다는 사실을 깨닫지 못한다. 이런 의미에서 그들은 삶의 현실에 부닥칠 일이 전혀 없기에 공상 세계에 살고 있다. 지식적으로는 높은 교육을 받았지만, 배운 것을 어떻게 써먹어야 할지 실제적 기술이 부족한 아이들이 많다."[4]

2001년 〈월간 애틀랜틱〉(Atlantic Monthly) 4월호에 실린 기사에서 데이비드 브룩스(David Brooks)는 1979년에서 1982년 사이에 태어난 사람들을 "인류 역사상 최고의 감독 밑에서 최고의 기량을 연마한 세대"[5]라고 평했다. 브룩스는 부모들이 자녀에게 모든 혜택을 주려고 사력을 다하고 있다고 지적했다. 그 증거를 아직 모태 안에 있는 태아의 두뇌 활동을 자극하기 위해 특수 제작된 음반 '태교 음악'에서 찾을 수 있다. 혹시 당신이 잠자느라고 아기의 발육 초기부터 그런 혜택을 주지 못했다면, '똑똑한 아기 두뇌를 위한 모차르트 음악(바이올린 콘체르토 3번)'으로 늦게라도 따라잡으면 된다.

우리 아이들은 이런 사회에서 성품이 필요 없다. 약만 제대로 있으면 된다! 사실 전 세계의 리탈린(주의력 결핍 및 과잉행동 장애(ADHD) 치료제-역자 주)과 상표등록 없는 상용 약들의 약 90%는 미국에서 생산

되고 복용된다.[6] 두 연구자의 지적처럼, 개구쟁이 데니스가 요즘에 태어난다면 즉시 리탈린을 처방받을 것이고, 찰리 브라운은 프로작(항우울제-역자 주) 후보감 1순위가 될 것이다(물론 정말로 이런 약들의 도움이 필요한 아이들도 있지만, 다루기 힘든 아이들에게 일단 약부터 주는 경우가 너무 많다고 교사들은 말한다). 우리는 과잉보호와 과다한 약물 처방 속에서 아이들을 필요 이상으로 오냐오냐하며 키우고 있다.

그 결과 여기저기서 속 빈 강정처럼 극도로 고분고분한 아이들이 나오고 있다. 브룩스의 진단에 따르면 "그들은 책임감이 있다. 관용적이다. 총명하다. 마음씨도 착하다. 그러나 그들이 사는 나라는 행복과 성공을 미친 듯이 좇느라 죄의 언어, 죄와의 싸움을 통한 성품 개발의 언어를 상실한 곳이다. 악이란 더 나은 교육, 치료, 프로작으로 치료될 수 있는 것으로 통한다. 덕성 대신 우리는 성취를 말하고 있다."[7]

이 모두가 거룩함보다 행복을 추구한 결과라고 나는 믿는다. 거룩함과 행복이 상호배타적이라는 말은 아니나(실은 공존할 때가 많다), 자녀들을 위해 성품 개발보다 스트레스 없는 삶을 선택하려는 유혹이 우리 앞에 존재한다. 나라고 절대 예외는 아니다. 최근에 우리 막내 딸 켈시가 제일 친한 친구 로라와 함께 출장길의 아빠를 따라 플로리다주 올랜도에 갔었다. 우리는 미리 가서 여유 있게 있었으므로, 하루 반의 내 강연 일정을 중심으로 매직 킹덤, 시월드, 디즈니-MGM 스튜디오에 다녔다. 강연 당일에도 켈시와 로라는 리조트 수영장에서 세 시간쯤 보내고 호화 객실에서 비디오를 두 개나 보았다. 우리는 식사도 룸서비스로 먹었고 하루 두 차례 세탁 서비스도 받았는데, 그녀는 우리 아이들을 위해 박하사탕을 주고 가곤 했다.

그러나 시애틀부터 올랜도까지 비행시간이 너무 길어 우리 부부와 로라의 어머니는 비행기 안에서 가지고 놀 선물을 사주었다. 켈시는 공손히 그것을 자신의 '생존 장비'라 선언했다. 딸의 그런 모습을 보노라니 나도 모르게 웃음이 나왔다. 나흘간 놀이동산에서 놀려고 휴양지에 가는 아이에게 거기까지 가는 동안 생존 장비가 필요하다고 생각하는 부모는 미국에만 있을 것이다. 기도하는 법을 배우려면 지루함을 받아들이는 것이 중요하다고 세미나 때마다 가르치는 내가, 정작 아버지로서는 내 어린 딸을 한시도 지루하지 않게 해주려고 애쓰고 있었다.

켈시를 올랜도에 데려갔던 그 주에 우리 아들 그레이엄은 여름 캠프에 갔다. 부모들이 자녀에게 심심풀이 보따리를 보내도 된다는 아내의 말에, 나는 40달러를 들여 군것질거리, 만화책, 물총 몇 개, 껌, 일회용 카메라, 박하사탕 따위를 샀다. 물건을 건네고 나니 이번에도 역시 나 자신에게 웃음이 나왔다. 캠프란 재미있게 놀러 가는 곳이다. 거기 가면 하루 18시간씩 놀 텐데 굳이 내가 그레이엄에게 심심풀이 보따리를 챙겨줘야 한다고 느낀 이유는 무엇일까?

아이들도 약간의 지루함과 역경쯤은 견딜 수 있어야 한다고 믿으면서도 막상 내 자녀들이 고생하는 모습은 보기 싫다. 자녀들이 역경에 부딪치면 내 마음이 이루 말할 수 없이 아프다. 아이들의 실패를 본인들보다 내가 더 속상해한다. 아비가일 애덤스에 비하면 나는 아직도 한참 나약한 아버지다. 그러나 노력하고 있다. 세상이 험한 곳이며 거기서 살아나가려면 더 강인해져야 함을 아이들에게 보여 주려 노력하고 있다. 모험에 나서는 가치, 언뜻 보기에 너무 벅차서 감당 못할 것 같은 도전을 이겨내는 가치, 포기하지 않고 실패를 딛고 일어나는 법을 배우는 가치를 우리 아이들이 알았으면 좋겠다.

그 이유는 그것을 배움으로 아이들은 첫째 것을 첫 자리에 놓아야 할 필요성을 이해하게 되기 때문이다.

위장된 행복으로 자녀의 눈을 가리지 말라

우리는 자녀의 삶을 최대한 편하게 해주려는 본능적인(그러나 반드시 거룩하지는 않은) 성향이 있다. 그리고 자녀의 특정한 성취를 애써 바라며 거기에 집중한다. 이 둘이 합해지면 결국 부모인 우리가 인생에서 무엇을 가장 중시하는지 보인다. 자녀에게 무엇을 강조하는가를 보면 부모 마음속의 진짜 열망이 드러난다.

메릴랜드주 게이더스버그의 C. J. 머헤니(Mahaney) 목사는 '복음 중심의 자녀 양육'[8]이라는 제목의 탁월한 메시지에서 자녀 양육 에너지의 대부분을 똑똑하고 품행이 단정하고 '성공한' 자녀를 만드는 데 들인다면, 부모의 그런 배려가 더 좋은 목표를 막을 수 있다고 경고한다. 그는 묻는다. 우리 아이들을 위해 가장 중요한 것은 무엇인가? 하버드나 예일 법대에 넣는 것인가? 스물한 살이 되도록 한 번도 흉이 지거나 마음고생이 없게 해주는 것인가? 말투가 공손하고 경제적으로 독립한 자녀로 기르는 것인가? 그것도 좋은 목표지만, 이렇게 자문해 보라. 병원에 입원한 적도 없고, 고급 식당의 외식 매너가 익숙하고 편하며, 유수한 법률회사의 공동 경영자인(그러나 영혼은 영원한 위험에 처해 있는) 자녀가 정말 당신이 길러내고 싶은 아들이나 딸인가?

성경 사무엘상에 우리에게 주는 강력한 경고가 있다. 대제사장 엘리의 두 아들은 일하는 여인들과 동침했고 하나님의 제물로 자기 배를 불렸다. 그 시대에 아버지의 신분으로 보아 꽤 유복하게 살았을 그들이다. 엘리는 그들의 소행이 싫으면서도 막지 않았다. 아들들의 거룩함보다 행복을 택했다 해도 과언이 아니다. 그 결과 그는 하나님의 진노를 샀다. 하나님은 "어찌하여 네 아들들을 나보다 더 중히 여겨"라며 엘리를 책망하셨다(삼상 2:29). 엘리의 두 아들은 하나님의 원수가 되었다. 오죽하면 성경에 "이는 여호와께서 그들을 죽이기로 뜻하셨음이었더라"라고 했을까(삼상 2:25).

내 자녀들이 하나님의 무서운 진노를 받는 길에서 행복을 느낄 수 있다니 상상만 해도 몸서리가 쳐진다! 그래서 머헤니 목사는 자녀 양육의 '본업'은 자녀들의 구원을 위해 그들도 예수 그리스도의 복음의 종이 되도록 그치지 않고 기도하고 노력하며 수고하는 것임을 우리에게 환기시킨다. 내 자녀들도 바울처럼 자신을 "그리스도 예수의 종 … 하나님의 복음을 위하여 택정함"을 입은 자로 고백할 수 있다면 좋겠다(롬 1:1). 신성한 자녀 양육은 단순히 행동 수정을 꾀하는 대신, 우리 자녀들에게 하나님과의 관계에 대한 필요성과 그 필요를 채워주시는 그분의 놀라운 응답을 일깨워 준다. 그들이 이런 공허함을 경험하지 못한다면 하나님의 해결책이 귀한 줄도 모를 것이다.

행동이 우리 마음의 죄성을 정직히 들여다보는 것이라기보다 뇌 화학물질의 균형을 바로잡는 것이라면, 용서와 회개의 복음 메시지와 성령의 내주하심과 능력 주심은 하등 소용이 없다. 머헤니 목사는 훈육 후에 꼭 아들에게 "너에게나 아빠에게 왜 구주가 필요한지 알겠니?"라고 말한다. 이것이 신성한 자녀 양육이다. 마음속을 들여다보고 진짜 약점을 시인하며 진짜 해답인 구원을 인정하는 것이다.

우리 아이들이 한 번도 다치지 않는다면, 죄인은 아니고 그저 '병든' 것이라면, '잘못'은 없고 그저 부당한 코치나 교사나 교장 등에게 '억울하게' 당한 것이라면, 그들은 절대 구주의 필요성을 느끼지 못할 것이다. 그들은 언제나 아담의 서투른 방식대로 자신의 영적 잘못을 남 탓으로 돌릴 것이다. 그리고 결국 그로 인해 하나님의 진노에 부딪칠 수 있다.

물론 자녀가 아프면 우리도 아프다. 그러나 자녀에게 구주가 필요함을 우리가 가리게 된다면 자녀의 영원한 장래는 훨씬 참담해진다. 우리의 가장 뼈저린 아픔이 자녀에게는 가장 중요한 아픔일 수 있다. 자녀의 구원을 빼앗는 대가로 나의 아픔을 면한다면 이 얼마나 비참한 손해인가.

머헤니 목사의 가르침은 아버지인 내게 첫째 것을 첫 자리에 두어야 함을, 즉 복음으로 시작해야 함을 일깨워 준다. 그러려면 아주 어렵고도 아주 중요한 진리를 받아들여야 한다. 하나님 나라가 내 자녀의 개인적 안락보다 훨씬 중요하다는 사실이다. 나는 우리 아이들을 예뻐하고 끔찍이 여기지만, 그럴수록 내가 그들의 행복과 안락을 그들의 삶과 세상을 향한 하나님의 전체 목적보다 위에 둔다면 나는 우리 아이들을 저버리는 것이다.

그 말을 자판으로 치고만 있어도 솔직히 마음이 아프다! 물론 나도 우리 아이들이 안전하고 잘 먹으며 교육적으로나 다른 면으로나 자신의 잠재력을 십분 발휘하기 원한다. 그러나 그들이 하나님의 구원을 받아들이고 구주의 종이 되는 것이 내게는 더 중요하다. 이 복음을 거부한다면 그들은 마땅히 정죄될 것이다. 더 어려운 것은, 내가 그 정죄에 동의해야만 한다는 사실이다. 그러므로 만일 내가 고통과 대가 없는 세상을 만들려고 하다면, 그것은 창조주에게 끝까지 반항하면 엄청난 고통이 따르는 영원한 대가가 있다는 사실을 보지 못하도록 내 자녀들의 눈을 가리는 것이다.

언젠가 우리 딸이 부모에 대한 무례한 태도로 훈육을 받은 후 우리에게 화가 났다. 나는 딸에게 말했다. "봐라, 이것은 엄마나 아빠에 대한 너의 태도만의 문제가 아니다. 네 위에 두신 하나님의 권위를 받아들이는 네 영혼의 건강에 대한 문제다. 너의 태도를 그냥 눈감아 준다면 자칫 네 영원한 영혼을 위험에 빠뜨릴 수도 있다. 아빠는 너를 너무 사랑하기에 그렇게는 할 수 없다."

자신이 첫째 것을 첫 자리에 두고 있는지 어떻게 알까? 머헤니 목사는 모든 부모에게, "엄마 아빠가 어디에 가장 열정이 있는 것 같으냐?"라는 아주 통찰력 있는 질문을 자녀들에게 던질 것을 권한다. 답으로 복음이 떠오르지 않는다면, 아이들에게 비친 우리의 진짜 관심사는 자녀의 행동 때문에 창피당하지 않는 것, 집을 깨끗이 치우는 것, 자녀를 일류 학교에 보내는 것, 크리스마스 편지에 자녀의 전 과목 A를 자랑하는 것일 수 있다.

《결혼, 영성에 눈뜨다》(좋은씨앗)에서 나는 아내가 '하나님을 비춰주는 거울'이라고 했다.[9] 마찬가지로 자녀들도 우리 마음의 거울이라고 생각한다. 그들과 상호작용하는 방식을 보면 우리가 인생에서 무엇을 가장 중요시하는지 여실히 드러난다. 바울은 "복음을 부끄러워하지 아니"하고 대신 "복음 전하기를 원하노라"고 했다(롬 1:15~16). 우리 심령이 하나님이 원하시는 모습을 닮았는지 아닌지는 우리 자녀들을 보면 가장 잘 알 수 있다.

갈보리 언덕을 기억하며 용기를 내라

신성한 자녀 양육은 우리를 아주 심각한 진리로 데려간다. 우리의 하늘 아버지께서 그분의 아들에게 십자가에서 무슨 일을 겪게 하셨는지 생각해 보라. 성금요일마다 우리는 예수의 고결한 희생을 기린다. 마땅히 그래야 한다. 하지만 갈보리의 '잊힌 아버지'는 어떤가? 당신의 아들이 당신의 목전에서 수모를 당해 알몸으로 찔리고 맞으며 조롱당하다 십자가에 달린다고 생각해 보라. 그 아들이 고통 중에 당신의 눈을 바라보며 통한의 말을 건넨다고 생각해 보라. "나의 아버지, 사랑하는 아버지, 어찌하여 저를 버리셨습니까?"[10]

예수가 못에 아프셨던 것보다 예수의 그 말에 하늘 아버지가 더 아프셨다고 말한다면 내가 이단이 될까? 아닐 것이다. 내 말에 공감하지 않을 부모는 없을 것이다.

일찍이 하늘 아버지가 예수를 사랑하신 것처럼 자기 아들을 사랑한 아버지는 세상에 없지만, 그분의 사랑은 아들에게 고난의 여지를 남겨 놓았다. 우리는 이해하기 힘들지만, 완전한 신인(神人)이신 아들 예수는 자신을 위해 그리고 우리를 위해 고난을 당하셔야 했다. 히브리서 기자는 예수가 "받으신 고난으로 순종함을 배워서 온전하게 되었은즉 자기를 순종하는 모든 자에게 영원한 구원의 근원이 되시고"라고 설명한다(히 5:8~9). 아버지께서 아들의 고난을 허용하시지 않았다면, 예수는 신성의 영광은 여전하겠지만 십자가에서 얻으신 영광스러운 승리는 없을 것이다. 예수의 영광을 줄여 말한다면 이단을 면할 수 없겠지만, 십자가 없는 예수는 분명 우리가 아는 예수는 아니다.

여기 냉엄한 진리가 있다. 하나님이 그분의 아들에게 고난을 허용하셨다면, 그리고 그분이 아버지로서 우리의 모본이시라면, 더 큰 유익을 위해 자녀의 고생을 지켜봐야 할 때가 우리에게도 당연히 있다. 그럴 때 우리는 시므온에게 "칼이 네 마음을 찌르듯 하리라"라는 경고를 들었던 마리아의 심정을 알게 된다(눅 2:35).

하지만 잊지 말라. 고난은 이야기의 끝이 아니다! 죄의 심판이 무섭게 치러진 후 누가는 아버지와 아들의 일치된 목표를 애서 표현한다. "나의 하나님, 나의 하나님, 어찌하여 나를 버리셨나이까" 하시던 그 아들이 "아버지여, 내 영혼을 아버지 손에 부탁하나이다"라는 말씀으로 세상을 떠나신다(눅 23:46). 이는 절대적 신뢰와 위탁과 사랑이 메아리치는 말이다. 아버지께 어떤 아들이건 이 얼마나 정감 어린 말인가! 그러니 부모들이여, 용기를 내라. 가끔의 좌절과 격분은 잠깐 있다 사라진다. 일시적 득을 위해 영원한 진리를 버리지 말라. 하늘 아버지를 본받으라. 그분은 관계가 살아남을 것을 아시고 용감히 아들의 고난을 허용하셨다.

이는 정녕 가장 뼈저린 아픔이다. 자녀 양육이 신성한 여정이 아니라면 우리는 이 진리를 피할 수 있다. 우리 자신과 자녀들의 고통을 막는 데 시간을 다 보낼 수 있다. 그러나 자녀 양육이 신성한 일이기에 하나님은 우리의 뜻 훨씬 너머의 초월적인 뜻에 복종할 것을 우리에게 명하신다. 그것은 우리와 이 세상을 향한 창조주의 계획(때때로 우리를 고난과 고통으로 데려가는 계획)이다.

하나님의 세계관에는 안락과 행복보다 높은 덕목이 있다. 자녀의 역경과 고생, 즉 우리를 단련시키는 그것을 막는 것은 영적 비겁함이다. 성경에서 영성 훈련에 대해 가장 압축된 구절을 생각해 보라. "우리가 환난 중에도 즐거워하나니 이는 환난은 인내를, 인내는 연단을, 연단은 소망을 이루는 줄 앎이로다"(롬 5:3~4). 바울은 역경 중에 인내를 배울 때 성품이 형성된다고 보았다. 우리가 자녀에게 절대 역경의 시기를 허용하지 않는다면, 그들은 살벌하기 그지없는 세상에 변화를 가져올 만큼(예수께서 우리 모두를 위해 그리하신 것처럼) 절대로 강해질 수 없다.

그것을 이해하면 지금 자녀가 처한 가장 안쓰러운 처지마저 다시 생각할 수 있다. 평생 허리가 아파 드러누워 지내던 어느 엄마는 자녀들이 집안일을 도맡아 하는 모습을 지켜보아야 했다. 아이들은 엄마를 보살피느라 다른 아이들처럼 많은 활동에 참여할 수 없었고, 엄마는 아이들을 데리고 두세 군데씩 훌쩍 돌 수도 없었다. 설상가상으로 엄마는 지팡이를 짚고 자녀들에게 의지해 걸어야만 했다. 자의식이 강한 십대 아이들에게는 그런 부모가 있다는 것이 무척 창피한 일일 수 있다.

그러나 엄마의 회고에 따르면, 반불구자 엄마를 둔 인생 경험을 통해 아들들은 원망이 쌓인 것이 아니라 '자상하게 보살피는 사람'이 되었다. 집안일을 많이 하다 보니 그들은 함께 일하는 법을 배워야만 했다. 결과는? 저마다 서로를 가장 친한 친구로 여기고 있다(오늘 그렇게 말할 수 있는 형제들이 얼마나 될까?). 엄마의 결론은 이렇다. "고통이 좋은 거라고는 믿지 않는다. 하지만 우리 아이들을 보면 내 삶이 좋았다고 생각된다. 힘든 부분이 없었기를 바라는 마음은 없다."[11]

힘든 부분이 없었기를 바라는 마음은 없다. 이 엄마는 아비가일 애덤스의 마음을 지녔다. 자녀들이 느낄 단기적인 아픔을 그 아픔이 가져다줄 장기적인 보상을 위해 능히 견딜 만큼 강인한 여자다.

우리는 고생하는 자녀를 보면 애가 탈 수밖에 없다. 하지만 타락한 세상의 삶에서 그들의 고통은 기정사실이다. 그렇다면 대안은 무엇일까? 부모인 우리는 너무 꼼꼼하게, 너무 노심초사하며, 지나치게 챙겨줄 수 있다. 그래서 본의 아니게 자녀를 지나치게 어리석고 약한 아들과 버릇없는 딸로 기를 수 있다. 우리가 참 고통을 막아주고 참 희생을 면하게 해주며 참 상실감을 없애주는 통에 그들은 예수가 십자가에서 경험하신 고뇌를 전혀 느끼지 못하며 자란다. 기독교에서 십자가를 제하면 남는 것은 여타 종교와 크게 다를 바 없이 도덕적 지혜의 가르침만 남는다.

사실 자녀들의 고생을 막아준다는 미명 하에 우리는 그들의 아파하는 모습을 보는 자신의 아픔을 막으려 하고 있다. 이 비겁함을 그냥 두면 안 된다. 오냐오냐 곱게 자란 아이들에게서는 성공에 필요한 패기를 찾아보기 힘들다. 이들 버릇없는 애송이들은 사람들의 혹평에라도 부딪치면, 꿈쩍없이 당당히 맞서는 대신 질겁해 구석으로 달아나서는 자기 연민에 빠져 훌쩍거린다. 아비가일은 정화(淨化)의 고통을 알았지만, 우리는 그것을 잃었다.

우리의 친한 친구인 분 칼슨과 애니 칼슨(Boone & Annie Carlson)은 시골에서 신도시로 이사한 후 자녀들의 태도가 크게 달라지는 것을 보았다. 시골에서는 집안일이 아이들의 일과에 속했는데, '마당이 코딱지만 한' 도시로 온 뒤로는 온갖 스포츠 행사에 아이들을 실어 나르느라 오후와 저녁 시간이 다 들어갔다. 사는 곳의 땅덩이가 확 줄다 보니 집안일도 훨씬 적어졌다. 몇 달에 걸쳐 애니는 이런 생활방식 때문에 아이들이 게을러지고 자기중심적이며 요구만 많아지는 것을 보았다. 그래서 이들 부부는 자리에 앉아 열심히 공들여 집안일 목록을 만들었다. 자녀들에게 비현실적인 인생관을 심어주는 신도시의 고요한 유혹을 당당히 물리치기로 한 것이다.

서글픈 현실은, 정반대 방향으로 가는 부모들이 많다는 것이다. 그들은 "내 아이들은 과거의 나 때보다 훨씬 낫다"라고 말한다. 하지만 "나은 것이 정말 나은 거냐?"라고 그들에게 묻고 싶다. '나은' 것이 각자의 독방, 풍족한 생활방식, 더 많은 기회를 위한 분주한 스케줄, 최첨단 스포츠 장비, 스포츠 캠프 따위를 뜻한다면, 우리는 잠시 멈추고 그 모든 것이 정말로 자녀를 기르기에 우월한 환경인지 질문해야 한다. 나의 아버지는 두 남매와 한 침대를 쓰며 자랐고, 열두 살 때부터 자기 옷값을 직접 벌었다. 어린아이 하나만 일자리를 잃어도 가계에 심한 영향을 미쳤다. 얼마나 심했던지, 누나가 너무 아파 식당 설거지 일을 못하게 되자 자원해 대타로 출근했을 정도였다. 어린 소년이 일하러 오자 식당 주인은 웃으며 말했다. "넌 싱크대에 손도 닿지 않잖아!" 그러자 아버지는 양동이를 끌어내 그 위에 올라가서 일했고, 번 돈은 누나에게 가져다주었다.

요즘은 그렇게 하면 불법이다. 어린 소년이 누나 일을 대신하는 것은 미성년 노동법에 금지되어 있다. 이런 관점에서 볼 때 아버지는 분명 좋은 환경은 아니었다. 요즘 웬만한 아이들이 누리는 혜택을 하나도 누리지 못했다. 그러나 아버지 같은 성품의 사람들이 천 명만 더 있다면! 아들을 기르면서 내 질문은 이것이다. 아버지의 성품은 우연의 산물인가, 아니면 고생을 통해 귀한 교훈을 배운 것인가?

그렇다고 강인한 자녀가 되라고 일부러 없이 키워야 한다는 말은 아니다. 우리가 억지로 만들어내지 않아도 세상이 주는 고생으로 충분하다. 과잉보호 없이 건강한 가정을 이루는 방법이 있지만, 그것이 이 책의 주제는 아니다. 이 책은 부모 입장에서 쓴 책이다. 내 경우를 보면 그것은 나 자신의 용기를 길러 자녀들이 역경과 고생에 부딪치도록 허용할 수 있어야 한다는 뜻이다. 이것이 참으로 '신성한 자녀 양육'이다.

  귀결점은 이것이다. 나는 우리 아이들을 하나님 나라와 가정생활을 위해 다른 것들을 희생할 가치가 있다고 믿는 사람으로 키우고 있는가? 우리 아이들은 우리 부부가 뭔가 우리보다 큰 것, 우리 가정보다도 큰 것에 시간과 에너지를 들이며 주력하는 모습을 보고 있는가? 내 자녀가 우리보다 중요한 대의를 위해 손해를 자청하도록 허용할 것인가?

  신성한 자녀 양육은 가장 뼈저린 아픔을 하나님 나라를 위해, 우리 아이들 자신의 발전을 위해 받아들이도록 나를 부른다. 나는 내 아이들이 도전, 실패, 거부, 고통에 부딪치도록 허용해야 한다. 그리고 그런 부정적인 듯한 사건을 이용해 오히려 더 사명감을 불태우고 하나님을 더욱 의지하도록 그들을 가르쳐야 한다.

Chapter 03

죄책감 뒤에 숨은 보화

자녀 양육은 죄책감을 다루는 법을 가르쳐 준다

일반적인 오해와는 달리, 회개란 그리스도를 향해 내딛는 씩씩한 첫걸음도 아니요 내 죄를 뉘우치는 마음도 아니다. 회개는 진리를 향해 돌아서는 하나님의 선물이다.
_ 윌리엄 윌리몬

회개에는 위대한 신비가 있다. 우리는 꺾인 날개로 집까지 가장 빨리 날아갈 수 있다.
_ 윌리엄 설리번(William Sullivan)

우리 부부가 바깥에서 산책 중이었는데 16개월쯤 된 사내아기가 길 한복판을 뛰어가고 있었다. 우리는 막다른 골목 끝에 살고 있어 차가 많이 다니지 않지만, 그래도 부모 없이 아이 혼자라는 게 믿어지지 않았다. 기온이 한 단위 숫자로 뚝 떨어졌지만, 아기는 신발도 신지 않았고 코트도 걸치지 않았다. 45분 뒤면 어두워질 것이다.

나는 길로 내려가 "아가야, 어디 가니?" 하고 물었다.

아기는 곧장 내 품으로 달려와 씩 웃더니 큰 소리로 말했다. "안녕!"

"엄마는 어디 있어?" 내가 물었다.

"엄마!" 아기는 말했다.

아기가 한 단어 문장밖에 말하지 못함을 우리는 곧 깨달았다.

우리는 그 아기가 누구인지 몰랐다. 그래서 어린아이를 키우는 우리가 아는 한 집으로 아기를 데려갔다. 그들은 혹 알아볼까 싶어서였는데, 그 젊은 엄마도 아기를 처음 본다고 했다. 그래도 그녀는 아기의 맨발을 따뜻하게 덮어줄 담요를 빌려주었다. 아내 리자와 나는 아기의 집을 찾아 동네를 한 바퀴 돌았다.

다른 이웃이 경찰에게 전화해 어린 사내아기를 보호하고 있다고 알렸다. 어딘가에서 애타게 찾고 있을 부모를 생각하며 아내와 나는 아는 집마다 물어보며 이 골목 저 골목 돌아다녔다.

15분쯤 후 길 저쪽에서 차 한 대가 나타났다. 젊은 엄마가 차 안에서 우리를 보고 입을 가리더니 차를 세우고는 달려왔다. 그녀는 울고 있었다. 그녀는 아내와 나를 끌어안으며 말했다. "세상에, 아기를 잃어버리다니. 내가 미련했지요! 어떻게 아기를 잃어버릴 수 있어요?"

아기의 형과 누나가 엄마 옆에 서 있었다. 둘 다 안도의 눈물을 삼키고 있었다. 할머니가 달려 올라왔다. 아마도 노인 오르막길 경주에 신기록을 세웠을 것이다.

그러다 아기의 엄마가 나를 알아보았다. 알고 보니 내가 그녀의 교회에서 설교한 적이 있었다. "자기 자녀를 잃어버렸으니 이제 저를 완전히 덜렁대는 엄마로 보시겠네요!" 그녀가 말했다.

사실 우리는 그런 생각은 추호도 못했다. 나중에 그 아기의 보모인 가까운 친구의 딸에게 듣고 보니, 그 어린 아기 도슨은 탈주의 명수로 소문이 나 있었다. 이 엄마는 아기가 밖으로 나가지 못하게 현관문에 자물쇠를 세 개나 달아두었다. 그런데 아빠가 급히 식품점에 나가느라 자물쇠가 두 개밖에 채워져 있지 않았다. 엄마가 거실에서 할머니와 이야기하는 사이 어린 아들 도슨은 가출의 호기를 잡았다. 우리 눈에 띄었을 때는 이미 자기 집에서 세 블록이나 달려온 뒤였다.

안도와 기쁨 후에 오는 죄책감 다스리기

어떤 부모가 이 엄마를 무책임하다 하겠는가? 이런 일은 늘 있게 마련이다. 그보다 내 가슴을 때린 것은 안도와 기쁨이라는 그녀의 즉각적 반응 뒤에 따라온 극심한 죄책감이었다.

내가 이 책을 쓰기 시작했다는 것을 알고 내 친구 하나는 즉시 이렇게 말했다. "게리, 나의 자녀 양육에 대해 제발 죄책감이 들게 하지는 말아주게. 죄책감이라면 이미 충분히 느끼고 있으니까."

이 책이 방법론 책이라면 나도 죄책감을 꽤 퍼부을 수 있으리라. 어떤 부모에게든 죄책감을 심어주기란 어렵지 않다. 부모라면 누구나 자신의 부족함을 알고 있다. 아이들과 함께 있는 시간도 부족하고, 집이나 생활환경도 이 정도뿐이며, 아이들 말도 더 잘 들어주지 못하고, 아이들을 위한 기도도 부족하며, 아이들을 대할 때 인내심도 딸린다. 더 잘 할 수 있는 일을 꼽자면 한이 없다.

그러나 우리는 흠이 많은 인간이다. 우리는 피곤해지고 삐딱해진다. 매번 행동하기 전에 생각하지도 못한다. 우리는 완전함과 거리가 멀다. 게다가 자녀 양육처럼 우리의 부족한 모습을 부각해 주는 것은 없다.

나도 자녀를 키우며 엄청난 죄책감에 부딪치곤 한다. 아버지와 남편으로서 나는 밤 9시 이후면 무용지물이나 마찬가지다. 나는 새벽형 인간이라 일찍 일어나는 것을 좋아하며 온종일 열심히 일한다. 그러다 보니 비교적 이른 시간에 이 세상에 대해 죽은 사람이 된다. 자녀들과 함께 밤늦도록 긴긴 영혼의 대화를 나눈다는 아버지들과 어머니들 이야기를 들을 때면, 걸핏하면 텔레비전 앞에서 곯아떨어지는 내가 부끄러워진다. 나의 큰형 가정과 함께 휴가를 갔을 때가 기억난다. 형 제리가 아들들의 하루 생활을 함께 쭉 돌아보고 교훈을 들려주고 진지하게 기도해 주는 모습을 지켜보며, "애들아 사랑한다. 하나님의 축복을 빈다. 잘 자거라"로 그치는 내 모습과 비교되어 죄책감이 들었다.

사실 나는 우리 아이들이 나를 세상 최고의 아버지로 생각해 주기를 원한다. 이기적인 시각에서 그것이 오랜 세월 내 목표였다.

그래서 나는 아이들이 느끼는 아빠에 대한 환상이 깨질 걸 두려워하며 긴 세월을 보냈다. 물론 아이들이 어렸을 때는 항상 나를 "세상에서 가장 멋진 아빠"라 불러 주었다. 그러나 나이가 들어가고 다른 아빠들을 보면서 아이들은 어떤 부분에서 아빠의 부족함을 알게 될 것이다.

자녀의 나쁜 행실은 부모 탓인가?

자녀 양육이란 복잡한 과정이다. 어머니와 아버지로서 우리는 자녀의 정서적, 신체적, 지적, 사회적, 영적 건강도 함께 책임진다. 그래서 우리는 날마다 걱정할 일이 백만 가지는 된다.

딸 앨리슨이 꽤 어렸을 때 나는 장난감을 치우라고 했다. 딸은 두 번 말할 필요도 없이 투덜대지 않고 깨끗이 치웠다. 나는 딸에게 고마움을 표하고 상을 주고 싶어 찬장으로 손을 뻗어 초콜릿 칩을 꺼내려고 했다. 그때 내 마음 한구석에서 나지막한 경고의 음성이 들려왔다. "음식물을 보상으로 사용해서는 안 된다는 책이나 기사도 읽어 보지 못했어? 네 딸이 식생활 장애라도 걸리면 어쩌려고."

즉시 맹렬한 머리싸움이 시작되었다. 딸에게 상을 주고 싶었지만, 장래 식생활 장애의 씨앗을 뿌리고 싶지는 않았다. 나는 딸이 상 받을 일을 했다는 사실을 무시한 채, 부모의 부정적 반응만 없으면 앞으로도 딸의 그런 행동이 지속되려니 해야 하나? 아니면 갖가지 부정적인 영향을 줄 수 있다는 일부 전문가들의 말에도 그냥 딸에게 상을 줘야 하나? 하지만 음식물 말고 다른 것으로 상을 주면 괜찮겠지. 함께 산책하러 나가도 되리라. 아이스크림 집에 가면? 아니, 그것도 음식물인 걸 … .

내 내면의 별난 싸움은 결국 세 살배기 어린 딸이 나를 올려다보며 이렇게 묻는 순간 끝났다. "아빠, 초콜릿 칩을 나눠 먹을 거야, 아니면 거기 서서 혼자 다 먹을 거야?"

나는 그런 생각이 들었다. "이런! 장난감을 치운 딸에게 잘난 초콜릿 칩을 줘야 할지 말아야 할지도 분간 못할 만큼 아빠가 정신적으로 불안하니 앨리슨이 정서가 불안한 아이로 자라면 어쩌지?"

부모의 양육 방식과 무관하게 자녀의 나쁜 행실이 무조건 부모 탓으로 돌려지는 일이 허다하다. 우리 아이들의 성격 결함이 우리에게 거슬러 올라온다. 우리가 너무 엄했을 수도 있다. 너무 방임적이었는지도 모른다. 어떤 전문가들은 보상을 말한다. 다른 전문가들은 보상도 일종의 벌이라고 말한다. 그들은 다 박사학위 소지자들이다. 우리가 소지한 거라곤 수북이 쌓인 젖은 기저귀뿐이다. 우리는 옳은 길을 가고 싶다. 하지만 무엇이 옳은 길인가?

결과는 어떤가?

죄책감, 죄책감, 죄책감, 죄책감, 죄책감.

내가 아는 한 어머니는 큰아이의 정신질환 경고 신호를 초기에 알아보지 못한 자신에 대해 심한 자책을 느꼈다. 둘째 아이가 지독한 말썽꾸러기였던 게 큰 원인이었다. 그 아들이 집에 불을 지르거나 벼랑에서 뛰어내리지 못하게 막는 데 시간과 에너지가 다 들어가는 바람에, 그녀는 유난히 고분고분하고 얌전한 딸이 아주 심각한 병에 걸려가고 있다는 미세한 신호들을 알아보지 못했다.

그런 자녀를 둔 부모라면 누구나 알겠지만, 그건 얼마든지 있을 수 있는 일이다. 유난히 까다로운 아이들은 사나운 산불과 비슷하다. 가장 위험한 화염부터 진압하려 하는 사이, 깜부기 불씨는 무시된다. 자녀 양육은 체스보다 무한히 더 어려운 복잡한 게임인데, 우리는 컨디션이 최상이 아닐 때도 그 게임을 벌여야만 한다.

아비로서 자신의 죄책감을 해결하려 하던 나는, 마치 해돋이 때 수평선을 덮는 한자락 은빛처럼 죄책감이라는 현실을 통해 처음으로 어렴풋이 새로운 깨달음을 얻었다. 나는 자녀 양육이 내게 없는 기술이 필요하다는 사실을 받아들여야 했다. 그 일은 내게 부족한 이해와 지혜를 요구한다. 게다가 나는 1년 365일, 주 7일, 하루 24시간 꼼짝없이 책임자로 묶여 있어야 한다.

자녀 양육은 초고속 게임이다

랍비 낸시 퍼츠-크레이머(Nancy Fuchs-Kreimer)는 많은 부모를 대변해 말하기를, 자녀를 용서하는 것은 분노의 순간만 지나면 크게 어렵지 않다고 했다. 훨씬 어려운 일은 자신을 용서하는 법을 배우는 것이다.[1]

하루 24시간 누군가를 돌봐야만 하는 일이라면 어떤 일이든 힘들 수밖에 없다. 그 점을 인식하면 도움이 될 것이다. 어느 그룹에서 내가 컨디션이 좋고 스트레스가 없을 때는 나도 멋진 아버지라고 했더니 다들 웃었다. 피곤하지 않고 촉박한 마감이 없을 때는 나도 훌륭한 남편이다. 크리스마스는 1년에 한 번밖에 오지 않는데, 나는 1년 365일 좋은 남편과 아버지가 되어야 한다. 364일은 내 점수가 뚝 떨어진다는 이야기다.

나도 이렇게 죄책감과 씨름하지만, 아예 죄책감의 세계 속에 살고 있는 일하는 엄마들에 비하면 나는 아무것도 아니다. 죄책감에 찌든 그룹을 보고 싶다면, 그들 몇 사람과 이야기해보면 된다. 본인이 원해서 일하는 엄마들도 있고 경제적 형편 때문에 일하는 엄마들도 있다. 거의 모두가 직장과 아이들 돌보는 일이 충돌할 때마다 늘 심한 가책을 느낀다고 토로한다. 왜 그럴까? 언론인 리자 벨킨(Lisa Belkin)은 간명하게 지적했다. "일하는 부모가 되면 최소한 하루 한 번은 자녀를 밀쳐내야 한다."[2]

정서적 대가를 치르지 않고는 할 수 없는 일이다. 리자 벨킨이 재택근무를 시작하기로 한 데는 그런 이유도 있었다. 하지만 그 방법으로도 죄책감은 지워지지 않았다. 엄마가 집에 있게 되어 좋아 어쩔 줄 모르던 아들은 엄마가 문을 닫는 순간 경악했다. "아들은 사무실 문 저쪽에 서서 울었고, 나는 이쪽에 서서 울었다."[3]

직장생활을 하지 않고 집에서 지내는 엄마들도 죄책감과 친하다. 무조건 집에 있다고 해서 늘 컨디션이 최상은 아니다! 내 아내는 어느 여성 모임에서 누군가 농담 반 진담 반으로 '생리 중의 자녀 양육'이란 책이 있었으면 좋겠다고 하는 말을 들었다. 정서적으로 터질 것만 같을 때 줄줄이 조무래기 아이들을 어떻게 기를 것이며 사춘기 아이 둘을 어떻게 다룰 것인가?

그것이 수많은 자녀 양육 방법론 서적의 한 가지 문제다. 그 책들은 첫째로 당신이 차분한 상태라고 가정한다. 둘째로 당신에게 상벌 차트를 그리고 훈육 지침을 작성할 시간과 에너지가 있으며, 그리고 나서도 차분하고 평온하게 그것을 시행할 마음의 평화가 남아 있다고 가정한다. 그것으로도 모자라서 당신과 배우자가 같은 생각이고, 당신이 경제적 압박감에 묻혀 있지 않고, 두통이나 생리통이나 업무의 촉박한 마감이 없다는 가정까지 거기에 보태진다.

자녀 양육의 현실을 보면 초고속 게임에 가깝다. 전국 풋볼 리그에 선발되는 많은 선수들에 따르면, 맨 처음 눈에 띄는 것은 게임 속도라고 한다. 모든 일이 속전속결로 진행된다. 쿼터백은 몇 초 안에 공을 보내야 한다. 수비수는 0.5초 내로 미끄러져 막아야지 그렇지 않으면 시합에 무용지물이 된다. 속도를 끊어 놓을 줄만 알면, 그 선수는 올스타에 뽑힐 수 있다. 모든 일이 순식간에 진행된다. 직감적인 선수가 되지 않으면 곧 잊힌 선수가 되고 만다. 시합이 당신 곁을 휙 지나가고 만다.

자녀 양육도 그렇지 않은가? 많은 남자들이, 자녀들이 아빠와의 시간을 가장 많이 원하는 시기에 직장에서 자리를 잡으려 분투해야 하는 죄책감을 토로한다. 인생의 당연한 계절이 우리를 대적하는 것 같다. 계속해서 우리는 이래도 패배, 저래도 패배 같은 선택을 내려야만 한다. 직장에서 열심히 일하면 아빠와의 시간을 놓친 아이들 때문에 죄책감이 든다. 직장 일을 줄이면 실직해 아이들을 먹여 살리지 못할까 봐 겁난다.

남자나 여자나, 아빠들과 엄마들, 거의 모두가 조금만 속도를 늦출 수 있기를 바라고 있다. 심지어 휴가도 우리를 쫓기게 만들 수 있다! 한 엄마는 일주일간의 가족여행을 준비하느라 자신이 녹초가 되었다고 탄식했다. "아이들 옷가지며 가방이며 해외여행에 필요한 신분증 따위를 제대로 갖추느라 몇 달이 걸렸고, 그 밖에도 소소한 준비물이 백만 가지는 되었다. 일주일 '쉬자고' 말이다. 너무 피곤하다. 당분간은 또 휴가 갈 마음이 들지 않을 것 같다."

내가 깨달은 사실이 있다. 나는 부모의 자격을 충분히 갖추지 못한 정도가 아니라, 그나마 내게 있는 능력마저 피로나 심란한 마음이나 무슨 이유 때문이든지 발휘하지 못할 때가 있음을 시인해야 한다. 최선을 다해도 부족한데 그 최선마저 다하지 못하는 것이다!

사무엘 신드롬

어렸을 때 나는 선지자 사무엘 이야기를 즐겨 읽었다. 하나님은 그를 태어날 때부터 선지자로 부르셨고 어려서부터 그에게 말씀하셨다. 사무엘은 나중에 장성해 사울과 다윗을 둘 다 왕으로 세웠다. 그렇다고 그를 왕궁의 아첨꾼으로 보아서는 안 된다. 때가 되자 그는 제멋대로 제사를 드린 사울을 책망했고, 사울이 생존해 있는 동안 다윗 왕에게 기름을 부음으로써 역모로 몰릴 수 있는 일을 담대히 수행했다.

사무엘의 수하에서 이스라엘은 사사가 다스리던 부족에서 왕이 통치하는 백성으로 변모했다. 진정 그는 이스라엘 역사에 중요한 인물이며, 누가 보기에도 하나님의 충실한 종이었다(삼상 2:35, 12:1~5 참조). 그런데도 그의 자녀들은 둘 다 하나님께 반역했다.

> 사무엘이 늙으매 그 아들들을 이스라엘 사사로 삼으니 장자의 이름은 요엘이요 차자의 이름은 아비야라. 그들이 브엘세바에서 사사가 되니라. 그의 아들들이 자기 아버지의 행위를 따르지 아니하고 이익을 따라 뇌물을 받고 판결을 굽게 하니라(삼상 8:1~3).

내가 읽은 기독교 서적들은 이것을 사무엘 탓으로 돌린다. 사무엘이 아버지로서 실패했다는 것이 그 저자들의 입장이다. 그러나 성경 어디에도 그런 암시는 없다. 성경은 사무엘의 아들들이 못됐다고만 말한다. 사무엘의 전임자인 엘리의 경우 아들들을 단속하지 않은 죄가 구체적으로 지적되어 있다(삼상 3:13). 그러나 사무엘의 실패에 대해 성경이 침묵한다. 그래서 나는 불경한 삶을 택한 그의 아들들의 선택이 사무엘의 잘못일 수 없다는 결론을 내렸다.

여기 쓰라린 진실이 있다. 궁극적으로 우리는 자녀들의 실패와 죄책감을 마치 내 것인 양 끼고 살아간다. 그래야만 한다는 말이 아니다. 대개 우리가 그렇다는 말이다. 게다가 다른 사람들도 한몫 거들어 그 짐을 우리 어깨에 지운다. 우리는 일차원적 사고의 시대에 살고 있다. 네가 선하게 살면 하나님이 너를 축복하실 것이고 네 자녀들도 경건한 그리스도인이 된다는 식이다. 반대로 네가 사고를 치면 하나님이 네 재정과 관계와 직업에 저주를 내릴 것이고 네 자녀들도 삶을 망칠 것이다.

하지만 무조건 일차원적 사고의 흐름을 고수하면 인간의 본질이 위축된다. 우리는 로봇을 기르고 있는 것이 아니다. 우리는 창조주 하나님의 형상을 지닌 자들을 기르고 있다. 그들은 선택의 자유, 자신의 의지, 개인적 책임을 지니고 살아가는 존재다. 우리는 자녀가 잘되면 너무 많은 공로를, 자녀가 잘못되면 너무 많은 비난을 자기에게 돌리는 경향이 있다.

준엄한 진실을 듣고 싶은가? 우리 자녀들의 영혼을 구원하셔야 할 의무감이 들게 할 만큼 하나님께 훌륭한 부모는 우리 중에 하나도 없다. 반대쪽은 더 격려가 된다. 즉 자녀들을 하나님의 자비의 반경 밖으로 몰아낼 만큼 완전히 실패할 수 있는 부모도 우리 중에 아무도 없다.

유다 왕 아사는 재임 초에는 하나님을 경외했지만, 하나님보다 외세에 의지해 적을 물리치려 하면서부터 하나님의 은혜에서 멀어졌다. 선지자가 그것을 지적하자 아사는 자신에게 하나님의 진리를 말해 준 선지자를 그대로 옥에 가두었다! 그러나 그의 아들 여호사밧에 가면 이야기가 달라진다. "여호와께서 여호사밧과 함께하셨으니 이는 저가 그 조상 다윗의 처음 길로 행하여"(대하 17:3). 다행히 아사의 형편없는 본보기에도 아들은 더럽혀지지 않았다.

성경에는 하나님의 신실한 종인데 그 자녀는 불경한 경우(사무엘)와 하나님을 버린 종인데 그 자손은 신실하게 하나님을 경외한 경우(아사)가 기록되어 있다. 지독히도 악한 왕(아하스) 밑에서 하나님을 따르는 훌륭한 아들(히스기야)이 나온 사례도 있다.

내가 완전하고 지혜로우며 늘 최고의 기량을 발휘하는 부모라 해도, 내 자녀들이 늘 지혜로운 길을 택하리라는 보장은 없다. 나에게 약점이 많다는 이유만으로 반드시 내 아이들이 고생하게 된다는 뜻도 아니다.

나는 긴긴 세월 숨어있던 진실 하나를 깨달았다. 나의 경우 훌륭하고 경건한 부모를 두었음에도, 자라면서 실망한 부분들이 있었다. 내가 부모가 되면 그런 부분을 고치고 싶었다. 결국, 내가 번뜩 깨달은 사실이 있다. 내가 우리 부모가 될 수 없는 모습을 요구했다는 사실이다. 하나님만이 주실 수 있는 차원의 사랑을 부모에게 기대했다. 그리고 이제는 내가 하나님만이 주실 수 있는 차원의 사랑을 우리 아이들에게 주려 했다.

나는 우리 부모를 하나님의 라이벌로 세웠고, 내 자녀들을 두고 하나님과 경쟁하려 했다. 둘 다 실패가 뻔한 일이다. 결국 나는 중대한 갈림길에 이르렀다. 나는 하나님이 나를, 그분과 경쟁하는 대신 자녀들을 그분께 인도하는 일에 총력을 기울이도록 부르셨음을 깨달았다. 내 실패와 부족한 모습까지도 우리 아이들이 그분 안에서 피난처를 찾게 하는 강력한 요인으로 쓰일 수 있다.

당신은 어찌할 것인가? 하나님과 경쟁할 것인가, 아니면 자녀들을 유일하신 참 하나님께 인도하려 애쓸 것인가? 만일 당신이 율법주의적인 부모라면 주께서 당신의 영혼에 자비를 베풀어 주시기를 빈다! 당신은 두려움과 비참함과 탈진과 잦은 좌절에 빠질 것이다. 그뿐 아니라 당신 자신이 죄책감에 묻히고 말 것이다.

누구나 자신의 자녀 양육을 되돌아보면 놓쳐버린 기회들이 보인다. 내 성격 결함이 자녀들 속에 재생산되고 심지어 확대된 것도 보인다. 아이들이 반항하면, 우리는 그것을 놓쳐버린 기회들과 자신의 성격 결함 탓으로 여긴다. 때로는 우리의 약점 때문에 실제로 자녀를 고생시킨 적도 있음을 우리는 인정해야 한다.

이혼한 엄마로서 아들이 말썽을 부리는 경우라면, 당신은 아빠가 같이 산다면 상황이 달라질 거라고 생각할 것이다. 내가 만일 상황이 달라지지 않을 거라고 말한다면 그것은 솔직하지 못한 처사다. 하지만 이혼의 결과로 당신은 자신을 성찰하며, 삶에 변화가 필요한 부분들을 시정했을 수 있다. 그리고 그것을 쭉 지켜본 당신의 아들이 그 혜택을 누리고 있을 수 있다.

사무엘 신드롬을 들어보라. 하나님의 신실한 종도 자녀 하나나 여럿이 잘못될 수 있다. 아하스 신드롬도 들어보라. 악한 부모 밑에도 아주 경건한 자손이 날 수 있다.

부실한 양육 때문에 자녀가 곁길로 빠지거나 해를 입을 수 없다는 말이 아니다. 성경은 자녀가 단정치 못한 부모는 교회에서 맡을 수 있는 직분이 제한될 수 있다고 밝히 말한다(딤전 3:4~5). 그러나 자녀의 실패가 반드시 부모인 우리가 실패했다는 뜻은 아니다. 부모인 자신이 실패한 것처럼 느껴지기는 하겠지만 말이다. 타락한 부모가 죄인인 자녀를 기르도록 부름을 받은 상황에서 죄책감은 기정사실이다. 우리 중에 완벽한 어머니나 아버지는 아무도 없다.

하나님의 은혜와 자비만이 우리의 피난처가 된다. 부모치고 간혹 죄책감이 들지 않기란 불가능하다. 그러나 그것은 좋은 일이다. 왜 그런지 살펴보자.

죄책감이 주는 선물

얼마 전까지만 해도 소아마비라는 말은 모든 부모의 마음을 오싹하게 했다. 지금 소아마비의 위세는 아주 나쁜 기억 정도에 지나지 않는다. 이런 차이는 어디서 온 것일까? 의료계가 이 병을 고치는 법을 알아냈다. 한두 세대 전만 해도 암 진단은 곧 사망 선고로 통했다. 내 친구인 암 전문가에 따르면 지금은 의사들이 암 환자의 70% 이상을 일상적으로 고치고 있다.

죄책감은 흉포한 현실이요 영원한 저주의 심판이지만, 하나님은 예수 그리스도의 죽음과 부활로 말미암아 치료책을 마련해 주셨다. 한때 치명적이던 것이 지금은 우리 삶과 마음과 영혼에 긍정적인 역할을 할 수 있다. 전 올림픽 육상선수 마티 리코리(Marty Liquori)가 '암이 줄 수 있는 선물'4을 말하듯이, 우리 그리스도인 부모들은 우리 삶에 대한 죄책감의 몇 가지 긍정적인 역할을 말할 수 있다.

1. 죄책감은 우리가 하나님을 바라보게 한다

때로 부모인 우리는 몇 가지 기본적인 사실을 환기할 필요가 있다. 첫째, 우리는 하나님이 아니다. 우리는 더러 기회를 놓친다. 피곤해진다. 자신의 유혹과 단점 때문에 심란해질 때도 있다. 자신의 건강 문제, 직업 문제, 사역의 직분 때문에 부모로서 비전이 흐려질 때도 있다. 우리는 지혜가 부족하고 일정량의 수면이 필요한 인간이기에 자녀들에게 하나님이 될 수 없다.

우리 중에는 부모에게서 자녀 키우는 법을 배우지 못한 사람들도 있다. 부성이나 모성의 본보기를 보여 준 자상한 부모가 없었을지도 모른다. 영적 훈련의 모델을 본 적이 없고, 그래서 코치 없이 풋내기로 자녀 양육의 길에 들어섰다면 실수하는 것은 당연하다! 어떻게 실수가 없겠는가?

당신이 알아야 할 것이 있다. 하나님의 기대는 부모마다 다르다. 예수가 밝히 이르신 것처럼, 우리가 모두 유죄일지라도 하나님은 우리의 배경을 감안해 유죄 정도를 판정하신다. "무릇 많이 받은 자에게는 많이 요구할 것이요 많이 맡은 자에게는 많이 달라 할 것이니라"(눅 12:48).

이것이 부모가 가진 한계의 긍정적 측면이다. 우리의 약점을 이용해 자녀의 마음을 하나님께로 돌려놓는다면 약점이 거꾸로 장점이 될 수 있다. 자녀들과 마찬가지로 우리도 구주가 필요하다. 우리도 자녀를 사랑하지만, 완전한 사랑으로 그들을 과거에도 사랑하셨고 지금도 사랑하시며 앞으로도 사랑하실 분은 하나님뿐이다. 우리 자녀들은 설령 엄마 아빠가 자기들을 실망하게 해도 언제나 '곁에 있어 줄' 분이 계시다는 사실을 알 필요가 있다.

'세상에서 가장 멋진 아빠'가 되려던 내 욕심 밑에는 우리 집에서 신(神)으로 대우받고 싶은 욕심이 가려져 있었다. 그것이 내게 얼마나 무거운 압박감을 주었던가! 아이들에게 "얘들아, 너희들과 똑같이 왜 아빠에게도 구주가 필요한지 알겠니? 하나님의 은혜가 없다면 우리는 다 무력하단다"라고 시인하는 것이 얼마나 더 홀가분한가. 나는 자녀들에게 하나님이 될 수는 없지만 나에게 하나님이 필요함을 본보일 수는 있다. 죄책감이 내게 그 선물을 주었다.

무엇이 하나님 나라에 더 좋은가? 내 아들딸들이 "나는 절대로 아빠처럼 하나님을 섬길 수 없다"라고 말하는 것인가, 아니면 "하나님이 우리 아빠를 쓰실 수 있다면 나도 쓰실 수 있다"라고 말하는 것인가? 물어볼 것도 없다. 후자의 상태가 장기적으로 하나님의 목적에 가장 유익하다. 나에게 하나님의 자비가 필요함을 본보이고, 하나님이 죄 많은 사람조차 쓰셔서 그분의 뜻을 이루심을 보여 주는 것이 아버지로서 자녀들을 향한 내 본분이다.

이런 의미에서 우리의 죄책감을 주차장이 아니라 세차장으로 보아야 한다. 죄책감 때문에 우리가 자기 속으로 떨어져 의욕을 잃고 낙심한다면 죄책감이 주차장이 된 것이다. 좋은 현상이 아니다. 그러나 죄책감을 계기로 나의 부족함을 확인하고 그 부족함 때문에 하나님의 용서를, 능력 주시는 성령을, 은혜의 공급을 바라본다면, 죄책감은 영적인 세차장이 된다. 세차장은 진을 치는 곳이 아니다. 그냥 씻으러 가는 곳이다! 세차장 안으로 들어간 차는 완전히 달라진 모습이 되어 반대편으로 나온다. 우리와 우리 자녀들이 하나님을 바라보게 하는 것, 이것이 부모들을 위한 죄책감의 건강한 역할 중 하나다.

2. 죄책감은 우리에게 더 잘하려는 동기를 준다

신성한 자녀 양육은 길고 긴 여정이다. 한 가지 일에 8시간 동안 집중하기도 힘든데 18년은 오죽하랴. 자녀 양육이 먼 길이다 보니 기복이 있기 마련이다. 좋은 날도 있고 궂은날도 있다. 물론 이것저것 놓칠 때도 있다. 누구든 더 잘할 소지는 얼마든지 있다. 할 일도 얼마든지 더 많다.

75세 노옹(老翁) 존이 골프를 대하는 태도를 부모인 우리도 기를 필요가 있다. 나는 한 공설 골프장에서 존을 만났다. 존은 날씨만 좋으면 주 7일 골프를 친다. 어떤 사람이 퍼팅을 놓치자 다른 사람이 그를 위로했다. 그러자 존이 말했다. "골프를 매일 치면 일일이 그런 일에 과하게 유념하지 않는다오. 언제나 내일이 있음을 아니까 말이오."

언제나 내일이 있다. 자녀 양육의 신조로 나쁘지 않은 말이다. 물론 내일이 보장된 것은 절대 아니다. 하지만 그럴지라도 우리 대부분에게 있어 자녀 양육은 며칠의 일이 아니라 몇십 년의 일이다. 좋은 날도 있고 궂은날도 있다. 자녀 양육을 긴 여정으로 보면 A+를 맞지 못하는 날에도 죄책감에 빠지지 않는다. 항상 최고 기량일 수는 없다. 하지만 내일 다시 기회가 주어진다.

당신의 결점을 하나님의 은혜와 하나님의 공급과 떼어놓고 보지 말라. 과거의 것이든 현재의 것이든 자신의 결점에 집착하면 죄책감이 무거운 짐이 된다. 그러나 "나도 너를 정죄하지 아니하노니 가서 다시는 죄를 범치 말라"(요 8:11) 하신 우리 주님의 음성을 들으면, 죄책감이 긍정적 동기가 될 수 있다.

나는 밤 9시면 몸을 가누지 못한다. 그러나 죄책감이 동기가 되어, 아직 뇌가 제대로 돌아가는 7시 반에 더 열심을 내게 된다. 아이들과의 개인적인 점심 데이트에 시간을 더 많이 보낸다. 그때는 정신도 더 맑고 시간도 내기 쉽다. 당신의 시나리오는 다르겠지만, 어쨌든 죄책감 때문에 좌절에 파묻힐 게 아니라 더 좋은 길을 찾아 열심을 내야 한다.

하나님의 자비가 넓어 우리는 또 하루, 또 한 번의 기회를 받는다. 하나님의 자비가 깊어 우리는 그 은혜를 아무리 가져다 써도 다 쓰지 못한다! 우리는 담대히 앞을 내다볼 수 있고, 자신의 약점을 교육의 순간으로 활용할 수 있으며 씻은 영혼과 새로운 마음으로 또 하루를 맞이할 수 있다. 죄책감은 다음 날을 위한 소중한 교훈이 된다.

3. 죄책감은 우리에게 하나님의 공급하심을 일깨운다

부모로서의 죄책감 덕분에 우리는 하나님의 공급 안에 쉴 수 있다. 우리에게 지금 이 자녀들이 주어진 것은 우연이 아니다. 하나님이 그들을 지으셔서 우리의 보호 아래 두셨다. 그렇게 하실 때 그분은 우리의 한계를 아셨지만, 그래도 이 아이들을 우리에게 맡기셨다. 이 주제에 대한 캐롤린 머헤니(Carolyn Mahaney)의 생각이 나는 좋다.

> 하나님이 초월적인 지혜 가운데 죄인인 자녀를 죄인인 부모에게 주시기로 하셨다면, 우리의 죄 된 행동을 소화할 수 없을 만큼 우리 자녀들이 약하지 않다는 추론이 가능하다. … 우리 자녀들은 그렇게 연약하지 않다. 만일 그랬다면 하나님은 우리가 좀 더 성숙해질 때까지 기다리셨다가 그들을 주셨을 것이다. 하지만 그분은 그러시지 않았다.[5]

믿음의 사람들로서 우리는 하나님을 신뢰하고 일부 책임을 그분께 돌려드릴 필요가 있다. 그렇다고 우리가 최고 기량을 다해 부모 역할에 충실하지 않고 무관심해도 좋다는 말이 아니다. 다만 내 말은 우리에게 쉴 곳이 있다는 뜻이다. 곧 하나님의 섭리와 그리스도의 공급하심을 신뢰하는 것이다. 우리는 부모로서 다 부족하지만, 그리스도는 우리의 부족함을 채워주시겠다고 약속하신다. 이보다 안전한 곳을 찾을 수 있을까? 자신에게 완전함을 기대한다면 우리는 영영 좌절하게 된다. 그리고 우리 삶을 향한 하나님의 지혜와 궁극적인 뜻에 간접적으로 이의를 제기하게 된다.

4. 죄책감은 우리에게 자비를 사랑하도록 가르친다

성경을 통틀어 내가 가장 좋아하는 묵상 구절의 하나는 미가서 6장 8절이다. 거기 보면 "인자(자비, mercy)를 사랑"하라고 했다. 미가는 우리에게 단지 자비를 '보이거나' 자비 쪽으로 '자신을 훈련하라'라고 말하지 않는다. 그는 우리에게 자비와 사랑에 빠지라고 말한다!

이 사랑에 해당되는 히브리 단어 '아하브'는 아내를 향한 남편의 사랑에 쓰이며 아가서에 자주 나온다. 자비를 '사랑한다'는 것은 자비에 매혹된다는 뜻이다. 누군가를 사랑하면 그 사람에 대해 말한다. 자비를 사랑하는 사람은 하나님이 자기에게 베푸신 자비가 너무 감사해 다른 사람들에게 그 이야기를 자주 한다. 이런 엄마나 아빠는 자비를 소중히 여긴다. 자비를 생각만 해도 마음이 따뜻해지고 얼굴에 미소가 돈다. 참으로 자비를 사랑하는 사람은 어린아이 같은 경외와 놀라움이 생긴다. "하나님이 내게 자비를 베푸셨다!"

자비를 사랑하는 사람들은 자기가 받은 자비에만 감사하는 것이 아니라 다른 사람들에게도 열심히 자비를 베푼다. 하나님처럼 그들도 용서하기 원하며 용서하려는 열망이 있다. 그들은 누가 시키지 않아도 자비를 베푼다. 그들은 자비를 베풀기를 좋아한다. 자비는 그들의 삶을 규정짓는 원리다.

이것이 죄책감과 무슨 관계인가? 자비의 놀라운 실체를 묵상하다가 나는 다음 진리를 깨닫고 입이 벌어졌다. 죄책감 없이는 원칙상 자비도 있을 수 없기에 하나님은 내 죄책감에 세례를 주실 수 있다! 죄책감은 처참한 현실이지만, 죄책감의 처참함보다 자비의 경이로움이 더 크다[긍휼(자비)은 심판을 이기고 자랑하느니라" 약 2:13]. 자신의 죄책감을 인정하지 않는 한 우리는 절대로 자비의 필요성을 느낄 수 없고, 하나님의 이 영광스러운 선물을 누릴 수도 없다. 또한 다른 사람들의 죄책감이 없는 한 우리는 절대로 자비를 베풀 수 없다. 죄책감의 실체에 단호히 정면으로 맞설 때, 우리는 하나님의 자비라는 더 아름다운 실체에 마음을 여는 것이다.

실제적 차원에서 이것이 의미하는 바는 무엇인가? 죄책감을 예배의 부름으로 전환하라는 것이다! 당신의 죄책감을 인정하라. 그리고 그 죄책감의 해결책을 마련해 주신 하나님께 감사하라. 당신이 부모로서 부족했음을 고백하되, 그러나 약점 많은 당신을 용서하시고 자비를 베푸시는 하나님을 예배하는 데 에너지를 쏟아라. 그러고 나서 이 동일한 자비를 당신의 자녀들과 당신의 부모에게도 베풀라. 당신의 부모가 완전하지 못했음을 당신은 받아들일 수 있는가? 당신의 부모에게 한계가 있었음을, 당신의 부모가 산만하고 피곤하며 분주해, 늘 최고 기량을 발휘하지는 못했음을 고백하라.

이상하게 들릴지 모르지만, 죄책감을 예배의 부름으로 활용하면 부모의 죄책감이 하나님과 친밀해지는 길로 바뀔 수 있다.

5. 죄책감에는 긍정적인 '숨은 뜻'이 있다

한 남성 모임에서 나는 마흔한 살인 지금 자녀 양육을 시작할 수 있다면 좋겠다고 말했다. 앨리슨이 태어나던 스물다섯 살 때보다 지금의 내가 더 성숙했고, 직업도 더 안정되었으며, 더 나은 시각으로 자녀 양육에 임할 수 있을 것 같다.

하지만 여기 문제가 있다. 나를 더 성숙하게 해준 것은 무엇일까? 내게 더 나은 시각을 가져다준 것은 무엇일까? 지난 15년간 내 성품을 다듬어준 것은 무엇일까?

자녀 양육이다!

앨리슨과 그레이엄과 켈시를 키우지 않았다면 지금의 나는 없을 것이다. '지금의 나'가 특별히 성숙했거나 지혜롭다는 말이 아니다. 스물다섯 젊은 시절보다는 더 성숙했고 물론 지혜도 자랐다. 분명 하나님은 다른 방법으로도 영혼을 성숙하게 하실 수 있지만, 내 삶의 경우 자녀 양육이 영성 훈련의 간선도로가 되었다.

물론 자녀 양육에 실수도 했다. 아주 많았다. 지혜도 부족했고 관심도 부족했고 민감함도 부족했다. 늘 너무 자기중심적이었다. 그냥 너무 피곤하거나 순전히 철이 없을 때도 있었다.

그러나 내가 죄책감을 해결하는 데 도움이 된 단순한 진리가 있다. 내 이해에 혁신을 가져다주시려고 하나님이 내 머릿속에 그 생각을 넣어주신 것 같다. 즉 하나님은 앨리슨과 그레이엄과 켈시의 성장 못지않게 나 자신의 성장에도 관심이 지대하시다. 나는 자녀들을 위해 희생하고 그들을 먼저 생각하며 자녀의 필요를 내 필요보다 중요하게 여긴다. 그런데 하나님은 자녀 양육 과정을 통해 나와 우리 모두가 변화하기를 원하신다.

하나님은 영성 훈련이 우리 자녀들에게만 필요하다고 생각하시지 않는다. 하나님은 우리 모두를 상대로 일하고 계신다. 부모로서 우리는 마땅히 더욱 성숙한 면모를 보이며 희생해야 한다. 그러나 하나님의 눈으로 보면 십자가 앞의 지면은 평평하다. 그분은 우리가 모두 성장해 그분을 닮기 원하신다.

이거야말로 '죄책감 뒤에 숨은 보화'이고 자녀 양육에 대한 하나님의 '숨은 뜻'이다. 하나님은 그분의 소중한 자녀를 하나, 둘, 셋, 그 이상 당신의 양육에 맡기실 모험을 감행하실 만큼 당신을 각별히 생각하신다. 그분은 당신이 실수할 것을 이미 아신다. 당신이 완전한 부모가 아닌 것도 처음부터 아신다. 그런데도 그분은 그 모험을 기꺼이 감행하실 만큼 당신의 성장을 애타게 열망하신다. 하나님이 이들 소자(small person)들을 얼마나 공들여 지키시는지 성경에 밝히 나온다. 그런데도 그분은 그 중 몇을 당신의 보호에 맡기신다!

2장에서 우리 딸과 딸의 제일 친한 친구를 올랜도 강연 출장길에 데리고 가던 때 나는 그것을 다른 각도에서 보았다. 엿새 일정이었다. 지금도 기억나지만, 로라의 부모가 열 살 된 딸을 그렇게 긴 시간 나에게 맡겨준 것이 최고의 영광으로 생각되었다.

하나님은 적어도 18년 동안 그분의 자녀를 하나나 그 이상 당신에게 맡기신다.

자녀 양육을 이런 시각으로 보면 죄책감이 유발되는 대신 이해가 깊어진다. 하나님은 가정이라는 기관을 지으시고 그것을 통해 우리 모두를 빚으시고 기르시고 훈련하신다. 우리는 불완전한 사람으로 가정에 들어와서 날마다 서로에게 죄를 짓는다. 그러나 그런 부대낌 속에서 서로 용서를 구하고 베푸는 법을 배우면서 우리는 모두 더 풍성한 모습으로 변화된다. 때로 괴롭기도 한 그 과정에 참여한 결과다.

하나님은 당신의 자녀들도 예뻐하시지만, 당신도 끔찍이 여기신다. 당신은 그분의 사랑을 듬뿍 받는 아들딸이다. 그분은 당신의 보호와 영적 성장에 직접 관심을 갖고 계시며 자녀들을 그 목표를 위한 소중한 교사와 선지자로 보신다.

그래서 우리가 할 수 있는 말은 무엇인가? 죄책감도 쓸 데가 있다. 잘못했을 때 우리는 마땅히 죄책감을 느껴야 한다. 그러나 하나님께 치료책이 있다! 하나님의 치료책은 보지 않고 죄책감만 보는 것은, 소아마비를 완치해 주는 의료계의 백신은 생각하지 않고 소아마비만 걱정하는 것만큼이나 어리석은 일이다. 정당하든 아니든 죄책감은 우리에게 낙심과 좌절을 주고 우리를 나약하게 할 수 있다. 그러나 그리스도의 십자가 사역으로 용서되고 세례받고 심지어 성화된 죄책감은 우리에게 의욕과 힘을 주며 초점을 잃지 않게 해준다. 이런 맥락에서 죄책감은 자녀 양육의 신성한 과업에 임하는 우리에게 사실상 종의 역할을 할 수 있다.

하나님은 부모의 동기를 보신다

어느 젊은 아빠가 저녁마다 똑같이 하는 일이 있었다.[6] 그는 부엌으로 들어가 찬장을 열고 유리잔을 하나 꺼냈다. 그리고는 저쪽 찬장으로 가서 쿠키 병을 꺼내 쿠키를 두세 개 끄집어내서는 접시 위에 놓았다. 그리고는 냉장고로 가서 우유를 꺼내 기다란 유리잔에 부었다. 그 다음에는 거실로 들어가 평소 즐겨 앉는 의자에서 우유와 쿠키를 맛있게 먹곤 했다.

그날 저녁에도 어김없이 그 의식을 행하고자 부엌으로 향하던 중이었다. 그런데 자기보다 먼저 부엌으로 가고 있는 세 살배기 아들이 보였다. 아이의 얼굴에는 결연한 표정이 묻어났다. 아빠는 아는 척하는 대신 보이지 않게 서서 아들이 무엇 때문에 저리도 결연해 보이는지 지켜보기로 했다.

아이는 서랍을 여러 개 뽑아 계단처럼 밟고는 찬장으로 기어 올라갔다. 평소 금지된 일이었다. 이어 아이는 옆으로 쭉 걸어가서는(역시 절대 안 되는 일) 위쪽 찬장 문을 열었다. 그리고는 손을 넣어 유리잔을 하나 꺼냈는데, 그 과정에서 유리잔 몇 개가 넘어졌다. 아이는 잔을 내려놓고 찬장에서 훌쩍 뛰어내리더니 다시 잔을 집어 부엌 바닥에 놓았다. 그리고는 냉장고로 걸어가 우유를 꺼내 잔에 부었다. 조막손으로 너무 버거웠던지 우유는 콸콸 쏟아져 잔에 철철 넘쳤다. 아이는 쏟아진 우유를 소맷자락으로 훔쳤다.

그러더니 아이는 우유를 거기 놓고 다른 찬장으로 걸어가 쿠키 병을 꺼냈다. 엄격히 금지된 일이었다. 허락 없이 쿠키를 꺼내서는 안 된다는 것을 아이도 알고 있었다. 그래도 아이는 손을 넣고 쿠키를 꺼내는데, 여러 개가 더 밖으로 딸려 나왔다. 아이는 여분의 쿠키를 병에 도로 넣고는 우유에 젖은 소맷자락으로 가루를 훔쳤다.

이때 아빠가 아들을 말리려고 걸어 나왔다. 아들은 함지박만 한 미소를 지으며 인사를 건넸다.

"아빠, 쿠키 여기 있어요. 아빠 사랑해요."

이 이야기에서 당신이 아빠 입장이 아니라 아들 입장이 되어보기 바란다. 우리는 하늘 아버지를 섬기려 하되 그 과정에서 많은 실수를 범하는 어린아이다. 우리는 높은 데까지 손이 닿지 않아 임시 계단을 만들고는 찬장에 올라간다. 우리는 유리잔 몇을 넘어뜨리고, 우유를 마시려고 준비하려다 잔에 철철 넘치게 붓는다. 지혜가 부족한 우리가 생각해 낸 해결책은 엎질러진 우유를 행주가 아니라 소맷자락으로 닦는 것이다. 그러나 아무리 엎질러졌을지라도 이런 섬김의 행위에 감동하지 않을 아빠가 누가 있으랴.

우리는 최고의 부모가 아니다. 단연 아니다. 우리는 지혜가 부족하다. 전체가 어떻게 서로 들어맞는지도 모른다. 우리는 실수하고 엎지른다. 하는 일마다 잘못할 수 있다. 그러나 하나님은 아버지의 흐뭇한 눈빛으로 우리를 바라보신다. 우리 눈에는 연약함이지만 하나님은 겸손함을 보신다. 우리 눈에는 엎질러진 우유이지만 하나님은 의도를 보신다. 우리 눈에는 부족함이지만 하나님은 동기를 보신다.

그리고 그분은 미소 지으신다. 우리를 품에 안아 주신다. 아버지의 흐뭇한 웃음으로 껄껄 웃으신다.

Chapter 04

천국이
잡히는
순간

자녀 양육은 하나님의
음성을 듣는 법을
가르쳐 준다

매사를 내 방식대로 처리하려던 태도를 나는 오래 전에 버렸다. 그 때부터 나는 늘 하나님의 음성을 듣고, 그분 방식대로 하시도록 맡기기 시작했다. 당신도 그렇게 한다면, 문제를 자초해 거기에 시달리며 사는 대신 해답을 얻을 것이다.
_ 프랭크 부크먼

듣고 깨달으라.
_ 마태복음 15장 10절

우리 막내딸 켈시는 수다쟁이다. 언젠가 자기 친구가 이렇게 물었을 정도다.

"켈시, 네 입에서 말이 끊어질 때가 있긴 있니?"

"왜 있어야 하는데? 말하는 게 내 영적 은사야!"

켈시의 대답이었다. 게다가 켈시의 말은 속사포다. 한번은 켈시가 내게 물었다.

"토크쇼 진행자가 저에게 어울리는 직업이 아닐까요? 말하고 말하고 말하고 말하고, 그것만 하면 되잖아요. 그거라면 내가 정말 정말 잘할 수 있는데."

몇 년 전에는 또 이렇게 물었다.

"왜 사람들마다 항상 저에게 턱이 아프지 않느냐고 묻는 거죠?"

우리 친구가 교회에서 켈시를 태우고 집에 온 직후 생긴 일이었다. 문을 여는 순간 내 눈에 들어온 친구의 그 질려버렸다는 표정이 지금도 잊히지 않는다. 켈시는 보란 듯이 문턱을 넘어서고 있었다.

"와~!" 친구가 할 수 있는 말은 그게 다였다. 아무 표정도 없었지만, 질린 기색을 감출 수는 없었다.

언젠가 출장 중에 휴대전화로 켈시에게 전화를 걸었다. 나는 피곤할 때면 특히 켈시하고 말하는 것이 좋다. 저 혼자 다 말하기 때문이다. 내 휴대전화가 신호가 끊겨 즉시 다시 걸었으나 통화 중 신호가 나왔다. 몇 분 더 기다렸다 걸어도 마찬가지였다. "지금은 통화 중이오니 … 다시 전화해 주시기 바랍니다." 결국 '어떤 여자'(켈시의 표현으로)가 그렇게 말할 때까지 켈시는 무슨 일인지 전혀 모르고 있었다.

"아빠?" 켈시가 전화통에 소리를 질렀다. "듣고 계신 거예요?"

마침내 켈시는 전화를 끊었고, 그때 내가 다시 걸었다. 켈시는 물었다. "어디까지 들으셨어요?"

내가 들었던 부분을 말했더니 켈시는 탄식했다. "그건 5분 전에 한 이야기잖아요! 다 기억이 안 나요. 하지만 할 말은 그것 말고도 얼마든지 많아요. … "

한번은 내가 두고두고 후회할 일을 저질렀다. 가족이 차를 타고 가는데 켈시가 그 입담으로 우리 모두를 '즐겁게' 해주었다. 그러나 그것도 몇 시간이지, 나중에는 이야기를 따라가기도 힘들어질 수 있다. 아들 그레이엄은 지쳐가고 있었고, 나는 목적지를 찾느라 집중해야 했다. 내가 보기에도 아들은 인내심을 잃어가고 있었다.

"그레이엄." 내가 소곤소곤 말했다. "그냥 가끔 몇 분 단위로 '음, 그래' 하고 맞장구만 쳐주면 돼. 그래도 켈시가 눈치 못 챈다고."

켈시가 나중에 그것을 알고 깊은 상처를 받았다. 그럴 만도 하다. 나는 너무 미안해 딸에게 용서를 구했다. 아빠로서 또 하나의 실수를 인정한 것이다.

자녀들과 함께 있다 보면 듣는 법을 새로 배우게 된다. 아이에 따라 유독 더 그런 경우도 있는 것 같다. 대부분의 사람은 종교를 명령과 금령의 집합으로 알지만, 내가 믿기에 하나님과의 관계는 무엇보다도 경청으로 차별화된다. 베드로와 야고보와 요한이 놀랍게 변모되신 예수의 참 영광을 직접 보았을 때, 하나님 아버지는 그들 선택받은 세 사람에게 이렇게 말씀하셨다. "이는 내 사랑하는 아들이니 너희는 그의 말을 들으라"(막 9:7).

부전자전이라 했던가. 경청은 예수의 가르침에도 늘 후렴구처럼 등장한다.

- 듣고 깨달으라(마 15:10)
- 들을 귀 있는 자는 들으라(막 4:9)
- 무리를 다시 불러 이르시되 너희는 다 내 말을 듣고 깨달으라 (막 7:14)
- 너희가 어떻게 들을까 스스로 삼가라(눅 8:18)
- 이 말을 너희 귀에 담아 두라(눅 9:44)
- 내 양은 내 음성을 들으며(요 10:27)

그리스도인은 믿지 않는 사람들, 즉 삶에 하나님의 자리가 없는 사람들과 무엇으로 구별될까? 세상은 하나님을 무시하지만, 그리스도인은 그분의 음성을 듣는다. 때로 우리는 듣는 것만으로 부족하고 순종해야 한다는 논리로 경청의 역할을 깎아내린다. 하지만 솔직히 아예 무시당하는 것도 그 무엇 못지않게 사람을 불쾌하게 한다. 부모인 우리는 그것을 잘 안다. 자녀들이 우리 말을 귓등으로 들을 때보다 더 속이 뒤집히는 일이 있을까?(앞에 인정했듯이 나도 딸에게 똑같은 일을 했다.)

하나님은 지금도 우리 가운데서 열심히 일하신다. 그리고 우리가 듣기만 한다면 우리에게 말씀하신다.

- 주 여호와께서는 자기의 비밀을 그 종 선지자들에게 보이지 아니하시고는 결코 행하심이 없으시리라(암 3:7)
- 너는 내게 부르짖으라. 내가 네게 응답하겠고 네가 알지 못하는 크고 은밀한 일을 네게 보이리라(렘 33:3)
- 보라 산들을 지으며 바람을 창조하며 자기 뜻을 사람에게 보이(는) … 이는 그의 이름이 만군의 하나님 여호와시니라(암 4:13)
- 여호와의 친밀하심이 그를 경외하는 자들에게 있음이여(시 25:14)
- 아버지께 듣고 배운 사람마다 내게로 오느니라(요 6:45)
- 네 모든 자녀는 여호와의 교훈을 받을 것이니(사 54:13)

우리 중에 하나님께 대놓고 반항하는 사람은 많지 않다. 우리는 그분께 주먹을 흔들거나 그분의 이름을 욕하지 않는다. 그러나 우리는 그분을 무시한다. 우리는 너무 바빠서 듣지 않는다. 그분께 그것은 순종의 거부만큼이나 무엄한 일이다. 이런 우를 '실질적 무신론'이라 할 수 있다. 우리가 말로는 하나님을 믿는다고 하지만 일상생활과 맞물리지 않는 믿음이라면 무슨 소용인가? 세상은 내가 다른 책에 말한 '그리스도 빠진 기독교' 없이도 얼마든지 지낼 수 있다.

이스라엘 백성이 여호수아 시대에 그런 죄를 지었다. 기브온 거민들이 찾아와 속임수를 썼을 때, 이스라엘 무리는 "그들의 양식을 취하고는 어떻게 할지를 여호와께 묻지 아니"했다(수 9:14). 하나님은 이스라엘에게 약속의 땅을 정복하라고 명하셨건만, 이스라엘은 기브온 족속이 거기 살지 않는다는 주장에 속아 그들과 계약을 체결했다. 교만한 부모처럼 그들은 뻔한 신호들이 보이는데도(기브온 사람들은 자기네가 멀리서 왔다면서 원방에서 온 것처럼 행색을 꾸몄다) 교만하게 이렇게 생각했다. "이건 쉬운 일이야 우리 힘으로 할 수 있지. 그냥 계약을 체결하면 되는 거야."

인정하기 부끄럽지만, 나도 부모로서 그런 적이 얼마나 많은지 모른다. 나는 겉모양에 속았다. 하나님을 귀찮게 할 만큼 심각하거나 복잡한 문제로 보이지 않았고, 그래서 무지에 근거해 어리석은 선택을 내렸다. 우리는 본성이 교만한 족속이다. 교만은 하나님 없이도 눈앞의 상황을 감당할 수 있다고 늘 우리에게 떠든다. 하나님의 음성을 듣는 것이 겸손의 참된 시험이다. 겸손한 사람들은 듣는다. 교만한 사람들은 하나님을 바랄 겨를조차 없다.

내가 경청을 그리스도인의 자녀 양육과 영성의 핵심 요소로 보는 이유가 거기 있다. 경청은 우리 믿음의 본질을 바꿔 놓고, 우리 행동의 방향을 조정해 준다. 경청할 때 우리는 변하지 않는 원칙과 억지 순종이라는 한낱 인간 중심적인 믿음을 벗어나, 세상에서 적극적으로 일하시는 하나님과 협력하는 차원에 들어선다. 이는 '천국이 잡히는 순간'이요 하나님의 임재를 우리 삶 속에 청하는 길 중 하나다.

하나님 음성을 듣는 자녀 양육은 신성하다

하나님 음성을 들음으로 자녀 양육은 신성해진다.

캐서린 마샬(Catherine Marshall)은 남편 피터 마샬(Peter Marshall)의 불시의 죽음으로 편모가 되었다. 피터는 영적 거장이었다. 전국적으로 유명한 저자였고 미국 상원의 원목이었다. 그의 죽음은 아들의 삶에 커다란 빈자리와 채울 수 없는 허전함을 남겼다. 캐서린은 날마다 하나님의 음성을 들으며 위안을 얻었다. "내 상황에서 무력감과 좌절감에 대한 최고의 해답은 새벽녘 경건의 시간에서 왔다. 그때 나는 기도로 아들에 대한 하나님의 인도를 구하곤 했다."[1] 캐서린에게 아들의 성장 과정을 의논할 남편은 없었지만, 말씀하시는 하나님이 계셨다.

우리 가족도 하나님의 음성을 들으며 깊은 영향을 입고 있다. 이 책을 쓰면서도 나는 하나님의 음성을 듣는 시간을 가졌다. 어느 이른 새벽 잠시 일손을 놓고 앨리슨을 약속 장소에 데려다주어야 한다는 느낌이 강하게 들었다. 4시간이 소요될 일이었다. 평소 90%는 아내가 하는 일이지만, 하나님은 뜻을 굳히신 것 같았다. 이번에는 내가 할 차례였다.

아침 식사 때 리자에게 그 말을 했더니 아내는 시큰둥해 보였다. 그래서 나는 다시 생각했다. 그러잖아도 내게 할 일이 많은데, 아내가 굳이 원하지 않는다면 … 그러나 나중에 리자는 점점 더 피곤해져 평소에 안 자던 낮잠까지 잤다. 그러다 리자의 친구에게서 전화가 왔는데, 이튿날 우리 집에 잠시 들를 예정이라고 했다. 아내의 동기간 중에 우리의 새 집에 다녀간 사람이 아직 아무도 없었으므로 리자가 청소와 정리에 많은 시간을 들이려 할 것은 뻔했다.

그러니까, 아내가 얼마나 피곤해질지 본인도 나도 아침에는 몰랐다. 하지만 하나님은 아셨다. 리자의 친구가 전화해 우리 집에 오겠다고 말할지 아내도 나도 몰랐다. 그러나 하나님은 아셨다. 하나님의 음성을 들음으로 우리는 사실상 미지의 미래를 준비하는 방향으로 일과를 짤 수 있었다(하나님은 알고 계셨다. 그분은 내 아내를 염려하셨고, 그 염려의 도구로 나를 쓰시기 원하셨다). 물론 이것은 극히 평범한 예다. 극적인 사건도 아니고 거창한 기적도 아니다. 그러나 작은 인도들이 평생의 방향에 큰 차이를 낳을 수 있다. 그리고 말씀하시는 하나님 음성을 우리가 날마다 시간을 내서 듣기만 한다면 그런 인도가 분명 모든 그리스도인에게 더 자주 있을 것이다.

궁금하다. 우리가 배우자에 관해 하나님 음성을 듣는 법을 배운다면 결혼생활이 얼마나 달라질까? 남편이 어떤 하루를 보내고 있는지 아내들이 하나님의 입에서 듣고 거기에 맞춰 남편의 퇴근을 준비한다면, 남편들이 얼마나 큰 격려를 얻을까? 남편들이 하루 중에 시간을 내어 "주님, 아내를 더 잘 사랑하기 위하여 제가 오늘 해야 할 일은 무엇입니까?"라고 묻는다면, 아내들이 얼마나 기가 펴지고 힘이 날까? 부모들이 자녀를 지으신 분, 자녀의 생각을 아시는 분, 자녀의 은밀한 고민을 아시고 친구들과 나누는 모든 대화를 들으시는 분께 통찰을 얻는다면, 자녀들이 얼마나 힘과 훈계와 인도와 감화를 얻을까?

경청을 통해 하나님과 동역자가 되라

참된 경청은 적극적인 훈련이다. 듣지 않는 것은 죄라기보다 그리스도인으로서 무기력하고 무감동한 삶을 선택하는 것이다. 우리는 자녀들이 정말 뭐라고 말하는지 작정하고 들어야 하는 것처럼, 하나님의 사랑과 인도의 세미한 속삭임도 작정하고 들어야 한다.

물론 커다란 도전은 자녀들의 말과 하나님의 음성을 듣는 일이 어려울 수 있다는 것이다. 때로 우리는 자녀들을 오해한다. 때로 우리는 자신의 두려움을 하나님의 음성으로 착각한다. 그러나 우리가 완벽하게 알아듣지 못한다는 사실이 경청의 훈련을 내다 버릴 구실은 못 된다. 오히려 그것은 경청의 적용에 안전망이 필요하다는 뜻이다. 예컨대 우리는 하나님이 그분의 성경 말씀에 어긋나게 말씀하시지 않음을 안다. 대부분 하나님이 상식을 따르심도 우리는 안다. 그리고 그분 음성의 분별을 돕고자 하나님이 우리에게 그분의 교회, 즉 다른 성도들을 주셨음도 우리는 안다.

하나님은 말씀하기를 간절히 원하시며 우리의 불완전에도 능히 우리와 소통하실 수 있다. 우리가 겸손히 듣는 한, 경청의 훈련은 우리

가정과 삶과 관계를 바꿔 놓을 수 있다.

내 경우 주님과의 친밀함이 가장 실감 날 때를 꼽는다면, 하나님이 내게 자녀들 삶 속의 어떤 어려움을 일러주시면서 특정 이슈나 관심사를 언급하도록 권하실 때를 빼놓을 수 없다. 그럴 때면 나는 하나님과 동역자가 된 기분이다. 마치 한 인간 영혼의 역동적 작업을 완수하기 위해 그분과 내가 함께 일하는 것 같다.

그보다 더 중요한 것은 상대방이 받게 되는 내용이다. 언젠가 한 남자가 내 질문을 듣고 그 자리에 얼어붙은 적이 있다. 그는 물었다. "어떻게 저에게 이런 질문을 하시게 됐습니까?"

"글쎄요, 오늘의 이 만남을 위해 기도하던 중에 왠지 이 이야기를 꺼내야 할 것 같은 생각이 들었습니다."

"우리 부부가 2주일 동안이나 싸우고 있는 바로 그 문제입니다!" 그것이 긴 대화로 이어졌다. 그 남자가 하나님이 자신의 중심을 보시고 자신의 필요를 읽으신다는 사실을 깨닫게 되었을 때, 비로소 그런 대화가 가능했다. 결국 내가 건넬 수 있는 어떤 조언보다도 그 사실 하나가 훨씬 큰 힘을 발했다.

우리가 하늘 아버지께 묻고 그와 똑같이 중요하게, 인내로 응답을 기다린다면 하나님은 우리 자녀들의 심중에 정말 무슨 일이 벌어지고 있는지 종종 우리에게 귀띔해 주실 것이다. 아이들을 대할 때 나는 나 자신의 정서불안과 미성숙 때문에, 하나님이 가장 관심을 두시는 일들은 접어둔 채 별로 개의치 않으실 일들에 매달릴 때가 왕왕 있다. 내 경우를 보면 중대한 교정은 경청에서 왔다.

자녀 양육이 기도를 가르친다

앨리슨의 울음소리만 듣고도 뜻을 가려내는 아내의 재주는 초보 아빠인 나의 감탄을 자아냈다. 아내는 "기저귀가 젖었다"라는 울음과 "당장 먹여주지 않으면 배고파 죽을 것 같다"라는 울음과 "어디가 아프다"라는 울음을 기가 막히게 가려냈다. 고막이 터질 듯한 아기 울음소리가 우리의 고요한 수면을 끊어 놓는 긴긴밤이면, 아내는 기특하게도 그 특별한 재주를 십분 잘 사용했다. 나는 남편들의 케케묵은 수법을 자주 시도했다. "여보, 아기가 젖을 먹어야 하는데 내가 줄 수 없으니 당신이 일어나서 봐줘야 할 것 같아."

그러나 아내는 단호했다. "저건 배고프다고 우는 게 아니라 기저귀가 젖어서 우는 거예요. 내가 해보니까, 기저귀를 갈아줄 때는 젖이 필요 없어요. 부탁해요."

긴가민가하면서 일어나 가보면 아니나 다를까 방에 들어가자마자 역한 냄새가 코를 찔렀다. 아내는 한 번도 틀린 적이 없다. 기저귀를 갈아주니 아기는 금세 다시 곯아떨어졌다.

언젠가 우리 주치의는 리자의 듣는 솜씨가 도를 넘어섰다고 보았다. 그의 설명인즉 이랬다. "아기들도 의사소통하는 법을 배워야 합니다. 엄마가 항상 다 알아서 해주면, 사실상 아기의 표현을 막는 것일 수 있습니다. 더 효과적으로 자기 뜻을 알리는 법을 배우지 못하도록 말입니다." 그러나 하나님은 아기들 말을 정확히 듣는 부모를 겸손하게 만드는 확실한 방법을 고안하셨다. 그것을 일컬어 사춘기라 한다. 부모는 이 시기가 되면 전혀 새로운 언어를 배워야 한다. 툴툴거

림, 신음, 싸늘한 눈빛, 짜증 난 숨소리의 폭발 등 부모에게 속을 내보이지 않고 추측만 하게 만들려는 사춘기의 열성이 그런 특징들로 나타난다. 한 엄마는 열다섯 살 된 딸에게 숙제를 다 끝냈느냐고 물었던 일을 털어놓았다. 간단한 질문 아닌가. 그런데 딸은 그대로 폭발해 울며불며 자기 방으로 달려갔다.

자녀와 정말 다정하게 지내고 싶은 부모는 듣는 법을 배워야 한다. 말은 물론 비언어적 암시까지 포착할 수 있어야 한다. 둘째의 말소리가 맏이와 다르고 셋째와도 다름을 부모는 금방 알게 된다. 부모는 말하는 아이에 맞추어 경청의 기술을 조정해야 한다. 아주 얌전하고 고분고분해 보이는 아이들이 있는데, 그런 경우에는 부모가 적극적으로 다가가 아이의 말하려는 바를 파악해야 한다. 속을 그대로 쏟아내는 아이들도 있다. 자녀 양육의 절반은 경청이라고 해도 과언이 아니다.

그러나 아이들이 경청을 괴롭도록 어렵게 만들 때면, 우리는 경청을 포기하고만 싶어진다. 경청은 사랑의 적극적 선택이기에 그것의 가장 큰 적은 무관심과 바쁜 삶이다. 우리 중에 고의로 자녀를 학대할 사람은 없다. 하지만 아이들의 말을 들어주는 것이 사랑의 적극적 힘임에도 경청을 그만두고픈 유혹은 이따금 들게 마련이다. 딱 잘라 말해 경청을 그만두면 사랑을 그만두는 것이다. 하지 말아야 할 일을 안 한다고 해서 사랑이 아니다. 사랑이란 상대방 쪽으로 다가가는 것이다. 사랑의 반대는 미움이 아니라 무관심이다.

감사하게도 자녀 양육의 기술에 너무도 중요한 이 경청 훈련은 우리의 기도생활에 아주 좋은 영적 훈련이 된다. 그렇다, 맞다. 자녀 양육이 우리에게 기도를 가르칠 수 있다.

하나님의 무릎에서 경청하기

그레이엄이 아직 어렸을 때, 어느 날 우리는 천국에 관해 이야기했다.

"그보다 좋은 곳은 없단다, 그레이엄." 나는 바싹 다가앉는 아들에게 말했다. "울 일도 없고 아프지도 않고 불량배도 없거든. 거기 가면 여자애들 머리에 이도 없고 침대 밑에 괴물도 없어. 거기다 우리가 다 함께 있을 거고."

그레이엄은 고개를 끄덕이며 말했다. "어서 하나님 무릎에 앉고 싶어요. 아빠 무릎에도."

정신적으로 부모의 무릎보다 안전한 곳은 세상에 없으리라. 잔뜩 겁에 질린 아이가 있다고 하자. 무르팍이 까진 어린 소녀도 좋고, 불량배에게 놀림당한 소년도 좋다. 이들은 심장이 1분에 100번은 뛰고, 눈물이 폭포수처럼 쏟아진다. 이제 이 아이를 모든 것을 품어주는 부모의 무릎 위에 놓아보라. 순식간에 심장 박동이 반으로 떨어지고 눈물도 방울방울 맺히고 만다. 아이는 안전하다.

부모의 무릎이야말로 하나님이 고안하신 가장 안전한 피난처다. 우리 어른들의 마음속에도 하나님의 영적인 무릎에 푹 안기고픈 은밀한 갈망이 있다. 히브리어로 하나님의 이름 중에는 '그곳'이라는 이름도 있다. 고금의 신비가들은 그 목적지에 도달하려 힘썼다. 그곳은 정신없는 세상 속의 고요한 영적 피난처다. 자녀를 기르는 일이 그곳에 이르는 길을 가리켜 보여 준다. 참된 영적 경청이란 하나님의 무릎에 기어올라 안전하게 쉬면서, 그분의 사랑과 인정과 교정과 도전의 인자한 말씀을 듣는 것이다.

내 기도 생활의 가장 큰 변화는 아빌라의 테레사(Teresa of Avila)와 프랭크 부크먼(Frank Buchman)이라는 두 사람의 책을 읽은 결과로 찾아왔다. 전에 나는 기도를 마치 고등학교 시절 장거리 육상선수로 지낼 때 거리 표지판을 대하던 것처럼 대했다. 그때 나는 늘 전보다 조금 더 달려 기록을 깨려 했다. 더 훌륭한 선수가 되려면 1주일에 50마일 대신 이번에는 60마일, 다음번에는 70마일 식으로 점점 늘려가야 한다고 생각했다.

마찬가지로 기도 시간의 내실을 높이려면 기도를 더 오래 해야 하는 줄 알았다. 1시간 기도하던 것을 나는 점차 2시간, 3시간으로 늘려야 했다. 거기다 가끔 철야기도도 하고 연 2회 주말에 기도원에도 가야 했다.

아빌라의 테레사는 기도를 시간이나 빈도가 아니라 친밀함으로 정의한다. 이는 많은 독자들에게 기초적인 내용이겠지만 내 기도 생활에 혁신을 일으켰다. 테레사의 책 《내면의 성》(The Interior Castle)을 보면, 친밀한 애착 면에서의 영혼의 진보가 소개된다. 그것은 우선 묵상 기도로 시작해 회상의 기도, 고요한 기도, 연합의 기도를 거쳐 마침내 '내면의 성'으로 깊어진다. 그녀는 내면의 성을 '충만한 영적 결혼'이라고 표현했다.

평소 테스토스테론으로 단련된 내 테크닉에는 한계가 있었는데 이 통찰력 있는 여인이 내게 큰 유익이 되었다. 그녀는 하나님께 좀 더 부드럽게 나아가는 법을 내게 가르쳐 주었고, 기도란 다분히 하나님의 무릎에 기어올라 쉬는 것임을 일깨워 주었다. 그러다 나는 프랭크 부크먼(그는 내가 태어나던 해인 1961년에 세상을 떠났다)의 책을 여러 권 읽게 되었나. 그는 옥스퍼드 그룹, 즉 '도덕적 재무장'으로 알려진 강력한 운동을 선도했다. 부크먼은 그리스도인들에게 매일 시간을 내서 하나님의 말씀을 들을 것을 촉구했다. 1935년 덴마크 엘시노어의 햄릿성에 모인 1만 명 청중을 상대로 한 연설에서 부크먼은 이렇게 선언했다.

> 인간의 음성이 무전기를 타고 지구 끝까지 전해지는 것을 우리는 당연한 일로 받아들입니다. 그렇다면 살아계신 하나님의 음성을 모든 가정, 모든 업소, 모든 국회에서 하나의 능동적이고 창의적인 힘으로 받아들이지 못할 까닭이 무엇입니까? …
> 성령은 오늘날 세상에서 가장 지력(知力)이 뛰어난 정보원입니다. 모든 문제의 답이 그분께 있습니다. 인간이 기회를 드리기만 하면, 그분은 어디서나 우리에게 삶의 방식을 가르쳐 주십니다. … 하나님의 인도는 평범한 사람들의 정상적인 경험이 되어야만 합니다. 안테나만 제대로 맞추면 누구라도 하나님의 메시지를 수신할 수 있습니다. 확실하고 정확하며 충분한 정보가 하나님의 지성에서 인간의 지성으로 올 수 있습니다. 이것이 정상적인 기도입니다.²

하나님의 음성을 듣는 습성은 많은 나라 정부의 최고위 인사들에게 영향을 미쳤고 무수한 개개인의 삶에 지대한 영향을 끼쳤다. 기독교는 듣는 데서 시작된다고 부크먼은 역설했다. 영국 버밍엄의 2만 5천 사람들에게 그는 이렇게 선포했다.

> 세상에 가장 필요한 교훈은 하나님 음성을 듣는 기술입니다. … 하나님은 인간에게 입 하나와 귀 둘을 주셨습니다. 그러니 우리는 말하는 양의 두 배를 들어야 하지 않겠습니까? 하나님의 음성을 듣고 그날의 일과를 짜는 일은 누구나 날마다 할 수 있는 일입니다.[3]

만일 행동을 줄이고 경청을 늘린다면, 우리 중 많은 이들의 사역은 훨씬 효율성이 높아질 것이다. 솔직히 나는 이 교훈을 지금도 배우고 있다. 이전의 내 책 다섯 권은 연구가 주축이었다. 이 책은 그중 어떤 책보다도 말 그대로 기도로 태어났다. 하나님 앞에 앉아 각 장의 요지를 보여 달라고 기도한 후에야 한 장이 완성되곤 했다. 즐거운 변화였고 진작에 배웠어야 할 변화였다!

하나님을 섬기느라고 바빠 하나님 음성을 들을 시간이 없다면, 우리는 위험한 터에 서 있는 것이다. 고든 스미스(Gordon Smith)는 명저 《우리가 가야 할 길》(도서출판 누가)에서 "하나님과 더 이상 충분한 시간을 보낼 수 없을 만큼 그분이 우리에게 많은 일을 맡기신다는 것은 생각할 수 없는 일이다"[4]라고 딱 잘라 말했다. 경청은 우리의 섬김을 방해하는 것이 아니라 오히려 능력을 입혀준다.

언젠가 내가 〈신성한 결혼생활〉 세미나로 동부에서 강연할 때였다. 이미 누차 다룬 내용이지만, 나는 사전에 기도하기를 좋아한다. 혹시 하나님께서 내게 특정 청중에 맞추어 내용을 재단하기를 원하시는지 분별하기 위해서다. 그 주말에 나는 참석자들의 결혼이 설사 본인들에게는 더 이상 소중하지 않을지라도 하나님께는 매우 소중하다는 개념에 집중했다. 거기에 집중하기는 처음이었다. '소중하다(precious)'는 단어가 계속 반복되었다. 원고에는 없는 단어였다. 그냥 나는 하나님이 거기에 강조점을 두기 원하신다는 느낌이 들었다.

나중에 한 젊은 부인이 눈물지으며 내게 다가와 말문을 열었다. "우리의 결혼이 하나님께 소중하다는 그 말씀 … ." 그녀는 말을 끊고 안정을 되찾은 후 이렇게 덧붙였다. "제 이름이 프레셔스(Precious)거든요. 그 부분이 제게 얼마나 깊이 다가왔는지 모릅니다."

확률이 얼마나 될까? 이름이 프레셔스인 사람을 당신은 여태 몇이나 만나 봤는가?

바로 그것이 핵심이다. 나는 확률 게임을 벌이고 있었던 게 아니다. 나는 듣고 있었다. 하나님은 말씀하셨고, 최소한 한 여자를 아주 깊은 차원에서 만져 주셨다.

이런 일이 프랭크 부크먼에게 늘 있었다. 어느 저녁, 길을 걷던 중에 그는 앞서가는 남자에게 말을 걸어야 한다는 생각이 분명히 들었다. 처음에 부크먼은 망설였으나 하나님이 재촉하시는 듯했다. 마침내 그는 불렀다. "당신에게 말을 걸어야만 할 것 같았습니다. 뭐 필요하신 것이 있으실까 해서요."

"네. 필요합니다." 남자는 사정 얘기를 했다. "하나님께서 제게 당신을 보내셨군요."

그 남자의 어머니는 병원에서 죽어가고 있었다. 그의 남매들은 병상을 지키고 있었다. 그는 머리를 식히려 밖으로 나왔지만 딱히 어찌할 바를 몰랐다. 프랭크는 그와 함께 병원으로 갔고, 강력한 사역의 시간이 이어졌다. 그러한 사역이 경청의 결과였기에 그의 공로라는 생각은 하지 않았다. 한번은 일본 총리가 프랭크의 성과에 감동해 "이 모든 일에 자부심이 대단하시겠습니다"라고 말했다. 그러자 프랭크는 이렇게 대답했다. "그런 기분은 전혀 없습니다. 나랑은 무관한 일입니다. 전부 하나님이 하십니다. 나는 그저 그분이 하라고 하시는 대로 순종할 따름입니다."[5]

자녀들이 잘되기를 위해 하나님 음성을 듣는 부모도 이와 똑같은 겸손을 얻게 된다. 때로 하나님은 우리 아이에 대해 내가 놓치고 지나가는 일을 귀띔해 주신다. 이런 계시를 받고서 나는 감히 우쭐해질 수 없다. 반대로, 지금 보니 이렇게 뻔한 것을 애초에 놓쳤으니 오히려 마음이 겸허해진다. 경청은 자녀 양육을 수행함에 있어 내가 철저히 하나님께 의존적인 존재임을 일깨워 준다. 그분이 깨우쳐 주시지 않으면 나는 완전히 길을 잃을 것이다.

때로는 경청이 좋은 쪽으로 괴롭게 느껴질 수도 있다. 나는 하나님이 질문으로 나를 부드럽게 바로잡아 주실 때가 많음을 깨달았다. 이런 내용으로 질문하신 적도 있다. "올여름 너는 정서적 에너지를 사춘기 딸아이의 마음을 알아가는 데 더 많이 쓰고 있느냐 아니면 네 골프 실력을 높이는 데 더 많이 쓰고 있느냐?" 하나님은 '시간'이나 '돈'을 말씀하시지 않았다(그 둘이라면 나도 변호가 가능했다). 하나님은 내게 내 정서적 에너지의 초점을 생각하게 하셨다. 내 생각과 대화의 주는 무엇인가?

이 부드러운 도전은 역설적으로 내게 커다란 위로가 되었다. 내가 곁길로 빠지려 할 때 하나님이 조용히 알려주신다는 확신을 가지고 살면 은근히 마음이 든든해진다. 보호와 경고 없이 혼자라는 느낌이 들지 않는다. 그곳은 우리가 목자 되신 하나님의 보호 아래 쉬면서 그분의 음성을 듣는 아주 안전한 곳이다.

네 자녀를 둔(그중 하나는 입양했다) 내 친구 애니 칼슨(Annie Carlson)은 여기에 대해 훌륭한 시각을 가지고 있다. 그녀는 말했다. "대개 우리는 삶의 굵직한 결정에 대해 하나님의 뜻을 찾는 데 신경을 많이 쓴다. 하지만 날마다 꾸준히 하나님과 소통하며 산다면, 그분의 음성을 듣는 데 익숙해질 것이고 따라서 큰 결정에 부딪쳐도 겁날 것이 없다." 다시 말해서 일상적 결정 속에서 꾸준히 하나님의 인도를 구함으로, 즉 하나님 음성을 듣는 일을 삶의 당연한 일부로 삼음으로 우리는 삶의 굵직한 선택들에 대해 하나님의 음성을 분별하는 법을 배운다. 자녀를 기른다는 것은 우리에게 날마다, 아니 시간마다 하나님의 인도가 필요하다는 뜻이다!

무엇보다도 자녀가 있음으로 해서 나는 듣는 자세를 취하지 않을 수 없다. 듣기보다는 말을 더 많이 하고 싶은 것이 내 잘난 부모 마음이지만, 듣지 않고 말해 봐야 자녀와의 관계 구축에 별 효과가 없음을 깨달았다. 그래서 자녀를 키우면서 관계에 대한 내 접근이 통째로 바뀌었다. 하나님과의 관계도 그렇고 다른 사람들과의 관계도 그렇다. 첫째도 듣는 것, 둘째도 듣는 것, 셋째도 듣는 것이다!

물론 우리의 필요도 하나님께 아뢰어야 하지만, 기도에 성숙한 사람은 말하는 시간보다 듣고 기다리는 시간이 두 배는 된다. 영적 경청에 대해 아주 흥미로운 사실을 하나 알고 싶은가? 하나님은 언어를 바꾸신다. 때로 그분은 성경을 통해 말씀하신다. 단 하나의 성경 구절이 당신의 마음을 확 열어젖혀 가장 어두운 곳에 진리를 비추며 영혼의 때를 북북 씻어낼 수 있다. 때로는 가지들과 잎들이 한꺼번에 수천의 설교를 쏟아내는 나무 한 그루 앞에서 무릎 꿇지 않을 수 없을 때도 있다. 그런가 하면 하나님의 침묵이 당신을 닫아 가두고는 당신 영혼의 뿌리를 손질하기도 한다. 하나님의 침묵은 휘몰아치는 눈보라보다 더 큰 소리로 당신을 영혼의 겨울로 데려갈 수 있다. 수시로 하나님은 꿈, 어린아이의 고함(어거스틴은 "집어 들어 읽으라!"라는 한 아이의 외침을 듣고 일생이 바뀌었다), 훌륭한 예술작품, 웅장한 음악, 삶의 특정한 상황을 통해 말씀하신다.

어느 경우든, 인생의 여러 단계인 유아기, 아동기, 사춘기, 성인기를 지나는 자녀들의 말을 들어주는 데 필요한 기술들이, 곧 하나님을 향한 우리의 영적 감수성을 다듬어주는 기술이다.

오늘은 내 평생 최고의 날이에요

내가 《영성에도 색깔이 있다》(CUP)를 쓸 때 그레이엄은 아직 여섯 살이었다. 어느 날 나는 묵상주의 영성에 대한 장을 쓰고 있었다. 나 자신은 그다지 신비가가 못되지만, 수수한 방을 영적으로 잘 꾸며 작은 천국으로 만드는 형제자매들을 보면 감탄이 절로 난다. 그들은 늘 그 타령인 일상의 순간에 영원을 불어넣는다. 내게 있어 기도 신비가들의 가장 놀라운 점은, 그들이 자기가 하고 싶은 일, 앞으로 수십억 년 후에도 하고 있을 일을 지금 한다는 것이다. 바로 사랑하는 그분의 손을 잡고 사랑과 흠모를 바치는 일이다.

그레이엄은 어쩌면 신비가인지 모른다. 적어도 그날만은 내 삶에 신비가의 역할을 맡아 주었다. "오늘은 내 평생 최고의 날이에요." 그는 불쑥 내뱉었다.

그 순간까지만 해도 그날은 내게 약간 우울한 날이었다. 우선 내 머릿속을 떠나지 않는 시름이 있었다. 그로부터 두어 주 전, 나는 어느 에이전트에 아동도서 원고를 보냈었다. 여러 가지 이유로 그 원고는 내게 너무나 중요했다. 그러나 응답은 작가에게 돌아올 수 있는 최고의 모욕인 침묵뿐이었다. 작가에게 편지함이 비어 있는 것은 피아니스트에게 콘서트홀이 한산하고, 사업주에게 매장이 적막하며, 목사에게 교회당이 텅 빈 것과 같다.

자아에 빠진 바보처럼 실망으로 그날을 채색했다. 반면 내 아들은 그날을 희망으로 가득 채웠다. 평생 최고의 날이라고? 나는 지난 8시간을 그 아이의 눈으로 보려 해보았다.

그날은 내가 그레이엄과 함께 버지니아주 마나사스의 운동장에 가서 추계 축구팀에 아이를 등록하는 것으로 시작되었다. 그레이엄은 아직 단체 스포츠를 해본 적이 없었고, 그 해가 처음이었기에 우리는 거기 남아 시합을 구경했다. 집에 돌아와 나는 그레이엄을 눕혀 낮잠을 재웠다. 아이가 잠든 뒤 나는 일어나 책을 읽었다. 잠이 깬 아이는 곧장 나에게 달려왔고, 나는 몇 분 동안 아이를 안아준 뒤 함께 점심을 먹었다.

아내는 앨리슨을 생일파티에 데려다주어야 했기에 그날 오후는 그레이엄과 켈시와 나만 집에 남았다. 켈시가 자는 동안 그레이엄과 나는 집 밖에 개미 약을 뿌리고, 싱크대 아래쪽에 선반을 하나 달았다. 그리고 그런 일을 하는 동안, 화살 하나로 과연 카우보이 다섯을 죽일 수 있을까에 대해 이야기했다. 나는 미심쩍었지만, 그레이엄은 자기의 플라스틱 인디언 하나가 바로 그날 그 위업을 달성했다고 힘주어 말했다.

잠이 깬 켈시는 내가 차려놓은 점심을 가지고 2분 정도 장난을 쳤다. 그러더니 두 녀석은 땅콩버터 한 통과 꽈배기 과자 한 봉지로 약 30분간 조용히 지냈다. 나는 어질러진 것을 치웠다. 그러고 나서 모두 채비를 하고 볼일을 보러 나갔다.

우선 우체국부터 갔다. 나를 골탕 먹이듯 내 편지함은 여전히 비어 있었다. 그 순간에 빈 편지함이 어리석게도 내 하루를 규정해 버렸다.

다음은 아이스크림 집으로 향했다. 쿠폰이 있어서 하나 값으로 두 개를 사고도 작은 콘을 하나 더 받을 수 있었다. 내가 켈시에게 콘을 주어 자리에 앉히는 동안, 손목에 설탕이 묻은 아가씨가 그레이엄과 내 아이스크림을 퍼 담았다. 내가 아이스크림을 받아 돌아오니 켈시가 짜부라진 콘을 내게 주고는 새 아이스크림을 내 손에서 잽싸게 채어갔다.

아이스크림 집 바로 옆에 비디오 가게가 있어서 나는 그레이엄에게 얼른 가서 〈스피드 레이서〉 비디오를 빌려와도 좋다고 했다. 아이는 후다닥 모퉁이를 돌았다. 켈시와 내가 따라잡았을 즈음, 탐내던 물건은 이미 아이의 손에 꼭 들려 있었다.

유월의 하늘은 평소의 버지니아답지 않게 우중충한데, 집으로 오는 길에 그레이엄이 그 말을 내뱉었다.

"오늘은 내 평생 최고의 날이에요."

그 말에 나는 화들짝 놀랐다. 하마터면 차가 길 밖으로 벗어날 뻔했다. 그레이엄의 평가가 있기 전까지 내가 그날에 주었을 점수는 C^-쯤 되었을 것이다. 그런데 아이는 A^+를 주고 있었다. 이런 생각이 들었다. "볼일이나 보러 다니고, 신간 출간에 대해 아무 소식도 받지 못하며, 평범한 집안일이나 하는 것이 뭐가 특별하단 말인가?"

그러나 신비롭게도 그레이엄은 지난 8시간을 전혀 다른 눈으로 보았다. 아이는 축구 등록을 미래의 희망으로, 아빠 옆에서 자는 낮잠 시간을 성스러운 순간으로, 개미 약 뿌리기를 마냥 신나는 일로 보았다. 아이는 열량이니 지방 함유 따위로 법석을 떨지 않고도 아이스크림을 먹을 줄 알았다. 그리고 비디오 가게를 나오며 가벼운 듯 꼭 끌어안았던 부자간의 그 포옹이 세상 모든 편지함이 꽉 찬 것보다도 더 소중함을 아이는 내게 가르쳐 주었다.

아이의 귀는 내가 너무 바빠서 듣지 못하던 노래를 들을 수 있었다. 그저 평범해 보이던 하루에 대한 아이의 환희에 찬 평가를 진정으로 듣고 나서야 비로소 내게도 그 노래가 들렸다.

Chapter **05**

오, 이 기쁨!

자녀 양육은
하나님의 경이로운
기쁨을 누리게 한다

교회가 젊은이들에게 해줄 수 있는 가장 중요한 일 중 하나는 그들이 웃도록 돕는 것이다. 우리의 교회와 가정은 기쁨의 장이 될 수 있다. 우리 자신부터 기쁨의 비밀을 배운다면 반드시 그렇게 될 것이다.
_ 존 예이츠(John Yates) 목사

신랑이 신부를 기뻐함 같이 네 하나님이 너를 기뻐하시리라.
_ 이사야 62장 5절

2002년 2월. 열여섯 살의 새라 휴즈(Sarah Hughes)는 떨렸다. 다섯 살 때부터 새라는 동계올림픽에서 금메달을 따는 것이 꿈이었지만, 솔트레이크시티 대회 단거리 종목을 4위로 마감한 그녀는 이제 어느 메달이든 달게 받을 참이었다.

2시간 후면 새라는 평생 가장 중요한 스케이트 연기를 선보여야 했다. 그녀는 도무지 마음이 진정되지 않아 오빠 매트에게 전화했다. 매트는 휴즈 집안의 어릿광대 역할을 하는 사람이다.

"오빠, 웃기는 얘기 좀 해줘." 새라는 말했다.

머뭇거릴 새도 없이 오빠는 메뚜기가 술집에 들어간 이야기를 해주었다. 바텐더가 메뚜기(grasshopper, 술 이름이기도 하다-역자 주)를 보고 말했다. "야, 이 술집에 네 이름을 딴 술이 있다." 그러자 메뚜기가 받았다. "그럼 술 이름이 어빙이겠네?"

새라는 웃었다. 그리고 느긋해진 마음으로 평생의 스케이트 연기를 선보였다. 운동선수로서 그녀가 처한 상황은 금메달이 나오기 가장 힘든 경우에 속했는데 결국은 메달을 땄다. 새라와 화장실을 같이 쓰던 매트는 거기에 대해 이렇게 반응했다. "동생이 올림픽 챔피언이 됐으니 이제 나는 변기 뚜껑을 늘 내려놓아야 되나요?"[1]

스포츠 기자 릭 레일리는 새라 휴즈의 올림픽 금메달을 "금세기 스포츠의 가장 감동적인 이야기"라 불렀다. 새라의 부모는 분명 남들이 잘 가지 않는 길로 금메달에 도달했다. 4년 전, 일본 나가노에서 또 다른 청소년이 금메달을 땄지만, 그 대가는 엄청났다. 태라 리핀스키는 최고의 코치 밑에서 훈련받기 위해 열 살 때부터 아빠와 떨어져 살았다. 솔트레이크시티에서 동메달을 딴 팀 괴벨도 훈련 때문에 한창때인 열한 살 때 아빠 곁을 떠났다. 유망주들이 타지로 멀리 떠나는 스포츠는 비단 스케이팅만이 아니다. 미래의 테니스 스타들은 닉 볼레티에리 밑에서 수련을 쌓으려고 보통 남부로 간다. 데이비드 리드베터 아카데미가 피어나는 골프 스타들을 먹여주고 재워주며 가르치는 비용은 자그마치 연 4만~4만 5천 달러에 달한다.

그러나 새라의 부모는 딸을 집에서 키우며 가정을 고스란히 지켰고 그 복을 그대로 누렸다. 새라의 엄마 에이미 휴즈는 딸을 "닥터 새라"라고 부른 적도 있다. 유방암 치료를 견뎌 내는 자신에게 딸이 그만큼 중요한 역할을 했다는 뜻이다. 화학요법, 방사선 치료, 줄기세포 이식은 6남매를 둔 이 어머니를 당연히 지치게 했지만 아이들이 끼어들었다. 하버드에 재학 중이던 맏딸 레베카는 주말에 비행기로 집에 와 동생들을 보살폈다. 맏아들 데이비드는 엄마에게 자신의 혈소판을 제공했다. 병상에 누워 회복 중이라 엄마가 직접 갈 수 없던 새라의 스케이트 시합들에는 아들 존이 동행했다. 존은 새라의 순서 때마다 휴대전화를 높이 들어 엄마에게 배경음악과 박수 소리를 끝까지 들려주곤

했다. 묘하게도 그런 날이면 엄마 에이미는 평소보다 더 많은 혈소판을 받는 듯했다.[2]

에이미와 그 남편 존이 경험한 일은 한 가지 면에서 남다르다. 우리 중에 아들딸이 올림픽 금메달을 따는 모습을 지켜보는 감격을 누릴 사람은 많지 않다. 그러나 역경이 닥칠 때 자녀들이 모두 함께 문제를 해결해 나가는 모습을 보는 그 기쁨을 무엇에 비할까! 이 땅에 가족의 기쁨에 견줄 만한 흥분은 별로 없다.

맞다. 아이들은 우리의 진을 빼놓을 수 있다. 부모의 여정에는 애간장이 녹는 고통의 순간들이 찾아올 수 있다. 탈진 상태의 끝없는 연속처럼 보일 수 있다. 나도 아빠로서 처참하게 실패한 것처럼 느껴지는 날들이 있다. 그러나 말썽꾸러기 아이들도 손을 위로 뻗어, 천국을 가리고 있는 휘장을 열고는 우리에게 진정한 사랑과 순전한 행복이 무엇인지 보여 줄 수 있음을 잊지 말자.

이렇게 언뜻언뜻 보이는 천국의 모습이야말로 우리 대부분에게 있어 올림픽 경기 우승보다 훨씬 더 기묘해 보인다. 바깥사람들은 그것을 알 턱이 없다. 여동생이 힘든 시기를 잘 지나도록 우리 아들이 팔을 둘러 감싸주고 가만히 끌어주고 도와주며 위로하던 모습이 내 기억에 남아 있다. 나는 아내를 팔꿈치로 꾹 찔러서 그 장면을 놓치지 않게 해주었다. 아내의 얼굴에 또 한 번 함박웃음이 퍼졌다. 그때 만일 다른 가족이 곁을 지나갔다면, 그들은 방금 벌어진 기적을 눈치채지 못했을 것이다. 자기 자녀가 아닐 때는 그것을 느끼기는 고사하고 알아채지도 못하는 법이다. 그러나 그날 밤, 리자와 나는 아주 흡족한 영혼으로 잠자리에 들었다.

부모 노릇은 소박한 재미를 선물한다. 최근 켈시는 토요일 밤에 한 친구를 우리 집에 와서 자게 해달라고했다. 친구네 집은 아직 교회에 다니지 않고 있는데, 켈시는 그 친구를 열심히 주일학교에 인도하려고 했다. 켈시가 피곤해 보였으므로 우리는 승낙하지 않았다. 그랬더니 켈시는 이렇게 항변했다. "하지만 엄마, 이건 영적인 문제잖아요!"

켈시의 뜻은 끝내 승낙되지 않았지만, 우리는 그 말에 한바탕 크게 웃었다. 부모로서 우리는 희생도 하지만 초월적인 기쁨도 거둔다.

우리에게 이 넘치는 환희를 알게 하시는 하나님은 얼마나 좋으신 분인가!

아들로 인해 즐거웠던 마리아

아기를 키우는 일에는 소망이 가득하며 예로부터 그랬다. 예수가 태어나신 시대에는 자기 아들이 이다음에 자라서 메시아가 되기를 소망하는 유대인 어머니들이 많아서 특히 더했다.

자기 아들이 정말 메시아라는 기쁜 소식을 듣던 순간 마리아가 느꼈을 기쁨을 우리는 굳이 상상하지 않아도 된다. 성경에 분명히 나와 있다. 기쁨에 겨운 마리아에게서 이런 고백이 터져 나왔다.

> 내 영혼이 주를 찬양하며 내 마음이 하나님 내 구주를 기뻐하였음은 그 의 여종의 비천함을 돌보셨음이라. 보라, 이제 후로는

만세에 나를 복이 있다 일컬으리로다. 능하신 이가 큰 일을 내게 행하셨으니 그 이름이 거룩하시며(눅 1:46~49).

마리아에게 주어진 어두운 경고에도 불구하고(눅 2:34~35 참조) 예수의 수태와 출생은 당연히 그녀에게 커다란 기쁨이 되었다. 그 기쁨은 여러 해 동안 계속되었고, 내 생각에 예수의 서른 번째 생일쯤 또 한 번 절정에 달했을 것이다. 마리아가 돕고 있던 혼인 잔치에 당황스러운 상황이 벌어졌다. 포도주가 떨어진 것이다(요 2:1~11 참조).

아이들이 어렸을 때는 부모가 주고 또 주지만, 아이들이 자라면 우리도 그들에게 의존할 수 있음을 배운다. 바로 그 일이 벌어졌다. 마리아는 포도주가 없다고 안달하지 않는다. 그저 아들에게 가서 "저희에게 포도주가 없다"라고 말할 뿐이다.

처음에 예수는 내키시지 않았던 것 같다. 그분은 마리아에게 "내 때가 아직 이르지 못하였나이다"라고 상기시키셨다. 그러나 마리아에게는 어머니다운 낙관이 있었다. 그녀는 종들에게 "너희에게 무슨 말씀을 하시든지 그대로 하라"라고 일렀다. 나머지는 예수가 알아서 하셨다.

마리아가 좋은 예가 됨은 어머니로서 그녀의 여정에 무엇과도 비할 수 없는 지고한 기쁨과 가슴 찢기는 고통이 공존하기 때문이다. 모든 믿는 자들의 구주를 낳는 절정의 사건으로 시작한 마리아는 30년 후에는 깊은 곳으로 떨어진다. 살점에 못이 박혀 몸부림치는 아들의 몸을 직접 목격하고 창에 찔린 허리에서 물과 피가 쏟아지는 것을 지켜봐야 했다. 앞날에 고뇌의 시간이 놓여 있었지만, 여기 가나의 혼인 잔치에서만은 그녀도 '해결에 나선' 아들을 지켜보며 어머니로서 흡족함과 뿌듯함을 느낄 수 있었다.

　기쁨은 또 순전한 재미로 찾아올 수도 있는데 때로 주변에 아이들이 있는 것보다 더 큰 재미는 없다. 캐럴 린 피어슨(Carol Lynn Pearson)은 남편이 성적 성향 때문에 고민하기 시작하면서부터 편모가 되었다. 남편은 그녀와 이혼하고 얼마 있다가 에이즈로 죽었다. 분명 캐럴은 자녀들과 함께 큰 슬픔을 맛보았지만 그럼에도 주로 기쁨만 기억하는 것 같다. 캐럴의 푸근한 회고록 《시소를 타며》(On the Seesaw)에 소개된 일화가 있다. 그녀가 친구들과 함께 커피를 마시고 있는데 열 살 된 아들 존이 방으로 들어와 발표했다. "엄마, 2분 후에 경찰관이 도착할 것을 제 본분을 다하는 차원에서 엄마에게 알려드립니다."

　"경찰을 누가 불렀는데?" 캐럴이 물었다.

　"제가 불렀습니다." 존이 대답했다.

　아마도 존은 자기 동생 애런이 2m 높이의 송수관에서 개천으로 뛰어내리는 것을 '환경 파괴'로 보았던 모양이다. 게다가 애런은 떨어질 때 쿠션 대용으로 갈대밭에 판자까지 깔았다. 이 '잔학' 행위에 기겁한 존은 당국에 신고할 의무감을 느꼈다. 출동한 경찰관은 한바탕 웃더니 정말로 경찰에 신고해야 할 때가 언제인지 존에게 설명해 주었다.[3]

　몇 년 후, 존은 엄마가 친구와 함께 리자 미넬리(Liza Minnelli) 콘서트에 정말 가고 싶어 함을 알았다. 그래서 그는 50달러를 긁어모아 입장권 두 장을 구입했다. 아들의 배려와 희생이 이 편모에게 안겨 준 감격은 우리는 가히 상상할 수 없다. 우리가 모두 메시아를 기를 수는 없지만, 평범한 아들들도 지친 엄마의 얼굴에 천사 같은 미소가 피어나게 할 수 있다.

성경의 기쁨은 교제를 통해 서로 나누는 기쁨이다. 예수는 "내가 이것을 너희에게 이름은 내 기쁨이 너희 안에 있어 너희 기쁨을 충만하게 하려 함이라"라고 말씀하셨다(요 15:11). 사도 요한이 사랑하는 이들에게 첫 번째 서신을 쓴 것은 "우리의 기쁨이 충만하게 하려 함"이었다(요일 1:4). 그는 두 번째 서신의 "택하심을 입은 부녀"(특정 교회를 여성으로 의인화했을 수 있다)에게 "너희에게 가서 대면하여 말하려 하니 이는 너희 기쁨을 충만하게 하려 함이라"고 했다(요이 1:12). 세 번째 서신에서 요한은 "내가 내 자녀들이 진리 안에서 행한다 함을 듣는 것보다 더 기쁜 일이 없도다"라고 더없이 분명히 말한다(요삼 1:4).

예수도 요한도 기쁨을 말할 때 혈육을 대상으로 한 것은 아니지만, 그들이 지칭한 관계는 영적인 의미에서 분명 가정에 해당된다. 수많은 연구 결과가 보여 주듯이 평균적으로 기혼자들이 미혼자들보다 더 행복을 느낀다. 하나님은 우리 영혼을 교제 속에서 더 온전해지도록 지으셨다. 죄는 대개 분리를 초래한다. 그 죄가 약물 남용이든(마약주사를 놓으려고 빠져나가는 외로운 중독자를 상상해 보라), 포르노이든(컴퓨터 앞에 혼자 있는 남자를 떠올려 보라), 가장 극단적인 죄인 살인이든(교제의 가장 극단적인 부인) 다 마찬가지다. 반면, 하나님의 성령은 우리를 다른 사람들에게로 데려가신다. 이 이동은 괴로울 때도 많지만, 인간의 다른 경험으로는 알 수 없는 기쁨이 거기 잠재되어 있다. 나처럼 내성적인 사람도 서로 나누는 삶 속에서 가장 진정한 행복과 만족을 얻는다.

자녀 양육의 차원을 감사 기도로 높이라

대다수 부모가 자녀를 위해 기도하는 것은 두 가지다. 지금도 나는 그 덫에 빠지기 일쑤다. 우리의 첫 번째 기도는 대개 "하나님, 아이들을 지켜주세요"이고, 다음 기도는 "하나님, 아이들을 변화시켜 주세요"이다.

그렇지 않은가? 부모의 기도는 대부분 "하나님, 우리 아이들이 나쁜 길로 빠지지 않도록 지켜주세요"와 "하나님, 아이들이 나쁜 친구들을 멀리하게 주세요"라는 그 두 범주에 들지 않는가?

이 두 기도가 전혀 잘못된 것은 아니지만, 하나님이 내게 세 번째 기도를 가르쳐 주시면서부터 내 자녀 양육에 기쁨이 배가되었다. 그분은 그 기도를 적어도 다른 두 기도를 합한 것만큼 자주 드리라고 내게 가만히 일깨우셨다. 세 번째 기도는 이런 식이다. "하나님, 제 딸의 삶 속에서 일하시는 하나님을 인해 감사드립니다. 제 아들을 성화시키시는 하나님을 보며 감사드립니다. 우리 아이들과 함께 사는 기쁨을 인해 감사드립니다. 제 인생을 이들과 함께 보내게 해주신 특권을 인하여 감사드립니다."

감사 기도는 내 자녀 양육에 새로운 차원을 더해 주었다. 나는 하나님께 아이들의 변화를 간구하는 기도보다 아이들을 인해 감사하는 기도를 더 많이 하려고 애쓴다. 아이들의 삶 속에 나타나는 하나님의 은혜의 증거를 인해 감사 기도를 드리고, 하나님이 아이들에게 주신 특성들을 꼽아보며 감사를 느낀다.

이런 습성을 통해 내게 새로운 시각이 생겼다. 아이들의 보호만을 위해서 기도할 때는 두려움과 싸워야 했고, 아이들의 변화만을 간구할 때는 그들의 장점을 놓쳤다. 그러나 아이들을 인해 하나님께 감사하고 그들의 삶에 허락하신 고마운 특성들을 구체적으로 묵상하다 보니 이 아이들과 함께 사는 특권이 훨씬 피부에 와 닿았다.

이것은 내 자녀 양육 방식에도 영향을 미쳤다. 우리 아들은 최근 열세 번째 생일을 맞았다. 그 주 금요일, 우리는 오전에 골프를 친 다음 아들이 고른 식당에서 점심을 먹었다. 대화 중에 나는 하나님이 아들 그레이엄의 삶 속에 일하시는 많은 방식을 내가 본대로 구체적으로 이야기했다. "너는 예수님을 마음속에 모셨고 그분은 네 말대로 해주셨지. 그분이 너를 어떻게 변화시키고 계시는지 한번 생각해 봐라." 나는 그레이엄에게 일깨워 주었다.

그러나 아내나 나나 그레이엄이 이 부분에서 성장했으면 하는 이슈가 하나 있었다. 그래서 적당한 기회에 나는 그 부정적 행동을 없애줄 반대 덕목 이야기를 꺼냈다. 그 덕목이 예수님 안에도 있고 나 자신의 삶에도 영향을 미쳤으며 그에게도 유익이 될 것을 말했다. 이렇게 사실상 준비 작업을 한 후에 나는 말했다. "그레이엄, 올 한 해 이 덕목을 붙잡아라! 하나님의 도움으로 네 것으로 삼는 거다!"

그레이엄의 약점들만 두고서 기도했다면, 하나님이 그의 삶 속에 행하고 계신 모든 긍정적인 일들을 생각하지 못했을 것이다. 하나님의 은혜의 모든 징표를 들려주는 대신 나는 그레이엄이 새해에 (그의 생일은 12월이다) '결심해야 할 일'들만 쭉 늘어놓았을 것이고, 그의 단점들만 강조하고 말았을 것이다. 꾸준히 감사 기도를 드리노라면 하나님을 믿는 우리 아이들을 그분이 얼마나 신실하게 돌보고 계시는지 새삼 확인하게 된다. 덕분에 우리 아이들을 기뻐하는 마음뿐 아니라 하나님을 기뻐하는 마음까지 커진다. 정말이지 사도 요한처럼 나도 "내 자녀들이 진리 안에서 행한다 함을 듣는 것보다 더 기쁜 일이 없다."

감사 기도를 드리면 아이들과 관계를 구축하는 기초도 더 탄탄해지며, 아이들이 자랄수록 특히 그렇다. 생각해 보라. 만일 당신이 하나님께 기도할 때마다, 하나님이 당신의 안전을 걱정하느라 노이로제에 걸리신 것 같고 시종일관 당신 삶의 모든 단점과 매너 없음만 지적하신다면 어떨까? 당신은 기도하고 싶은 마음이 얼마나 자주 들까? 별로 들지 않을 것이다! 우리를 강박적으로 염려하시고 항상 우리의 단점을 읊으시는 것이 하늘 아버지께서 우리를 돌보시는 모본이 아닐진대, 우리가 그런 무익한 기초 위에 자녀와의 관계를 구축할 까닭이 무엇인가? 하늘 아버지의 모본을 따라 우리 아이들을 기뻐하는 것이 얼마나 더 좋겠는가!

바라기는 우리 아이들이 나를 성령님 다음으로 자신들에게 가장 힘이 되어준 존재로 생각했으면 좋겠다. 세상이 그들을 어떻게 대하든, 적어도 두 사람, 즉 부모는 언제나 자기들을 기뻐하리라는 것을 알았으면 좋겠다. 그들을 키우는 일이 하나님께서 우리에게 주신 가장 큰 축복의 하나였음을 아이들이 한 점의 의심 없이 믿기를 나는 기도한다.

나는 이런 태도를 사도 바울에게 배웠다. 때로 사랑하기 아주 힘든 제자들을 사랑하면서 그는 엄청난 기쁨을 누렸다. 물론 '영적 자녀들'이었지만, 그들을 향한 그의 사랑은 자기 피붙이에 대한 여느 부모의 사랑 못지않게 뜨겁고 진했다. 주 안에서 아들딸 된 자들에게 바울이 어떻게 말하는지 들어보라.

- 내가 너희로 말미암아 기뻐하노니(롬 16:19)
- 내가 너희를 향하여 담대한 것도 많고 너희를 위하여 자랑하는 것도 많으니 내가 우리의 모든 환난 가운데서도 위로가 가득하고 기쁨이 넘치는도다(고후 7:4)
- 내가 너희를 생각할 때마다 나의 하나님께 감사하며 간구할 때마다 너희 무리를 위하여 기쁨으로 항상 간구함은(빌 1:3~4)
- 너희는 우리의 영광이요 기쁨이니라(살전 2:20)
- 내가 너의 사랑으로 많은 기쁨과 위로를 받았노라(몬 1:7)

만일 누군가 우리 아이들을 인터뷰하며 "너희 부모님은 너희를 사랑하는 것을 큰 기쁨으로 아느냐?"라고 묻는다면, 아이들은 뭐라고 답할까? 우리의 애틋한 애정이 바울의 영적 자녀들처럼 우리 아이들에게도 느껴질까? 아니면 자기들이 축복보다는 오히려 짐으로 느껴질까? 부모가 자녀에게 줄 수 있는 최고의 선물 중 하나는 그들을 즐거워하는 것, 아껴주는 것, 함께 웃는 것, 그리고 그들과 함께 사는 인생에 대한 깊은 감사로 자녀들에게 만족감을 주는 것이다.

바울이 보살핀 그룹들이 사랑하기 쉬운 대상이 아니었음을 잊지 말

라. 고린도 교인들은 사사건건 싸움질에 근친상간까지 범했다. 그중에는 사기꾼들도 있었고, 서로 법정 소송을 벌인 사람도 몇 있었다. 갈라디아 교인들은 은혜의 복음을 떠나 율법주의와 불장난을 하고 있었다. 빌립보 교인들은 바울이 마치 남매간의 싸움을 중재하는 부모처럼 사사로운 분쟁(유오디아와 순두게)을 조정해야 했다. 데살로니가 교회에는 아주 나태해진 사람들이 많았던 모양이다. 참을성 많은 사도가 그들에게 게으름을 떨치라고 몇 번이나 경고해야 했다. 그러나 이들 교회들의 고전(苦戰)과 단점에도 바울은 그들을 사랑하는 것을 큰 기쁨으로 알았다.

참된 사랑에는 참된 기쁨이 뒤따른다. 사람이나 교회가 아무리 힘들어 보여도, 하나님은 우리에게 그들을 향한 성경적 긍휼을 주실 때 성경적 기쁨도 함께 주신다. 둘 중 하나만 존재할 수는 없다. 적어도 성경에서는 아니다.

이는 그리스도 안의 멋진 삶의 좋은 예가 아닌가? 하나님은 우리에게 자녀를 위한 희생을 명하실 수 있고, 우리는 따를 것이다. 하나님은 자녀들을 위해 우리 자신의 훈련을 명하실 수 있고, 우리는 순종할 것이다. 그러나 하나님이 우리에게 또한 자녀를 즐거워하라 하시니 얼마나 복된 일인가! 얼마나 풍성한 계명인가!

여기 도전을 주는 생각이 있다. 만일 우리 자녀들이 자기를 변화시키고 있는 하나님의 은혜를 보기보다 부모의 기대에 못 미치는 자기 모습이 더 생생히 떠오른다면, 만일 자기들이 부모에게 감사의 제목보다는 차라리 짐으로 느껴진다고 생각한다면, 그것은 바리새인 같은 사람이 그들을 기르고 있기 때문일 수 있다. 자녀들은 키르케고르가 말한 "미련할 정도로 심각해지는"[4] 우리의 성향에도 도전이 될 수 있다.

자녀들은 어려운 시기에 격려의 출처가 된다

조지 바나(George Barna)의 최근 연구에 따르면, 복음주의자들은 인기가 별로 없다. 응답자들에게 다양한 집단에 대한 지지도를 표시하게 한 조사에서, 복음주의 기독교인은 11개 집단 중 10위를 차지했다. 레즈비언과 변호사 다음이었고, 창녀만 앞질렀다! 조사를 실시한 바나에 따르면, 기독교와 전혀 무관한 사람들 중 거듭난 기독교인에 대해 호감이 있는 사람들은 3분의 1에 지나지 않았다. 또한 복음주의자들에 대해 긍정적인 느낌이 있는 사람들은 5분의 1이 겨우 넘었다.[5]

인기 시합에서 이기려고 애써야 한다는 말이 아니다. 공정한 비판에 마음을 여는 것은 언제나 현명한 일이다. 우리의 메시지 자체가 인기가 없어 사람들을 밀쳐낸다면 몰라도, 그 메시지를 전하는 방식이 반감을 주어 사람들이 등을 돌린다면 그것은 다른 문제다. 우리는 '잘못을 고쳐 주려는' 의욕이 넘쳐난다. 미련할 정도로 심각해져서는 안 된다는 키르케고르의 경고는 정확히 복음주의 그리스도인들을 겨냥한 도전이다.

언젠가 한 그리스도인들 모임에 참석했는데 좌중에 긴장이 팽팽했다. 그러다 누군가 재미있는 말을 하는 바람에 다들 웃음을 터뜨렸고,

긴장을 깨뜨리는 놀라운 효과를 냈다. 그때 지나치게 종교적인 한 여자가 웃음을 멈추고는 "내가 웃음의 영을 결박하노라"라고 큰소리로 말했다. 이 그리스도인은 웃음을 마귀의 시녀로 생각했던 모양이다. 반면 그 상황에서 나는 웃음이 하나님의 은혜라는 확신이 들었다. 하나님이 늘 심각하다고 생각하는 사람들이 있다. 그래서 그들은 웃음을 타락의 결과로 간주한다.

끊임없는 웃음과 농담은 천박성의 발로일 수 있다. 하지만 심오한 깊이를 계시해 줄 수도 있다. G. K. 체스터톤(Chesterton)은 고전 《정통》(Orthodoxy)에서, 기독교는 우리가 불가피하되 피상적이고 일시적인 슬픔이 아니라 없어지지 않는 기쁨에 집중하게 하기에 인류의 가장 깊은 필요에 꼭 맞는다고 역설했다.[6] 예수 그리스도를 믿을 때 우리는 타락한 세상의 심각성 속에 묻히는 것이 아니라, 하나님이 약속하신 영원한 기쁨과 즐거움 속에 쉬면서 자신을 즐거워하고 웃을 줄 아는 힘이 생긴다.

예나 지금이나, 가장 독실하고 사명에 불타던 그리스도인들은 환희에 찬 삶을 살았다. 아시시의 성 프란시스와 그의 추종자들은 너무 기쁘게 하나님을 예배한다고 교회의 책망을 받았다. 감리교 첫 세대는 늘 '너무 열광적'이라는 비판을 들었다. 초창기 구세군 지도자들도 도저히 자제할 수 없는 기쁨을 알았다. 누군가 드럼 연주자에게 드럼을 그렇게 세게 치지 말라고 말하자 그는 "오 선생님, 저는 너무 기뻐 이 복된 드럼이 터질 것만 같습니다"라고 말했다![7]

내가 가장 좋아하는 저자의 하나인 엘튼 트루블러드(Elton Trueblood)는 이렇게까지 단언했다.

> 소위 기독교라 하면서 때에 따라 즐겁게 표현되지 못하는 것은 모두 사이비다. 그리스도인이 즐거운 것은 불의와 고난에 눈이 가려져서가 아니라 하나님의 주권에 비추어볼 때 불의와 고난이 절대 최후가 아니라는 확신 때문이다. ... 그는 슬플 수 있고 막막할 때도 많지만, 정말 시름에 잠기지는 않는다. 그리스도인의 이름난 유머는 눈물을 부정하는 길이 아니라 눈물보다 더 깊은 것을 긍정하는 길이다.⁸

미련할 정도로 심각해지는 것은 다시 말해 미련할 정도로 잘 잊어버린다는 표다. 우리는 영원한 축복을 망각해 가면서까지 한시적인 고생과 문제에 몰두한다. 나는 설령 유혹에 졌을 때도 회개하고 나면 큰 기쁨을 얻을 수 있다. 하나님이 나를 내 죄에 합당하게 대하시지 않음을 알기 때문이다. 처음부터 끝까지 복음은 환희를 자아내는 기쁜 소식이다.

사실, 미련할 정도로 심각해지는 것은 불순종의 표다. 신약성경은 우리에게 자그마치 70번이나 기뻐하라고 명한다! 기쁨이 없는 그리스도인은 복음의 기쁜 소식을 놓친 것이다. 하나님이 우리를 창조하셨고, 사랑하시며, 죄에서 구속하시는 중이고, 영원토록 누릴 상상 못할 영광의 처소를 우리를 위해 예비하고 계시다는 사실 말이다.

하지만 주변을 둘러보라. 비행기와 백화점, 심지어 놀이동산에 있는 사람들을 관찰해 보라. 조금이라도 기쁨의 흔적이 보이는 사람은 극히 드물다. 기쁨을 향한 성향은 하나님께서 주신 것이거니와, 자녀들이 우리 안에 그것을 깨워줄 수 있다. 특히 자녀들은 삶의 어려운 시기에 깊은 격려의 출처가 될 수 있다.

바쁜 일과 속의 놀라운 활력소

앨리슨이 태어날 당시, 나는 고생하며 힘든 시기를 보내고 있었다. 전기공사의 검침원으로 일하면서 동시에 리젠트 칼리지에서 석사 논문을 마무리하고 있었다. 학업에만 전념해 석사학위를 마쳤을 뿐 아니라 박사과정에 원서까지 낸 급우에게 질투가 느껴졌다. 나도 박사과정을 꼭 밟고 싶었다. 제임스 I. 패커(J. I. Packer) 박사는 케임브리지 대학교에 입학할 수 있도록 추천서를 써주겠다고 했다. 하지만 이제 갓난아기까지 생긴 나는 경제적으로 영국에서 학업에만 전념할 여건이 못 되었다.

대신 나는 워싱턴주 린든에서 계속 검침원으로 일했다. 수십 개의 낙농장이 있는 지역이었다. 갓 비료를 뿌린 벌판에서 관개물을 끌어올린 계량기를 찾아내거나 다른 낙농장의 오물투성이 축사를 헤집고 다니노라면 하루가 거의 다 지나갔다. 특정 구역에 처음 나가던 날, 동료 직원이 말했다. "장화를 신으라고 말한 것 같은데요."

"이게 장화입니다." 내가 발목까지 오는 신발을 가리키며 말했다.

"글쎄요, 이 구역을 30분만 돌면 이 장화 속이 꽉 찰 겁니다."

그 말이 맞았다. 나는 낙농장 축사의 분뇨가 정강이까지 찰 줄은 몰랐다. 그리고 오지를 다닐 때가 많았기에 점심을 싸가서 트럭 안에 두어야 했다. 비료 냄새가 진동하는 데서 역겹도록 미지근한 땅콩버터 샌드위치를 먹은 것이 몇 번인지 모른다. 하지만 아내에게 이렇게 말했던 것은 기억난다. "나중에 직장이 바뀌면 땅콩버터 샌드위치는 다시는 먹지 않을 거야."

암담한 심정이었다. 공부해서 교사가 되고 싶은 내가 개나 피해 가면서 비 내리는 농장을 힘겹게 걷고 있었다. 온종일 비료 냄새만 맡았지 지적인 자극이란 전혀 없었다. 그 와중에 나는 야간과 주말에 석사 논문을 끝마치려 하고 있었다. 어느 날 번뜩 떠오른 사실이지만, 나는 고등학교 졸업을 앞둔 여름철에도 검침원으로 일했다. 고등학교를 졸업한 후에도 검침원으로 일했고, 대학에 다닐 때도 여름철마다 검침원으로 일했다. 대학을 졸업한 후에도 검침원으로 일했고, 석사학위 과목을 모두 듣고 난 지금도 검침원으로 일하고 있었다. 어딘지 대단히 잘못된 것 같았다!

퇴근해 집에 오면 울고 싶었다. 뜻대로 되는 일이 하나도 없는 것 같았다. 내 하루의 유일한 광채는 6개월 된 앨리슨을 안고 아기 머리를 내 가슴에 대고 드러눕는 것이었다(오늘까지도 앨리슨은 내가 여태 보았던 가장 아름다운 아기다). 이렇게 기도하던 것이 기억난다. "주님, 이렇게 아름다운 아기를 주시다니 과분합니다." 정말이었다. 앨리슨은 내게 너무나 과분해 보였다. 자아상이 꽤 낮았던 나인지라, 마치 하나님께서 앨리슨을 엉뚱한 주소에 떨어뜨리신 것 같을 정도였다.

앨리슨은 하루 끝의 내 기쁨이었다. 오해는 말기 바란다. 아름다움과 가치를 동등시하는 것은 아니다. 비교적 '못생긴' 아기를 사랑하는 것도 기쁨이지만(우리 집에도 그런 아기가 있었다!), 앨리슨에게는 어딘지 별세계에서 온 듯한 모습이 있었다. 아기를 안아 주노라면 그 많던 낙심이 눈 녹듯 사라졌다. 아기를 끌어안는 순전한 기쁨 덕에 나는 때로 견딜 수 없는 듯한 상황을 계속 지나올 수 있었다.

오늘도 우리 아이들은 바쁜 일과 속에 놀라운 활력소가 되어준다. 모든 것을 시시콜콜 다 말해야 직성이 풀리는 켈시 같은 딸이 있어 나는 속도를 늦추지 않을 수 없다. 다섯 단어 질문 하나에 3천 단어 대답이 나올 수 있음을 나는 배웠다. 게다가 그 긴 이야기를 숨도 쉬지 않고 할 수 있다니 놀라울 뿐이다. 켈시가 아홉 살이던 해의 11월 1일이 잊히지 않는다. 켈시는 자못 심각하게 나를 쳐다보며 물었다.

"아빠, 나 내년 핼러윈 때는 무슨 복장을 하죠? 개척자 소녀를 생각해 봤지만 그건 2년 전에 입었던 거고, 추수 잔치인 만큼 긍정적인 인물이 되어야 하니까 아무래도 성경에 나오는 사람처럼 해야 할 것 같은데 하지만 난 … ."

"켈시." 내가 말을 끊었다. 그 이야기로 들어가기에는 너무 꼭두새벽인 것 같았다. "핼러윈은 불과 열두 시간 전이었어. 내년 복장에 대해 걱정할 시간이 364일이나 남아 있는데, 정말 지금 계획을 짜야 하겠니?"

바로 오늘 아침, 내가 이 장을 쓰고 있는데 켈시가 내 사무실에 들어오더니 풍선 하나만 빌려야겠다며 혹시 내 책상에 풍선을 몰래 숨겨두는 곳이 있느냐고 물었다.

"아빠가 왜 사무실에 풍선을 숨겨둬야 하는데?" 내가 물었다.

"아빠가 제일 좋아하는 거니까." 켈시는 웃더니 이렇게 말을 고쳤다. "물론 열 살 먹은 여자애들 다음으로요."(이 글을 쓰는 현재 켈시는 열 살이다.)

이런 막간의 일을 자칫 방해로 생각하기 쉽지만, 사실 그것은 영적인 휴가를 더 빼닮았다. 일이 힘들어질 때 아이들보다 위안이 되는 것은 없다. 자녀들은 또한 우리에게 조금 덜 바쁘게 살며 삶을 훨씬 더 즐기는 법을 가르쳐 줄 수 있다.

자녀와의 경이로운 기쁨을 선택하라

전에 내가 사무실로 출퇴근하던 당시, 점심시간 후면 으레 아내의 전화를 받곤 했다. 대개 아내는 집에서 새로 벌어진 일 세 가지를 내게 들려주었다.

"지금 당신 아들이 하는 일을 당신도 봐야 해요!" 리자는 말했다. 당시 네 살이던 우리 아들은 한시도 쉬지 않고 바빴다. 나에게 볼티모어 오리올스 팀 모자를 방금 막 받은 아이는 겨우 네 살인데도 정말 야구에 푹 빠졌다. 캠든 경기장으로 두 번째로 야구 시합에 데려가던 날, 아이는 창밖으로 멀리 야구장을 내다보고는 "오! 마이러브!"라고 소리쳤다.

아내가 전화를 걸던 그날, 버지니아주 북부에는 눈이 내리고 있었고 야구 시즌이 시작되려면 아직 멀었지만, 그레이엄은 오리올스 모자를 쓰고는 작은 언덕 위에서 공을 치고 있었다. 그리고는 썰매를 타듯 언덕을 미끄러져 내려가 공을 주워서는 다시 올라가 그 과정을 새로 시작했다.

어찌나 집에 가서 그 모습을 보고 싶던지 내 가슴이 아려왔다. '다음번에 이런 전화를 받으면 꼭 가야지.' 그렇게 생각했다.

두어 달 후, 그 전화가 왔다. 전화를 받으니 리자가 말했다.

"잠깐만요. 그레이엄이 아빠에게 말하겠대요."

작은 목소리가 전화선을 타고 들려왔다. "아빠?"

"안녕, 챔피언."

"안녕. 물어보고 싶어서요, 오늘 집에 일찍 와서 저랑 풋볼 하실래요?"

마침 풋볼 유니폼을 처음 받은 그레이엄은 한번 입고 뛰어보고 싶어 안달이었다. 아직도 내 책상에 놓여 있는 업무를 생각하니 한숨이 나왔다. 해지기 전에 집에 도착하려면 서둘러 오후 4시경에 직장을 나서야 했다. 나는 또 한 번 심호흡을 했다. 내가 직장에 도착한 것은 아침 7시였지만, 오후 5시경에나 퇴근할 작정이었다. 처음에는 이런 조퇴가 내가 정말 하고 싶은 일이라기보다는 어쩔 수 없이 해야 하는 일로 느껴졌다. 그러나 그때, 그레이엄이 야구공을 치고는 언덕을 미끄러져 내려가 다시 줍고 있다던 그 전화가 생각났다. 나는 그 장면을 놓치고는 후회했었다.

"응." 나는 말했다. "유니폼이나 준비해 둬라."

"비밀 하나 말해도 돼요?" 그레이엄이 나직이 말했다.

"좋아. 뭔데?"

"벌써 입고 있어요!"

두 시간 후 아이의 모습을 본 나는 그대로 얼어붙는 것 같았다. 풋볼 유니폼을 입고 두세 사이즈나 더 큰 헬멧을 쓴 그레이엄이 내가 아직도 쫓아오나 보려고 뒤를 돌아보며 필드를 달리고 있었다.

그 당시 나는 스포츠 시합을 꽤 실리적인 눈으로 보았다. 나는 그레이엄에게 뭔가 가르쳐 주고 싶었고, 그래서 내가 태클을 해도 공을 놓치지 않도록 풋볼을 꼭 쥐는 법을 일러주었다. 아이가 공을 엉성하게 들고 가면 내가 얼른 낚아챘고 아이는 공을 놓쳤다. 그러던 어느 순간, 아이를 쫓아가던 내게 이런 생각이 들었다. '어차피 아이는 이런 것 기억 못 할 텐데. 아직 네 살밖에 안 됐잖아.'

그때 곧바로 두 번째 생각이 따라와 그 위력으로 나를 압도했다. '우리 그레이엄, 정말 귀엽구나!' 풋볼 유니폼을 입은 네 살짜리 아이를 보지 못한 사람은 뭔가 놓친 것이다. 그리고 그다음 생각이 나를 때렸다. '너를 위한 거다, 게리.' 그레이엄을 잡으려고 손을 뻗으면서 나는, 내가 있고 싶은 곳은 여기 말고 어디에도 없음을 깨달았다. 옆에서 엘리슨이 응원하고 있었다. "뛰어, 그레이엄, 아빠에게 잡힌다!" 그레이엄은 다음 태클이 어느 쪽에서 올지 살피려고 고개를 연신 좌우로 돌리고 있었다. 헬멧이 너무 커서 거의 앞이 보이지 않았으므로 방향을 정하려면 아이는 사실상 완전히 멈춰야 했다. 그 우스운 꼴이라니.

다른 일 생각이 싹 달아날 만큼 그렇게 꼭 맞고 충만하게 느껴지는 일을 만나는 경우는 극히 드물다. 그날 그 한 시간 동안 나는 일하거나 글 쓰거나 먹고 싶은 마음도 없었다. 키 91㎝의 풋볼 선수를 쫓으며 그의 달리는 모습을 지켜보고 싶을 뿐이었다.

'하프타임' 동안 우리는 잔디밭에 드러누웠다. 직장에 남아 있었다면 나는 워싱턴 D.C.에서 버지니아 북부로 가는 간선도로이자 전국에서 가장 길이 막히는 고속도로의 하나인 66번 도로에서 교통 체증과 싸우고 있었을 것이다. 그렇게 5분 간격으로 교통정보와 일기예보를 듣는 대신, 나는 천국과 한 발짝 거리의 자족(自足)이라는 곳에 벌렁 드러누워 있었다. 출판사의 전화나 직장 승진이나 월급 인상 때문이 아니라 네 살 난 아들이 단순한 질문으로 불러 주었기에 찾아온 자족이었다. "아빠, 오늘 집에 일찍 와서 저랑 풋볼 하실래요?"

우리가 서로를 즐거워하지 않을 때, 가정이 무너지기 시작하고 결혼도 무너진다. 훈육, 희생, 헌신, 인내의 자리도 존재하지만, 즐거움의 자리도 똑같이 중요하게 존재한다. 참으로 자기 가족을 즐거워할 시간을 내지 않는 사람들은 하나님이 주시는 가장 심오한 경이의 하나를 놓치는 것이다. 그런 사람들은 봉사를 강조하고 노력을 강조하며 희생을 강조할지 모르지만, 동시에 쳇바퀴에 갇혀 있어 기쁨이 없고 허탈하며 궁극적으로 비참해 보인다. 이런 식의 삶은 창조주 하나님의 성품을 충분히 대변해 주지 못한다. 그것은 예수 그리스도를 믿는 믿음보다 바리새인들의 신앙 쪽으로 훨씬 기울어 보인다.

하나님의 가정 같은 가정은 없다

워싱턴주 벨링햄에서 오리건주 포틀랜드까지 먼 길을 운전하는 동안 나는 자녀 양육 강의 시리즈를 테이프로 들었다. 지금까지 내가 들은 것 중 가장 출중한 테이프 중 하나였다. 첫 번째 테이프는 메릴랜드주 게이더스버그에 있는 언약생명교회의 C. J. 머헤니의 설교였다(그의 테이프라면 온종일이라도 들을 수 있다).

두 번째 테이프의 강사는 C. J.의 부인 캐롤린 머헤니였다. 그녀는 남편의 설교에 인용된 똑같은 구절을 몇 개 사용했지만, 어머니의 시각에서 자녀 양육에 접근했다. 남편과 아내가 팀워크를 이루어 신앙과 가정을 연결한 내용을 듣노라니 내게 감화와 도전이 되었다.

그러나 이 시리즈를 출중하게 해준 것은 C. J.의 세 명의 딸이 만든 세 번째 테이프였다(녹음 당시 막내딸이 스무 살이었다). 자신들이 받은 경건한 양육과 부모의 모범에 대한 이 아가씨들의 간증은 가장 무덤덤한 청취자들까지도 감동하게 해 눈물 흘리게 하기에 충분했다.[9]

나는 테이프를 끄고 오래오래 생각에 잠겼다. 침묵 속에 떠오르는 결정적인 생각이 있었다. "이 가정은 용케도 혼돈을 물리쳤구나." 이 세상은 반항, 역할 혼동, 기회 상실 등 혼란으로 몸살을 앓고 있다. 거기에 떠밀려 사람들은 선택의 파장일랑 일고에도 없이 각기 자신의 생활방식을 선택한다. 커플들은 각자 맡게 될 역할에 관한 대화도 없이 결혼한다. 우리는 괜히 실례하고 싶지 않아 신혼부부들 스스로 길을 찾도록 내버려 둔다. 그러다 보니 가정들이 표류하기 일쑤다.

그런데 여기 성경의 구체적인 모델대로 살기로 작정한 가정이 있었다. 그들이 하나님의 원안을 따름으로 인해 함께 나눈 기쁨은 강연을 듣는 사람 누구에게나 확연히 보였다. 딸들은 함께 있기를 좋아하며, 셋 다 어머니를 자기 인생에 가장 큰 영향을 끼친 인물로 꼽고 있다. C. J.는 아주 강력한 예언적 사역으로 국제적 영향력이 날로 커지고 있지만, 거기까지 이르는 동안 소명의 제단에 가정을 희생하지 않았다. 나는 그 가정의 기쁨을 마치 내 것처럼 들이마셨다. 어느 액자에 끼워져 있든 아름다움은 아름다움이다.

언젠가 그의 아내 캐롤린은 비행기에서 어떤 여자와 서글픈 대화를 나눈 적이 있다. 많은 봉투에 주소를 쓰고 있는 여자가 눈에 띄었다. 여자는 한 딸의 졸업식 초청장과 다른 딸의 결혼식 청첩장을 보내는 중이라고 설명했다. 캐롤린이 막 축하를 건네려고 하는데 그 여자가 이런 말로 캐롤린의 마음을 철렁하게 했다. "한꺼번에 둘 다 치워버리니 얼마나 좋은지 몰라요."

정말 어떤 사람들은 서글프지만, 자녀들을 그렇게 본다. 참고 견뎌야 할, 언젠가 집 밖으로 쫓아내야 할 거머리처럼 본다. 이런 식으로 말하는 부모일수록 알고 보면 대개 자녀를 위해 희생한 것이 가장 적으니 아이러니다. 가정에 쏟은 시간과 노력과 에너지가 많을수록 가정을 더 애지중지하는 것이 삶의 순리다.

맞다, 자녀 양육은 일이 많을 수 있다. 말할 것도 없이 그것은 우리에게 엄청난 수고를 요구하며 많은 희생을 부른다. 그러나 그 희생을 치르고 일이 끝나갈 즈음이면 경건한 한 가정의 모습보다 아름다운 것은 없다. 그런 가족에게서 스며 나오는 기쁨이 옆에서 지켜보는 사람에게까지 옮아간다.

머헤니 가정이라고 도전이 없었던 것은 아니다. 한 딸은 한때 자기가 어머니의 삶의 선택을 경멸했다고 고백했다. 그 딸이 지금은 그 태도를 자신의 '가장 큰 죄'라 부르고 있다. 하지만 세월이 가면서 사랑이 이겼다. 복음 중심의 이 가정은 반석 위에 기초를 놓았고 모든 식구가 영광스러운 보상을 거두고 있다.

하나님의 기쁨 같은 기쁨은 없다. 하나님의 가정 같은 가정은 없다.

"아이들을 천국에서도 보겠구려!"

브레이디 바빙크(Brady Bobbink)는 북서부에서 30년 넘게 대학 교목으로 일했다. 그는 지역 동아리 수련회(학생운동 리더십 훈련의 첫 글자를 따 SALT라 부른다)에 헤아릴 수 없이 많이 참석했지만, 1995년 9월에 열린 수련회에서 특별한 기쁨을 맛보았다. 그와 부인 셜리와 네 자녀가 처음으로 모두 함께 참석한 때였다.

막내아들 세스가 마침내 기저귀를 떼어 여행이 한결 쉬워졌다. 그리고 맏딸 스테파니는 이듬해 여름에 결혼할 예정이어서 이번 수련회가 온 가족이 함께하는 마지막 가족 휴가가 될지도 모른다. 브레이디는 마음이 설레었다.

온 가족과 함께하는 여행이 혼자 다니는 것과는 전혀 다른 경험임을 그는 곧 깨달았다. 너무나 즐거웠다. 브레이디가 예배에 관한 강연을 마치자 아들 마이카가 그에게 알렸다. 다들 강가로 내려가 돌을 던지고 그다음 미니 골프를 치고 그다음 수영하러 간다는 것이었다.

"그걸 누가 다 정했는데?" 브레이디가 실망한 척하면서도 그날 펼쳐질 일이 은근히 좋아서 물었다.

"엄마와 세스와 제가 만장일치로 정했지요." 마이카가 설명했다. "아빠가 반대한다 해도 이미 3:1이에요."

"가부장 원칙은 어떻게 됐니, 마이카?" 브레이디가 끝까지 밀어붙여볼 심정으로 물었다. "최종 결정은 아빠가 내린다는 원칙 말이야."

"아빠, 왜 이래요." 마이카가 말했다. "그건 70년대 얘기잖아요."

브레이디는 그날 두 아들과 함께 신나는 시간을 보냈다. 그러나 그 주말에 그를 감격으로 울게 만든 것은 딸들이었다.

브레이디와 셜리가 예배를 드리러 가니 두 딸 스테파니와 스테이시가 예배 인도에 동참하고 있었다. 가장 사랑하는 모든 이들에 둘러싸여 최고로 사랑하는 하나님을 예배하면서 브레이디는 심장이 터질 것만 같았다. 이보다 행복한 삶이 있을까? 복음 중심의 아버지에게 그보다 행복한 삶은 없다.

브레이디는 어린 딸들이 경건한 믿음의 여인으로 자라준 데 대한 기쁨과 감사가 복받쳐 올랐다. 그는 딸들의 믿음이 평생 지속되리라는 깊은 확신을 들이마셨다. 그리고 셜리에게 고개를 돌려 딸들을 가리키면서 울먹이는 소리로 말했다. "아이들을 천국에서도 보겠구려!"

셜리는 울음을 터뜨렸다.

Chapter 06

지독히도
무력한 자리

자녀 양육은
두려움에 맞서는
용기를 길러 준다

용기 없는 덕성은 공허하다. 소신대로 행동할 힘을 주는 것이 용기다.

_ 수잔 예이츠(Susan Yates)

당신이 수많은 다른 사람들에 둘러싸여 더 나은 삶을 찾아 사막을 가로지르고 있다고 상상해 보라. 하루가 지날수록 물이 떨어져 간다. 한 방울이라도 아껴가며 나눠 먹으려 최선을 다해보지만 결국 물은 바닥난다. 입안에 모래가 씹히고 입술을 핥으면 아리다. 하지만 어린 딸을 내려다보는 아픔에야 어찌 비할 수 있으랴. 당신의 딸은 말 그대로 목이 타 죽어가고 있다.

딸의 얼굴은 바짝바짝 말라가고 입술은 갈라지고 혀는 부었다. 딸은 너무 덥고 목말라 제대로 눈도 뜨지 못한 채 발을 질질 끌며 모래밭을 걷고 있다.

지금 당신은 얼마나 용기가 나는가? 모험심은? 희망은? 신뢰는?

젊었을 때 나는 모세가 인솔하는 이스라엘 나라를 언제나 독신자의 눈으로 보았다. 그들은 감사할 줄 모르고 불평을 일삼는 비겁하고 나약한 무리였다. 구약성경의 첫 다섯 책을 보면 하나님이 걸핏하면 그 선택된 백성을 도말해 버리겠다고 으름장을 놓으시는 것 같다. 그런데 만성 불평꾼들만 모인 그 나라는 모세의 중재로 다시금 멸망을 면한다.

아빠가 되고 나서는 그들의 곤경이 다르게 보인다. 내가 목마른 것은 별문제이지만, 이제 내 딸이 물이 없어 축 늘어지고 목이 타들어가 겨우 기어들어 가는 쇳소리로 "아빠, 물 좀 …" 할 수밖에 없을 때 내 반응을 상상해야 한다. 딸이 달라는 물 한 잔을 줄 수 없다면, 나 또한 "그래도 이집트에는 물이 있었어. 내 딸들은 여기서 죽어가고 있어. 돌아가자, 당장!" 하며 불평꾼들에 가세하리라는 것은 상상하기 어렵지 않다.

또 만일 내가 새 땅을 정탐하고 돌아와 그곳의 풍요를 자랑하는 여호수아와 갈렙의 말을 듣고 뒤이어 그 땅 사람들이 거인 같아서(민 13:32~33) 우리 처자들을 사로잡으리라는(민 14:3) 다른 열 정탐꾼의 경고를 듣는다면, 대번에 나는 동요하는 무리에 합류할 것이다. 싸움에 지면 다른 남자가(심하면 여러 남자가) 내 아내를 욕보이고 내 자녀들을 끌어가 노예로 부릴 줄 뻔히 알면서도 전쟁에 나갈 만큼 나는 담대할까?

위험이 적을 때 용감히 행동하기란 쉽다. 그러나 잃는 것이 많아질수록 용기의 값은 그만큼 비싸진다. 부모 노릇이 우리 모두를 겁쟁이가 되도록 유혹하는 까닭이 거기 있다.

부모의 비겁함의 함정은, 자녀를 보호한다는 미명하에 오히려 자녀에게 해를 입힌다는 데 있다. 믿음 없는 이스라엘 백성에게 노하신 하나님은 그들을 홍해 쪽으로 돌려보내시며 이렇게 말씀하신다. "너희가 사로잡히겠다고 말하던 너희의 아이들은 내가 인도하여 들이리니 그들은 너희가 싫어하던 땅을 보려니와 너희 시체는 이 광야에 엎드러질 것이요 너희 자녀들은 너희의 패역한 죄를 지고 너희의 시체가 광야에서 소멸되기까지 사십 년을 광야에서 유리하는 자가 되리라"(민 14:31~33).

얄궂고도 서글픈 사실이지만, 이스라엘 부모들이 자녀들의 안전을 걱정했기에 그 자녀들은 이방 나라의 창검보다 오히려 부모의 수하에서 고생했다.

요즘 아이들도 비슷한 운명을 당하고 있다. 과잉보호 엄마나 아빠를 견뎌야만 하는 아이들을 흔히 본다. 그런 부모는 목에 걸려 토할까 봐 자녀에게 핫도그도 먹지 못하게 하고, 떨어질까 봐 나무에도 오르지 못하게 하며, 폭행당할까 봐 캠프에도 참가하지 못하게 하고, 다리가 부러질까 봐 스키도 타지 못하게 한다. 자녀를 보호한다면서 오히려 기회를 빼앗는 것이다.

비겁함은 교묘하다. 비겁함은 정당한 우려 뒤에 숨지만 우려가 너무 지나쳐 안전이 절대적 우선순위가 된다. 해마다 스키 여행에 우리 막내딸을 데려가는 좋은 친구들이 있다. 켈시는 스키 여행을 아주 좋아하지만, 나에게는 공포다. 어느 해에는, 겨우 아홉 살인 켈시가 친구와 단둘이서만 스키 리프트에 탈 것이라고 했다. 부모 없이 스키 리프트에 타는 것은 '진짜' 스키어가 되는 최후의 증표인지라 켈시와 로라는 그 경지에 이르고 싶어 안달이었다. 물론 켈시는 그까짓 납작한 막대기를 딛고서 산을 활강할 생각에 부풀어 있었다. 딸이 없는 동안 하루에 열 번은 기도했고 전화벨이 울릴 때마다 최악의 사태를 상상하며 벌떡 얼어났다.

어느 해엔가는 설상가상으로 켈시가 산으로 스키를 타러 간 동안 강한 지진이 시애틀 지역을 뒤흔들었다. 산사태의 위험이 나를 붙들고 놓아주지 않았다. 나는 최악의 사태를 생각하지 않으려 애쓰며 켈시를 데리러 숙소로 갔다(그날 내가 데리러 가기로 미리 정해져 있었다). 도착하니 어린 켈시가 살짝 점프까지 해가며 산자락을 질주하다가 나를 보고는 싱글벙글 웃었다. 나는 로라의 아버지 팀에게 지진이 느껴졌느냐고 물었다. "지진이라뇨? 아뇨. 그래서 아까 리프트 운행을 중단하고 잠시 점검했던 게로군요."

시애틀에 강진이 나던 순간 리자와 나는 산을 활강할 켈시를 생각하며 겁이 났다. 그러나 잠재적 지진에 대한 두려움이 우리 삶을 지배한다면(시애틀 지역에 '큰 것'이 한번 닥치리라는 것은 시간문제다), 우리 아이들은 실제 지진보다 부모의 두려움 때문에 더 고생할 것이다. 그리고 솔직히 비겁함에서 제일 먼저 보호하려는 사람은 겁쟁이 자신이다. 비겁함은 이기심에서 자란다. "나는 자녀를 잃고 싶지 않다." "나는 아이들에게 나쁜 일이 벌어지는 것을 지켜보는 고통이 싫다."

나는 자녀 양육에 대한 하나님의 일부 계획이 이 자기중심적인 성향을 지적하기 위한 것이라 믿는다. 삶의 단계마다 우리의 용기는 새로운 도전에 부딪친다. 자녀들이 아기일 때는 유아 돌연사 증후군이나 고열의 악영향을 걱정한다. 자녀들이 걷기 시작하면 이것저것 삼키거나 길거리로 나가거나 계단에서 떨어질까 걱정한다. 그러다 초등학생이 되면 혼자 공공 화장실에 들어가거나 가게나 행사장에서 길을 잃어 납치될까 걱정이다. 사춘기가 되면 마약과 미혼모와 비행 청소년 '친구들'이 문제로 대두된다. 농구 선수로 맹활약하다 텔레비전 분석가가 된 찰스 바클리(Charles Barkley)는 사춘기에 이른 딸의 남자친구들을 어떻게 다루겠느냐는 질문에 이렇게 농담했다. "첫 번째 남자친구를 죽여 버리면 소문이 나겠지요."[1] 아마도 많은 부모들의 마음을 대변하는 말일 것이다. 그리고 자녀들이 성인이 되어 이제 한시름 놓았다 싶으면, 그때 손자 손녀가 태어난다.

부모라는 무력한 자리

부모의 비겁함은 부모의 권위라는 신기한 합성물 속에서 태어난다. 자녀 양육 과정에는 두 가지 모순된 일이 동시에 벌어진다. 즉 그것은 우리에게 미증유의 힘을 줌과 동시에 우리를 무력할 대로 무력하게 만든다.

자신의 임신 사실을 알게 된 젊은 여자는 사실상 생사의 위력을 손에 쥔 것이다. 그녀가 내리는 결정들은 아이의 수명, 발육, 교육, 건강에 지대한 영향을 미친다. 젊은 여자에게 그것은 어마어마한 힘이다.

그러나 그 힘에 지독한 무력함이 뒤따라온다. 갑자기 당신 안에 아이가 자라고 있고 9개월 후면 '운명의 날'이 올 것을 알게 된다면, 오만 가지 새로운 두려움이 싹튼다. 독립심을 자랑하던 여자들이 생전 처음 자기를 돌보아줄 사람을 찾게 될 수도 있다. 최소한 의사나 산파는 필요할 테니 말이다. 출산과 자녀 양육은 본래부터 혼자 하는 일이 아니다.

20대 초반의 올림픽 선수가 지진을 만났다고 하자. 그녀는 필시 무사히 벗어날 길을 찾을 것이다. 이제 그 여자가 20대 후반이 되어 임신 7개월이라고 하자. 옆에 어린 아이가 딸린 채로 둘째 아이를 가졌다고 해도 좋다. 그녀가 똑같은 지진을 만난다면 감정과 두려움이 크게 달라질 것이다. 예수께서도 이 곤경을 아시고 예루살렘 멸망에 대해 말씀하실 때 "그날에는 아이 밴 자들과 젖먹이는 자들에게 화가 있으리니"라고 탄식하셨다(눅 21:23). 몸 안에 아이를 지녔다가 낳아서 집으로 데려오는 사이 정서적, 신체적, 재정적 등 여러 면에서 당신은 무력한 상태가 된다.

저자이자 강사인 아이리스 크래스노(Iris Krasnow)가 1990년대 초에 바바라 부시를 인터뷰했다. 인터뷰 도중 바바라는 1953년에 세 살 난 딸을 백혈병으로 잃었던 일을 회고하며 눈시울을 적셨다. 40년이 지났건만 그 상실의 쓰라린 아픔은 여전히 가슴 시리도록 생생히 느껴졌다. 반세기가 다된 일인데도 바바라는 어린 딸을 잃은 그 애끊는 슬픔을 떨칠 수 없었다. 자녀를 먼저 보낸 부모라면 누구나 확증할 수 있는 사실을 크래스노는 깨달았다. "나는 아직 엄마가 되어보지 못했지만, 자녀를 잃고는 절대로 다시 완전히 행복해질 수 없음을 그때 알았다."[2]

나도 아이리스 크래스노의 말이 맞다고 믿는다. 내 자녀가 나보다 먼저 천국에 간다면, 이생에서는 절대로 완치될 수 없는 영혼의 상처와 슬픈 기운이 언제나 사라지지 않고 느껴질 것이다. 웃음과 재미의 순간도 있겠지만, 매번 내 아이와 같은 이름의 사람을 만나거나 내 아이를 떠오르게 하는 일에 부딪칠 것이다. 내가 그 고통에 무디어지고 덤덤해질 날은 절대로 오지 않을 것이다.

'결혼의 모태'라는 제목의 대화에서 상담자 키스 요더(Keith Yoder)는 자신의 고등학교 친구 하나가 그의 어머니에게 던진 아주 뼈있는 질문을 소개했다. "엄마, 저를 낳던 날과 제가 대학에 들어가 집을 떠나던 날 중 어느 쪽이 더 아팠어요?"

주저할 것도 없이 어머니는 말했다. "네가 집을 떠나던 날."

부모의 영혼에 아픔과 무력함이 완전히 가실 날은 없다. 어머니나 아버지가 되어 그런 위험에 스스로 노출된다는 것은 여러모로 대단한 용기의 행위다.

계부모들은 두 가정을 융화시키는 난제 앞에서 전사의 용기가 필요하다. 가장 취약한 시기인 재혼 생활 초기부터 불가피한 긴장 때문에 애가 닳을 것을 그들은 솔직히 인정할 수밖에 없다. 이혼한 부모의 자녀들도 이혼하지 않은 부모의 자녀들 못지않게 죄인이며, 게다가 그들은 부모의 두려움, 죄책감, 상처를 능수능란하게 이용해 부모를 이겨 먹으려 할 수도 있다. 결혼의 파경이라는 폐허 속에서 친자녀가 아닌 아이를 기른다는 것은 큰 도전이다. 그 일을 감수하면서 양육 과정까지 서로 타협해 나간다는 것은 엄청난 도전이다.

편부모들의 용기의 필요성을 저자이자 라디오 진행자인 데니스 레이니(Dennis Rainey)는 이렇게 지적한다. "많은 편부모의 용기와 끈기를 보면 정말 대단하다. 천국의 가장 큰 상의 일부는 가파른 장애물 앞에서도 믿음의 싸움을 싸워 자녀 양육 과업을 잘 마친 편부들과 편

모들을 위해 쌓여 있으리라고 믿는다."³

  개인적으로 내 자녀들이 죄 많고 타락한 세상을 어떻게 살아나갈지 생각하면 온갖 두려움이 밀려온다. 막내딸 켈시가 18개월 되었을 때가 생각난다. 우리는 블록을 가지고 놀며 탑을 쌓고 있었는데, 켈시의 입에서 반복된 한 단어가 이상하게 내 가슴에 와 박혔다.

  "좋아!" 빨간 블록 위에 노란 블록을 가지런히 올려놓는 켈시를 보며 내가 말했다.

  "좋아!" 켈시는 다른 블록을 집으며 귀여운 소리로 따라했다. 켈시의 "좋다"는 말들이 왠지 나를 얼어붙게 했다. 아직 젊은 아빠였지만 나는 여자아이들의 "좋다"가 머잖아 "나쁘다"로 바뀔 것을 잘 알고 있었다. 몇 살 때부터 그런 현상이 시작되는지는 몰라도 아이고 어린이고 여자들의 "나쁘다"라는 표현을 나는 수없이 들었었다.

- "헤어스타일이 나쁘게 나왔어!"
- "난 몸매가 나빠! 너무 뚱뚱해!"
- "그림이 나쁘게 그려졌어. 다 망쳤잖아!"
- "난 너무 멍청해."

  켈시의 '좋다'를 최대한 오랫동안 지켜주고 싶은 마음이 간절했다. 켈시도 똑같은 덫에 빠질 거라는 두려움이 내게 찾아왔다. 청년 시절 내 행동이 틀림없이 다른 젊은 여자들에게 '나쁜' 쪽으로 영향을 주었다는 죄책감도 들었다.

"좋아, 켈시." 나는 좀 더 크게 말했다. "좋아!" 켈시도 내게 웃음으로 답했다.

"좋아!" 그 단어가 켈시의 영혼 속에 영원히 심겨지기를 온 마음으로 바라며 나는 다시 한번 말했다.

18개월 후로 넘어간다. 켈시는 이제 세 살이고, 우리는 구슬로 단계가 높아졌다. 켈시는 내가 마루 한가운데에 놓은 구슬 하나를 맞추려고 여러 개를 던졌으나 하나도 맞춰지지 않았다. 이제 바닥에 어질러진 구슬이 하도 많아 어떤 구슬이 과녁인지 알아보기도 힘들었다.

"아빠는 켈시가 좋아." 내가 말한다. 왜 그런지도 모르면서 그냥 그 말이 튀어나온다.

"나는 사랑스러워." 켈시가 대답한다. 아빠가 가장 즐겨 부르는 자신의 애칭을 따라 한 것이다. "사랑스럽다고 말해 줘."

"켈시는 사랑스러워." 내가 말한다. 켈시가 씩 웃으며 구슬을 던졌다. 마루 한가운데에 있는 구슬에 맞았다.

하지만 다시 7년 후로 넘어간다. 최근에 켈시는 자기의 새로 산 바지가 '너무 넓어' 보인다는 친구의 말에 사색이 되었다. 나는 그 말이 무슨 뜻인지도 모르는데, 이제 열 살이 된 켈시는 넋을 잃고 눈물까지 뿌렸다. 아빠인 나는 내 자녀들을 모든 상처, 모든 깔봄, 모든 공격에서 보호해 줄 수 없다. 그리고 그것이 나를 두렵게 한다.

어떤 부부들은 이 두려움을 핑계 삼아 아예 아이를 낳지 않는다. 아이를 이런 세상 속에 살게 할 마음이 전혀 없다는 것이다. 그러나 만약 우리 부부가 그런 두려움으로 아이들을 낳지 않았다면, 저마다 하나님 보시기에 소중하며 영원토록 중요한 우리 세 아이를 만날 수나 있었을까? 두려움이 우리 행동의 동인이 된다면 잃어버릴 대가가 너무 크다.

우리도 그 길을 따랐다면 켈시는 바지가 '너무 넓어' 울 일은 없었으리라. 하지만 세상은 켈시의 전염성 있는 웃음과 못 말리는 열정을 볼 수 없었을 것이고, 그레이엄의 민감한 마음과 때로 너무 힘들 정도로 예리한 사고력을 몰랐을 것이며, 앨리슨의 시적인 영혼과 고요한 심령을 놓쳤을 것이다.

보라, 두려움이란 그런 것이다. 두려움은 우리가 혹시 생길지도 모르는 위험을 염려하게 만든다. 거기에 집중할 때 우리는 결과로 주어질 수 있는 놀라운 선(great good)을 보지 못한다. 이는 단순히 근시안이 아니라 비관적인 눈이다. 염려에 흐려지고 두려움에 희미해진 눈이다.

성경은 우리 삶에 닥쳐오는 현실적인 위험을 솔직히 인정하지만, 그에 대한 두려움에 쫓겨서는 안 된다는 것도 똑같이 강조한다.

영적인 부모가 되려면 용기가 필요하다

비겁함은 영적으로 깨어 있는 부모에게 늘 유혹으로 남아 있듯이, 하나님의 일로 부름을 받은 사람에게도 유혹이 된다. 봉사의 소명을 주시기 전에 하나님, 예수님, 천사의 입에서 우선 "두려워하지 말라"라는 말부터 나온 적이 얼마나 많은지 생각해 보라.

- 아들을 주실 하나님을 바라는 남자에게: "아브람아, 두려워하지 말라. 나는 네 방패요 너의 지극히 큰 상급이니라"(창 15:1)
- 아이의 아버지에게 방금 막 버림받은 편모에게: "하나님의 사자가 하늘에서부터 하갈을 불러 이르시되 '하갈아, 무슨 일이냐. 두려워하지 말라'"(창 21:17)
- 아들의 목숨이 위태롭게 된 장래 아버지에게: "주의 사자가 현몽하여 이르되 다윗의 자손 요셉아 … 무서워하지 말라"(마 1:20)

하나님은 성경 인물들에게 매번 두려워하지 말라고 하신다.

- 그 밤에 여호와께서 그(이삭)에게 나타나 이르시되 "나는 네 아버지 아브라함의 하나님이니 두려워하지 말라"(창 26:24)
- 여호와께서 여호수아에게 이르시되 "두려워하지 말라"(수 8:1)
- 여호와께서 그(기드온)에게 이르시되 "너는 안심하라, 두려워하지 말라"(삿 6:23)
- 여호와의 사자가 엘리야에게 이르되 "너는 그를 두려워하지 말고"(왕하 1:15)
- 여호와께서 내게(예레미야에게) 이르시되 … "두려워하지 말라"(렘 1:7~8)
- 인자야(에스겔아), 너는 비록 가시와 찔레와 함께 있으며 전갈 가운데에 거주할지라도 그들을 두려워하지 말고 그들의 말을

두려워하지 말지어다(겔 2:6)
- 다니엘아, 두려워하지 말라. 네가 깨달으려 하여 네 하나님 앞에 스스로 겸비하게 하기로 결심하던 첫날부터 네 말이 응답 받았으므로 내가 네 말로 말미암아 왔느니라(단 10:12)
- 예수께서 즉시 이르시되 "안심하라, 나니 두려워하지 말라"(마 14:27)
- 천사가 여자들에게 말하여 이르되 "너희는 무서워하지 말라"(마 28:5)
- 그가 오른손을 내게(요한에게) 얹고 이르시되 "두려워하지 말라, 나는 처음이요 마지막이니"(계 1:17)

반복이 보이는가? 하나님이 상대하시려는 사람은 누구나 "내가 하려는 일이니 너는 두려워하지 말라"라는 말씀부터 들어야 하나보다. 방법론 서적이라면 이쯤 해서 나도 '당신 삶의 두려움을 극복하는 다섯 가지 원리'를 뽑아 볼 만하다. 그러나 아는가? 성경에는 그 다섯 가지 원리가 나오지 않는다. 적어도 위에 인용한 본문들에는 없다. 사실상 모든 경우에 단 한 가지 교훈만 나온다. 아무리 두려워도 상관 말고 네가 아는 바 옳은 길을 가라. 부모인 우리는 사방의 두려움을 늘 통제할 수는 없어도 그 두려움에 귀 기울일지의 여부는 선택할 수 있다.

자녀를 상대로 이것을 배울 수 있다면, 하나님 나라를 위해 나아갈 때도 우리를 막을 것이 없다. 내 삶의 가장 큰 두려움은 예외가 없이 자녀에게 무슨 일이 생기는 것이다. 이 가장 큰 두려움을 압제하고 나면 무엇이 나를 막겠는가?

　자녀에게 무슨 일이 생길까 두려워 일부러 자녀를 낳지 않는 부부들처럼, 많은 그리스도인도 앞으로 나섰다 무슨 결과를 당할지 두려워 그냥 편한 삶에 안주한다. 교회에서 어떤 사역을 시작했다가 실패하면 어쩌나? 아예 시도하지 않는 게 낫다. 직장 동료에게 신앙 이야기를 꺼냈다가 비웃음을 사면 어쩌나? 동료를 죄 가운데 망하도록 그냥 두는 게 낫다. 하나님이 원하신다고 믿어지는 액수만큼 헌금을 약정했다가 나중에 경제 형편 때문에 지키지 못하면 어쩌나? 하나님 말씀을 듣지 않는 게 낫다.

　그렇다고 우리가 경솔하게 행동하거나 분별력을 팽개쳐야 한다는 말은 아니다. 다만 도덕적 실패보다도 만약의 사태에 대한 두려움 때문에 막힌 선행이 더 많다는 말이다. 두려움은 도덕적 실패만큼 헤드라인을 지저분하게 장식하지는 않지만, 이 땅의 하나님 일에 심각한 폐해를 입히기는 마찬가지다.

　여기 함정이 있다. 즉 용기에 언제나 성공이라는 보상이 뒤따르는 것은 아니다. 어떤 두려움은 정말 현실이 된다. 나 자신의 안전에 관해서라면 위험을 계산하는 것도 괜찮지만, 내 자녀에 관해서라면 확률을 따질 마음이 없다. 켈시 또래의 아이들이 해마다 큰 사고 없이 수천 명씩 스키를 탄다 해도, 그 약간의 확률조차도 없애고 싶다. 어떤 모험도 원치 않는다. 하지만 타락한 세상에서 그것은 하나님이 주신 것 이상을 구하는 태도다.

신성한 자녀 양육을 통해 우리는 아무리 두려워도 용감하게 행동하는 법을 배운다. 우리가 믿음으로 나설 때 하나님은 우리 영혼을 빚으신다. 그리하여 우리는 비단 자녀 양육에서만 아니라 삶의 모든 부분에서 성숙할 수 있다.

이 갈림길에서 신성한 자녀 양육은 우리 인생을 향한 하나님의 소명을 다하는 데 필요한 용기라는 성품을 우리 안에 길러 준다. 어느 분야든 사역에 선뜻 나서기가 누가 쉽겠는가? 우리는 돈이 떨어질 수 있다. 필요한 기술이 부족할 수 있다. 모든 것을 제대로 하고도 실패할 수 있다. 내가 안정된 봉급생활을 접고 풀타임 집필과 강연의 길로 들어서던 때가 기억에 생생하다. 덜컥 겁이 났다. 그것은 우리 집안에 유례없던 일이었다. 우리 아버지는 대학 졸업 직후 공익사업체에 취직해 그 직장에만 있다가 은퇴했다. 우리 큰형도 똑같다. 20년이 지나도록 그는 여태 한 회사에 있다. 자영업의 모험이란 내 유전자에 없다. 그러나 하나님은 그렇게 나를 용기 있는 삶으로 부르셨다.

여태껏 당신이 단순히 용기가 없어 하지 못한 일은 무엇인가? 말을 걸지 못한 대상은 누구인가? 내딛지 못한 걸음은 무엇인가? 믿음보다 두려움이 당신의 걸음을 지배했던 때는 언제인가? 자녀 양육은 우리에게 이런 두려움을 이겨내는 법을 가르쳐 줄 수 있다. 솔직해지자. 부모들은 두려워할 게 아주 많다. 유괴, 자연재해, 어릴 적의 병, 몸의 부상, 잘못된 도덕적 선택 등 말하자면 한이 없다. 그러나 그 어떤 가능한 일도 하나님의 섭리에 대항할 수는 없다. 잠언 기자는 아주 단도직입적으로 말한다.

너는 갑작스러운 두려움도 악인에게 닥치는 멸망도 두려워하지 말라. 대저 여호와는 네가 의지할 이시니라. 네 발을 지켜 걸리지 않게 하시리라(잠 3:25~26).

물론, 회개한 그리스도인들은 절대로 교통사고나 끔찍한 병으로 자녀를 잃지 않는다는 뜻은 아니다. 그러나 그들의 자녀가 절대로 하나님의 감찰하시는 눈을 떠나서 혹은 하나님의 엄호하시는 은혜 밖에서 망하지 않는다는 뜻임은 분명하다. 세상은 사고나 기다리고 있는 큰 구덩이가 아니다. 세상은 선하고 후하신 하나님의 통치하에 있다. 그분은 여전히 주관자이시며 늘 우리에게 그분을 의지할 것을 명하신다.

- 내가 하나님을 의지하였은즉 두려워하지 아니하리니(시 56:4)
- 보라, 하나님은 나의 구원이시라. 내가 신뢰하고 두려움이 없으리니(사 12:2)
- 야곱아, 너를 창조하신 여호와께서 지금 말씀하시느니라. 이스라엘아, 너를 지으신 이가 말씀하시느니라. 너는 두려워하지 말라. 내가 너를 구속하였고 내가 너를 지명하여 불렀나니 너는 내 것이라. 네가 물 가운데로 지날 때에 내가 너와 함께 할 것이라. 강을 건널 때에 물이 너를 침몰하지 못할 것이며, 네가 불 가운데로 지날 때에 타지도 아니할 것이요 불꽃이 너를 사르지도 못하리니 … 두려워하지 말라. 내가 너와 함께 하여 네 자손을 동쪽에서부터 오게 하며 서쪽에서부터 너를 모

을 것이며 … 내 아들들을 먼 곳에서 이끌며 내 딸들을 땅 끝에서 오게 하며(사 43:1~2, 5~6)

이 말씀들을 붙들면 당신의 영혼에 힘이 될 것이다. 자신의 두려움에 귀 기울일 것이 아니라 자신에게 밀하라! 한 목사가 내게 다음 연습을 권해 주었는데 큰 도움이 되었다. 자신의 말을 듣지 말고 자신에게 말하라. 우리가 정신적으로 나서서 싸우지 않는 한 감정은 우리를 잡아먹을 수 있다. 우리는 회의와 두려움에 '주파수를 맞출' 필요가 없다. 오히려 자신에게 말대꾸하며 우리 심령을 말씀으로 세울 수 있다. 당신의 비겁한 마음에 위의 구절들을 인용하라. 용기를 택하는 방법으로 이 연습을 활용하라. 부모로서 두려움을 이겨내는 법을 배운다면 하나님이 당신을 통해 그 나라를 위해 하실 수 있는 일을 아무것도 막지 못한다.

나는 그 나라를 위해 우리가 실패를 두려워하기보다 무관심을 더 미워해야 한다고 믿는다. 운동가치고 판단력이나 자제력이 크게 모자라 한 번이라도 창피를 당해보지 않은 사람은 없을 것이다. 그러나 두려움 때문에 자신의 영적 둥지를 떠날 줄 모르는 군중의 죽은 듯한 침묵에 비하면 그들의 간헐적인 실패는 차라리 영광스러워 보인다. 나는 운동가는 못되지만, 집회나 세미나 도중 말이 꼬여 창피했던 적은 한두 번이 아니다. 그러나 거의 매주 누군가에게서 내게 하나님이 그 부족한 강의를 통해 자신을 만져 주셨다는 내용의 이메일이 오고 있다.

생물학적인 부모가 되려면 정자나 난자만 제공하면 된다. 그러나 신성한 부모가 되려면 용기가 필요하다. 그 용기로 하갈은 아들을 광야에 버리지 않을 수 있었다. 그 용기가 영혼에 충만해 요셉은 헤롯의 명을 어기고 아기 예수를 이집트로 피신시켰다. 그 용기로 남녀 그리스도인들은 날마다 위험을 감수하며 하나님 나라를 위해 담대히 나서고 있다.

신성한 자녀 양육에도 모진 면이 있다

배우 알 파치노(Al Pacino)의 부모는 그가 아주 어렸을 때 이혼했다. 그래서 알은 브롱크스 남부의 한 아파트에서 외동아들로 엄마와 조부모와 함께 살았다. 본인의 말로 "우리는 정말 가난했다."

열 살 무렵의 어느 이슥한 밤, 알은 꽁꽁 언 몸으로 아파트 꼭대기 층에 앉아 있었다. 난방이 거기까지 올라오는 일은 없었다. 그는 이튿날 학교에 가야 했지만, 친구들 한패가 저 아래 골목길에서 그를 부르고 있었다. 그들은 흥청망청 마시며 '정말 신나게 놀아볼' 참이었다.

물론 알은 함께 가고 싶었지만, 엄마는 승낙하지 않았다. "어머니는 나를 절대 못 나가게 했다. 그래서 어머니에게 무척 화가 났던 기억이 있다." 알도 포기하지 않았다. 그는 조르고 애원하며 협박하고 고함쳤다. 엄마를 지치게 하려고 갖은 수를 다 썼다. 그는 "계속 어머니에게 소리를 질렀다"라고 고백한다. 그러나 "어머니는 내 분노를 견뎌 주었고, 그렇게 내 인생을 구해냈다."

잠깐의 분노를 기꺼이 견뎌 준 엄마 덕에 결국 아들의 미래가 지켜진 것이다. 그는 이렇게 고백한다. "골목길에 있던 그 친구들은 지금 아무도 내 곁에 없다. 평소에 그런 생각을 많이 하는 것은 아니지만, 지금 말을 하려니까 가슴이 뭉클하다. 어머니는 내가 밤늦게 길거리에 나가기를 원치 않았다. 나는 숙제를 해야 했다. 지금 내가 여기 앉아 있는 것은 그 때문이다. 정말 간단하지 않은가?"[4]

불행히도 알 파치노의 엄마는 아들의 성공을 보지 못하고 세상을 떠났다. 돈에 쪼들리고 스트레스에 지친 이 이혼한 엄마를 나는 생각에서 지울 수가 없다. 아들은 반항을 일삼으며 엄마에게 고함치고 욕하고, 왜 자기는 다른 아이들처럼 야밤에 밖에 나가 사고를 치면 안 되느냐고 따지고 있다. 아들이 내뱉는 말 한마디가 엄마에게 깊은 상처가 된다. 기댈 남편도 없다. 아들이 달려들면 엄마는 혼자다. 아들의 독기와 증오를 소화하기가 얼마나 고통스러웠겠는가.

그러나 그녀는 아들이 이해하지 못할 때도 계속 모질었고, 그래서 아들의 인생을 구해냈다. 흥청망청 마시던 친구들은 다 사라졌다. 알 파치노는 높은 수준의 성공을 이루었다. 그리고 그 공로를 자신의 철없던 분노를 용감히 견뎌 준 엄마에게 돌린다. 한때 이해받지 못하던 그녀가 이제 아들에게 최고의 칭송을 얻었다.

이것이 신성한 자녀 양육의 모진 면이다. 즉 좋은 것을 받으면서도 그 유익을 볼 줄 모르는 자녀에게 계속 주는 것, 수시로 '사망의 음침한 골짜기'를 걷는 것, 자녀에게 온갖 욕을 들어가면서도 경건한 자녀로 기르려 애쓰는 것, 사람들 눈에 들려는 우리의 성향을 십자가에 못 박는 것이다. 그 과정에서 우리는 복을 얻고 변화되며, 그리스도의 사역 속으로 초대받는다. 깨어지고 죄 많은 세상에 당당히 맞서신 그분의 용기에 우리도 동참하는 것이다.

Chapter 07

불타는 사랑

자녀 양육은
분노 처리법을
가르쳐 준다

하나님은 죄를 멸하려는 우리의 열정에 활력을 주시고자 분노를 고안하고 축복하셨다.
_ 댄 알렌더와 트렘퍼 롱맨 3세

어느 목사가 분노에 대해 설교하기로 했다. 설교 후 그는 분노와의 씨름으로 특별히 기도가 필요한 교인들은 앞으로 나오라고 초청했다. 열아홉 명이 나왔다.

모두 어린아이를 둔 어머니들이었다.

자녀를 기르다 보면 종종 이런저런 영적 위험에 직면한다. 나는 아이들 때문에 배꼽을 움켜쥘 때도 있지만, 나도 모르게 무서우리만큼 분노가 치밀 때도 있다.

자녀 양육의 영적 과정은 우리가 더 이상 부정(否定)의 쾌적한 땅에 숨을 수 없음을 뜻한다. 자녀를 키우노라면 절절한 감정들이 표면에 떠오른다. 너무 강렬해 무시하거나 부정할 수 없는 감정들이다. 기쁨, 슬픔, 분노를 비롯해 인간의 온갖 감정을 수시로 느끼지 않고서는 부모가 될 수 없다. 자녀 양육 과정을 통해 우리는 보다 교활한 감정들, 특히 분노를 처리함에 더 성숙해지지 않을 수 없다.

통념과는 달리 분노 자체는 죄가 될 수 없다. 성경에는 하나님이 분노하시는 분으로 자주 나온다(시 6:1, 38:1, 사 12:1, 미 7:9). 그리고 그분이 사람 안에 임재하시면 분노가 일어날 수 있다. "사울이 이 말을 들을 때에 하나님의 영에게 크게 감동되매 그의 노가 크게 일어나"(삼상 11:6).

성경이 하나님의 분노를 얼마나 강하게 표현하고 있는지 생각해 보라. "보라, 여호와의 이름이 원방에서부터 오되 그의 진노가 불붙듯 하며 빽빽한 연기가 일어나듯 하며 그의 입술에는 분노가 찼으며 그의 혀는 맹렬한 불 같으며"(사 30:27). 이것은 단순한 짜증이 아니라 아주 뜨겁고 격한 진노다.

그러나 하나님의 분노는 우리 대부분이 경험하는 것과는 다르다. 그분의 분노는 어거스틴의 표현을 빌려 "성난 인간의 마음에 존재하는 성가신 기분"이 아니라 "죄에 대한 의로운 불쾌감"이다.[1]

분노에 관한 한 동기가 전부라는 뜻이다. 의분과 불의한 분노의 차이는 궁극적으로 우리가 무엇 때문에 분노하고 있으며 그것을 어떻게 처리하느냐로 결정된다.

느헤미야에게서 건강한 예를 찾아볼 수 있다. 자기 동족들이 빈민을 착취하고 있다는 소식 앞에서 그는 그저 어깨를 으쓱이거나 인간 본성에 대해 교만한 지론을 늘어놓거나 상황을 무시하지 않았다. 대신 그는 의분에 떨었다. "내가 백성의 부르짖음과 이런 말을 듣고 크게 노하였으나 깊이 생각하고 귀족들과 민장들을 꾸짖어 그들에게 이르기를"(느 5:6~7).

느헤미야는 노했지만, 그 분노에 대한 자신의 반응을 찬찬히 생각했다. 원인을 심사숙고해 정당히 화낼 이유가 있다고 판단한 후에야 그는 행동에 나서 귀족들과 관리들을 책망하고 변화를 촉구했다. 그는 자신의 화를 부정하거나 무시하거나 억압하지 않았다. 대신 그는 분노를 동기로, 지혜롭고 합리적인 사고를 했으며, 그러고 나서 행동을 취했다. 과연 느헤미야다!

모세는 분노 때문에 칭찬도 받고 처벌도 받은 복잡한 인물이다. 모세가 십계명을 들고 시내산을 내려오니, 아래 진에서는 우상숭배의 난장판이 벌어져 백성들이 금송아지를 숭배하고 있었다. 출애굽기에 보면 모세는 '대노'했다(출 32:19).

돌판을 내던지는 모세를 보고서 아론은 정신이 번쩍 났다. "이거 보통 문제가 아니로군." 내가 보기에 아론의 반응은 오후 한나절 집을 비웠다 돌아온 아내에 대한 남편의 반응과 비슷하다. 남편은 집이 어질러지는 것을 알고 있었고 꼭 치울 생각이었지만 정작 손을 대지는 않았다. 아내가 돌아온 후에야 비로소 집이 아내의 눈으로 보이면서, 그는 심각한 상태임을 마침내 깨달았다. 그러나 너무 늦었다!

모세는 아론에게 책임을 맡겼었다. 송아지 숭배가 모세의 지시에 어긋남을 아론도 분명히 알았다. 이어진 난장판이며 소란한 노래며 '방탕'은 당연히 나쁜 일이었다. 그러나 며칠간 하나님의 임재 안에 있던 동생이 돌아온 후에야 아론은 머리를 한 대 얻어맞은 듯 퍼뜩 깨달았다. "이거 대단히 나빠 보이겠는걸!"

모세는 충격을 받아 아론에게 묻는다. "이 백성이 당신에게 어떻게 하였기에 당신이 그들을 큰 죄에 빠지게 하였느냐"(출 32:21).

그다음에 나오는 말은 성경의 가장 해학적인 대목 중 하나다. 아론은 간신히 읊조렸다. "내 주여, 노하지 마소서"(출 32:22).

노하지 말라고? 흥분하지 말라고? 모세가 어떻게 노하지 않을 수 있겠는가? 그것은 마치 고등학생이 부모의 새 차를 나무에 받아놓고서 이렇게 말하는 것과 같다. "너무 화가 나시죠, 그렇지요? 그럼 나는 금요일 밤 무도회에 갈 수 없나요?"

모세는 즉시 신실한 레위인들을 불러 모았고, 그들은 도무지 회개를 모르는 범죄자들을 칼로 벌하기 시작했다. 나중에 하나님은 그 행위를 지지하셔서 더 많은 이스라엘 백성을 온역으로 죽이셨다(출 32:35). 이 경우, 모세의 분노는 죄에 대한 하나님 자신의 반응을 제대로 대변해 주었다.

그러나 다른 경우, 모세는 분노로 문제를 자초했다. 이스라엘 백성은 물이 없다고 불평하더니, 물 없는 광야의 자유보다는 차라리 이집트에 노예로 남는 편이 나았겠다며 우는소리를 하기 시작한다. 그러자 모세는 이성을 잃는다. 그들의 입씨름과 불평과 배은망덕이 지긋지긋했던 모세는 이렇게 소리친다. "반역한 너희여 들으라. 우리가 너희를 위하여 이 반석에서 물을 내랴"(민 20:10). 그리고는 반석을 두 번 치자 물이 콸콸 솟아난다.

하나님은 즉시 모세에게 심판을 선고하신다. 그분은 모세더러 반석에게 명하라고 하셨건만, 모세는 반석을 쳤고(출애굽기 17장 6절에 나오듯이 전에 그런 적이 있었다) 그리하여 하나님을 거룩한 분으로 높이지 않았다(민 20:12 참조). 모세는 또 마치 자신이 물을 공급하는 것처럼 행세했다. "반역한 너희여 들으라. 우리가 너희를 위하여 이 반석에서 물을 내랴."

모세는 왜 이렇게 반응했을까? 분노 때문이다. 감정 자체는 옳았지만, 분노의 동기가 틀렸다. 죄에 대한 하나님의 의로운 불쾌감이 아니라 자신의 화풀이로 그랬다. 그는 자신의 권위와 능력을 사사로이 역정을 부리는 데 사용했다. 백성들의 원망과 불평에 진력이 났던 모세는 홧김에 그만 옳은 일을 틀린 방식으로 하고 말았다. 그 대가로 그는 약속의 땅에 들어가지 못했다.

당신도 그런 적이 있는가? 당신의 자녀에게 꾸지람이나 시정이나 혹 매질 등 처벌이 필요했을 수 있다. 당신은 옳은 일을 했다. 그러나 틀린 방식으로 했다. 당신은 잠시 시간 내서 기도하며 그 일에 하나님의 지혜를 구하지 않았다. 모세처럼 당신도 자녀의 유익과 하나님의 영광을 위해 훈육하고 가르치기보다는 당신을 불편하고 창피하며 속상하게 만든 자녀에게 한바탕 퍼붓는 데 부모의 권위를 사용했다. 당신은 실족해, 하나님을 경외하는 마음 대신 죄에 이끌려 행동했다. 의도는 지극히 선했으나 당신도 순간 모세처럼 되고 말았다. 그리고 당신은 자녀 양육의 기술이 얼마나 좌절을 줄 수 있는지 실감했다.

성숙하거나 주저앉거나

저자 레이첼 커스크의 딸은 아기 때 한번 울기 시작하면 몇 시간씩 계속 울었다. 그날 아침, 유난히 길고 시끄러운 밤을 하얗게 지새운 레이첼은 '열 시간 동안 아마 스무 번'은 아기에게 젖을 먹였다. 그녀는 제발 이번에는 잠들기를 바라며 딸을 아기침대에 뉘었다.

긴 시간을 바라는 것도 아니다. 단 몇 분만 혼자 있으면 된다. 푸석푸석해진 얼굴도 대충 만져야겠고, 거울 앞에서 내 얼굴을 똑바로 바라보며 고함을 질러서라도 내가 정말 미쳤는지 보고 싶다. 지금 나는 아이가 잠들기를 그저 바라는 것이 아니다. 아이는 자야만 한다. 그렇지 않으면 어떻게 해야 할지 나도 모른다. 내 입장은 정당하고도 극히 필사적이며 타협의 여지가 없다.[2]

딸을 침대에 누인 뒤 레이첼은 잠깐의 복된 침묵의 시간을 찾아 화장실로 쓱 들어간다. 그러나 불행히도 너무 잠깐이다. 아기가 금세 운다. 기진맥진 녹초가 되어 갈 데까지 간 레이첼의 입에서 고함이 터져 나온다.

나도 내가 뭐라고 소리치는지 모른다. 뭔가 불공평하다. 단 5분만 혼자 있고 싶다는 게 그리도 안 된다는 말인가. 제발 좀 자라! 이제 나는 딸의 침대 옆에 바짝 다가서서 소리친다. 딸이 말을 들을 것 같아 소리치는 게 아니라 아기를 창밖으로 확 집어 던지고 싶은 내 충동이 느껴져서 소리친다. 딸은 완전히 공포에 질려 나를 쳐다본다. 아이의 감정이 그렇게 적나라하게 드러난 표정은 여태 처음이다. 내가 바라던 바는 절대 아니다.[3]

그러다 딸이 곤히 잠들자 레이첼은 방금 있었던 일에 경악한다. 그녀는 친구들 몇에게 전화를 건다. "나는 '내가 아기에게 고함을 질렀다'라고 고백한다. 결국 다른 몇 사람에게도 고백한다. 그중 누구도 내가 바라던 사면(赦免)을 주는 사람은 없다. 그들은 '저런, 아이가 불쌍해서 어쩌지'라고 말한다. 나는 그들의 관심 밖이다."[4]

나도 늘 울어대는 아기를 키워본 사람인지라 레이첼의 이야기에 공감이 간다. 까다로운 아이는 당신의 진을 빼놓을 수 있다. 당신은 며칠 연속 분노를 삼키지만, 한번 터지면 무섭게 터진다. 터지는 중에도 속으로 이런 소리가 들린다. "이건 끔찍하고 살벌하다! 내가 뭐에 씌었나?" 그래서 당신은 다시는 화내지 않기로 다짐한다. 그러나 그것은 나중에 또 다른 문제를 불러온다.

아기를 향한 분노는 거의 언제나 부모인 우리가 입는 불편함과 상관된다. 나중에 자녀들이 더 자라면 분노는 도덕적 죄에 대한 자연스러운 반응이다. 그런 순간이면 우리는 차라리 자신이 인간이 아니기를, 그리스도인은 더더욱 아니기를, 애당초 분노가 치밀지 않기를 바란다. C. S. 루이스는 이렇게 말한다. "분노의 부재는 … 내가 보기에 가장 위험한 증상일 수 있다. … 유대인들이 이방인들보다 저주와 독설이 심했다면, 내 생각에 적어도 그 원인의 일부는 유대인들이 옳고 그름을 더 진지하게 여긴 데 있다."[5] 그러나 노하는 것은 워낙 아슬아슬한 줄타기라서 성경은 종종 분노를 아예 금하는 듯 보인다.

- 분을 그치고 노를 버리라(시 37:8)
- 너희는 모든 … 노함을 … 버리고(엡 4:31)

이런 상반된 신호는 무엇 때문인가? 분노는 미성숙하게 해서는 안 된다는 데서 일부 답을 찾을 수 있다. 분노를 제대로 구사하려면 웬만큼 영적 성숙이 필요하다. 그래서 야고보는 우리에게 "성내기도 더디 하라"라고 경고했을 것이다(약 1:19). 우리는 모두 때로 분노라는 동기가 필요하지만, 분노의 음지에 지지 않고 분노를 아군으로 삼을 수 있는 사람은 우리 중에 극히 드물다. 모든 경우에 그렇지는 않겠지만, 대부분의 상황에서 우리의 분노는 마지못한 것이 되어야 한다.

때로 필요하지만 언제나 위험한 분노의 이런 양면성 앞에서 우리에게 남는 길은 두 가지다. 첫째, 지나치게 종교적으로 되어 분노를 아예 피할 수 있다(인간이 아니기를 택하는 것인데, 역설적으로 그 과정에서 종교마저 없어진다). 둘째, 분노의 적절한 표현법을 익히다가 때로 자신이 실수할 줄 알면서도 분노의 현장에서 사는 법을 배울 수 있다.

오래전에 배운 사실이 있다. '죄 없는 완전함'을 최고의 목표로 삼을 거라면 결혼하지 않는 것이 낫다. 설사 결혼하더라도 아이를 갖지 않는 것이 백번 낫다. 그런 긴장된 관계 속을 걸으면서 최소한 가끔이라도 죄를 촉발하지 않기란 불가능하다. 그러나 예수 그리스도를 통한 하나님의 은혜롭고 자비로운 공급이 있기에, 죄지을 것을 알면서도 담대히 그런 관계 속에 들어설 수 있다. 하나님이 죄를 용서하실 뿐 아니라 죄까지도 이용해 성품을 단련하고 성장하게 하실 것을 알기 때문이다.

혹자에게는 신성모독처럼 들릴지 모르지만, 나는 이제 죄 없는 삶을 추구하지 않는다. 대신 성숙을 추구한다. 나는 내 삶에서 드러나는 죄에 대해 안일해질 마음도 없고, 죄를 가볍게 여기는 것은 더욱 아니다. "죄를 죽여라, 그렇지 않으면 죄가 너를 죽인다"라는 위대한 청교도 존 오언(John Owen)의 경고에 나도 서슴없이 동의한다. 그러나 성숙하게 자라려면, 내 타락한 성품 때문에 사실상 죄가 불가피해 보이는 상황으로 들어가 그것을 끌어안아야 한다는 것도 나는 안다. 말 그대로 눈을 뽑아내고 사막에 혼자 산다면 죄는 꽤 줄일 수 있을지 모르나, 그 바람에 나는 사랑의 소명도 저버리게 된다. 그리고 교만의 죄라는 내가 보기에 더 중한 죄를 범하게 된다.

분노를 일체 피하는 것은 '욕심을 버리는' 불교의 덫에 빠지는 것이다. 성경에 아주 분명히 나오는 사실이 있다. 하나님은 금욕과는 거리가 멀다! 괴상하고 위험한 신앙만이 관대한 용서를 사랑으로 혼동한다. 분노할 때와 진노할 때가 있다. 단, 분노가 표출되는 순간은 언제나 위험하고 두려운 시간이다. 우리가 그 시간을 수용하는 유일한 이유는 분노가 타당해서가 아니라 불가피해서다.

이렇듯 자녀 양육은 우리를 아주 복잡한 영적 성장의 과정으로 초대한다. 우리는 성숙하거나 주저앉거나 둘 중 하나지, 변화되지 않은 모습으로 남아 있을 수는 없다. C. S. 루이스는 저주의 시편들(원수에게 저주를 발하고 섬뜩한 소원을 내뱉는 성경의 난해한 본문들)에 대해 이렇게 말한다.

> 유대인들은 이 점에 있어 이방인들보다 심한 죄를 지었거니와 이는 그들이 하나님과 멀어서가 아니라 오히려 그분과 가까웠기

때문이다. 초자연적 존재인 하나님이 인간 영혼에 들어오면 선과 악 둘 다에 새로운 가능성이 열린다. 그 시점부터 길은 둘로 갈라진다. 하나는 거룩함, 사랑, 겸손으로 난 길이고, 또 하나는 영적 교만, 자기 의(self-righteousness), 치열한 박해로 난 길이다. 깨어나지 못한 영혼의 그저 평범한 미덕과 악덕으로 다시 돌아갈 길은 없다. 하나님의 부르심은 우리를 더 선하게 만들거나 훨씬 악하게 만들거나 둘 중 하나다. 모든 악인 중에 종교적 악인들이야말로 최악이다. 모든 피조물 중에 가장 사악한 마귀는 본래 하나님 존전의 지척에 서 있던 자다. 여기서 헤어날 길은 없어 보인다. "대가를 계산하라"라는 우리 주님의 말씀은 그래서 새롭게 적용된다.[6]

루이스의 냉엄한 말은 우리 앞에 두려운 갈림길을 제시한다. '깨어나지 못한 영혼'으로 그냥 살거나, 하나님을 가까이하여 의분과 종교적 통찰의 세계에 들어가되 거기 수반되는 유혹과 악을 감수하거나 둘 중 하나다. 자녀 양육의 대가는 엄청나다. 우리는 더 강해지지 않으면 더 약해지도록 보장된 것이나 다름없다. 그대로 남아 있을 수는 없으며 그렇게 되지도 않는다.

부모가 되기로 한 사람들은 이미 의분과 종교적 통찰이라는 보다 신성한 세계에 들어가기로 작정한 것이다. 설령 우리가 자녀 양육을 종교적 과정으로 보지 않더라도, 결국은 종교적 과정이 된다. 공평성, 부양, 정의, 미래 따위의 문제가 갑자기 초월적 의미를 띤다. 어린이

들을 보는 즐거움만 좋고 이런 도전적 세력들로 인한 삶의 변화는 싫다면, 축구 시합을 보러 가거나 어린이 비디오를 빌려다 보거나 핼러윈 날 사탕을 얻으러 오는 아이들에게 사탕을 내어주라. 그러나 부모는 되지 말라.

인내를 기르는 길

구약에서 하나님의 진노는 "거부당하고 상처받은 사랑의 표현"[7]이라 보면 가장 맞다. 하나님이 노하심은 그만큼 관심이 있으시기 때문이다. 하나님이 노하심은 너무 중대한 것이 걸려 있기 때문이다. 그분은 언제 터질지 모르는 심술쟁이가 아니다. 그분은 우리의 영원한 운명의 심각성을 아시기에 깊이 우려하신다.

마찬가지로 부모인 우리도 가장 사랑하는 사람들에게 가장 많이 화가 난다. 감정 개입이 클수록 분노의 가능성도 커진다. 사랑하는 이들에게 무슨 일이 생길지, 그리고 그들과의 관계가 어떻게 될지, 그만큼 우리의 관심이 깊기 때문이다.

괴팍한 운전자가 앞으로 끼어들어 차의 앞 범퍼를 긁고 가버리면 우리는 당연히 화가 난다. 화는 나지만 그냥 넘어간다. 왜? 붙잡을 건더기가 없기 때문이다. 이름도 없고 얼굴도 모르며 이력도 없다. 대들 대상도 없고 수를 쓸 수도 없다. 앞으로 부딪칠 일도 없다. 그래서 그냥 넘어갈 수밖에 없다.

그러나 상대가 배우자나 자녀라면 분노는 과거, 현재, 미래를 들이 대며 삼중으로 우리를 칠 수 있다. 분노는 과거를 동원해 우리에게 배신감을 심어준다. "내가 그동안 너에게 해준 게 얼만데 네가 날 이런 식으로 대해?" 분노는 현재를 동원해 우리의 상처를 들쑤신다. "오늘을 특별한 날로 보내려고 했는데 당신이 망쳐 놓았어! 어떻게 나에게 이럴 수 있어?" 그리고 분노는 미래를 동원해 은근히 두려움을 조장한다. "앞으로 우리는 어떻게 될까? 너는 어떻게 될까?"

이런 분노는 쉽게 떨쳐지지 않는다. 사랑에서 난 모든 기대와 소망에다가 사랑 이면의 두려움까지 아울러, 사랑에 뿌리를 둔 것이라서 그렇다. 관계가 특히 남자들에게 그토록 불편하게 느껴질 수 있는 까닭이 이것으로 꽤 설명된다. 우리에게 요구되는 겹겹의 세밀한 감정 구분은 우리의 소화 능력을 벗어나기 일쑤다. 차라리 기관총으로 고지를 사수하라고 하면 우리는 해낼 수 있다. 문설주를 달라고 하면 달 수 있다. 잔디를 깎아야 한다고 말하면 척척 해치울 수 있다. 그러나 아이가 통금시간을 3시간이나 넘겨 집에 들어왔을 때의 그 분노, 두려움, 사랑, 안도, 감사의 상충하는 감정들을 우리에게 소화하라고 한다면? 그건 훨씬 더 힘든 일이다. 이런 상황에서 우리는 아예 마음을 닫거나 아니면 감정의 일면만, 예컨대 분노만 표현하기 쉽다. 상충되는 겹겹의 감정들을 두루 지나서 자기 기분을 정확히 표현할 줄을 우리는 모른다.

우리 친구 애니 칼슨은 남편을 대함에 있어 이 문제를 정리했다. 과거에 애니는 분노를 틈타 상처까지 표현하는 버릇이 있었다. 그녀는 이렇게 설명한다. "상처 속에 앉아 있으면 내가 너무 수동적인 것 같다. 그래서 서운한 감정은 접어두고 그냥 화만 내면 적어도 내가 통제권을 행사하고 있다는 기분은 든다." 지금은 화가 나면, "당신 화난 거요 아니면 서운한 거요?"라는 남편의 질문이 애니의 귓가에 쟁쟁히 들려온다고 한다. 애니의 말은 우리에게 특히 해당된다. 자녀가 상처를 입힐 때 우리는 상처와 분노를 쉽게 혼동한다. 상처 때문에 행동하면 온갖 문제에 빠질 수 있다.

화나고 상처받은 부모는 때로 상처에 대한 반응으로 자기가 구해주고 싶은 자녀에게 도리어 상처를 준다. 우리는 자녀의 몸이 무사한 데는 안도하면서 홧김에 말로 자녀를 해칠 수 있다. 부모 노릇의 최대 아이러니 중 하나다.

하나님의 원칙상 우리는 상처보다 커져야 한다. 그래서 우리는 "하나님을 두려워하는 가운데서" 자녀를 양육해야 한다(고후 7:1). 자녀가 집에 늦게 들어올 경우, 자녀 때문에 내가 잠을 못 잤다거나 걱정했다거나 겁이 났다는 사실은 최대 관건이 아니다. 감정적으로 나는 그것을 최대 관건으로 만들고 싶다. 그 일이 내게 그런 영향을 미쳤기 때문이다. 상처 때문에 행동하면 그래서 문제다. 중요한 건 나다. 그러나 하나님은 내게 자녀들을 중시하고 그들과 그분과의 관계를 중시하는 쪽으로 행동하라 하신다.

그러면 나는 어찌할 것인가? 느헤미야처럼 한 걸음 물러나 자신을 살펴야 한다. 내 감정을 시험하고, 감정에 지성을 입혀야 한다. 나는 감정을 무시하지 않지만, 그렇다고 감정에 이끌려 반응하지도 않는다. 감정은 날씨처럼 그냥 존재하며 상황의 쾌적함을 더하거나 덜하게 할 뿐이다. 감정이 내 행동을 지배해서는 안 된다.

이런 식의 분노 처리는 많은 실패의 반복으로 빚어지는 예술품이다. 까다로운 감정을 처리하는 법이 그저 독서로 터득되지는 않는다. 직접 그 속을 지나야 한다. 경험해야 한다. 자녀 양육 이상으로 우리를 거기로 초대하는 것이 무엇이겠는가?

그러나 자녀 양육의 영적 과정을 통해 우리는 인간에게 분노를 표현하는 지뢰밭만 지나는 것이 아니다. 그것은 또한 우리를 하나님께 분노하는 영토로 부른다. 하나님과 의견 차이가 생길 때마다 하나님 쪽의 잘못이 아님이 확실하다는 점에서 이는 특히 미묘한 감정이다. 하지만 그렇다 해서 그분께 대한 분노가 줄어드는 건 아니지 않은가?

화가 나도 좋지만, 신뢰는 잊지 말라

불치병으로 서서히 죽어가는 아들딸의 모습을 지켜봐야 하는 쓰라린 시련을 당한 가정들이 많이 있다. 그들이 어찌 묻지 않을 수 있으랴. "주여, 왜 우리 아이를 고쳐 주시지 않습니까?" 정녕 하나님은 고쳐 주실 능력이 있다. 고쳐 주실 때도 많다. 그러나 고쳐 주시지 않을 때도 있다. 그럴 때는 어찌해야 하나?

이 부분에서 하나님의 하시는 일을 알아낼 길은 없다. 내가 처음으로 집필을 도왔던 책 중의 하나인 《침묵 밖으로》(*Out of the Silence*)에는 인후(咽喉) 질환을 하나님께 기적적으로 고침을 받은 듀안 밀러(Duane Miller)의 이야기가 나온다.[8] 듀안의 사연은 포커스 온 더 패밀리(Focus on the Family)에도 소개되었는데, 치유의 간증 테이프를 듣노라면 목덜미의 머리칼이 쭈뼛쭈뼛 선다. 정말 기적의 이야기다. 그러나 그가 고침을 받던 그날 아침, 같은 교회당에 있던 한 젊은 아버지가 뇌종양 진단 후 두 주 만에 죽었다는 사실에 가장 먼저 경악한 사람은 듀안 자신이다. 자신의 자녀들은 장성했으나 그 젊은 남자의 자녀들은 아직 아주 어렸으니, 듀안의 자녀들보다 그의 자녀들에게 아버지가 필요해도 더 필요했을 것이다. 듀안은 질환으로 몸이 쇠약해졌어도 목숨이 위태롭지는 않았지만, 그 남자는 불치병과 싸웠다.

하나님은 왜 듀안은 기적으로 고쳐 주시고 같은 교회에서 불과 석 줄 뒤에 있던 그 남자는 병으로 죽게 두셨을까? 듀안은 자신의 치유가 믿음이나 순종의 결과였다고는 절대 생각하지 않을 것이다. 그보다 그것은 설명이나 해명 없이 찾아온 하나님의 섭리와 선택으로 이루어졌다.

주님께서 옛사람들이 말한 항복의 영적 훈련으로 우리를 부르시는 듯한 대목이 바로 여기다. 다른 종교는 신의 힘을 조종해 인간의 뜻을 이루려 한다. 인간이 선을 행하면 하나님이 어쩔 수 없이 특정한 방식으로 반응한다는 것이다. 진정한 기독교는 거룩하신 하나님을 섬기고 그분께 영광을 돌리기 위해 인간의 의지를 항복하려 한다. 하나님께 실망하고 하나님께 좌절하며 심지어 하나님께 분노할 때가 우리에게 종종 있다. 중요한 것은 "오직 나와 내 집은 여호와를 섬기겠노라"라고 한 여호수아의 유명한 선언을 우리 것으로 삼는 것이다(수 24:15).

- 실직을 당할 수 있지만, 우리는 여호와를 섬기겠노라.
- 한 해에 세 번이나 장례식에 갈 수 있지만, 우리는 여호와를 섬기겠노라.
- 세 자녀 중 둘이 반항할 수 있지만, 우리는 여호와를 섬기겠노라.
- 완화되었던 암이 재발할 수 있지만, 우리는 여호와를 섬기겠노라.

그리스도인인 우리에게는 하나님이 종국에 우리 자녀들을 치유해 주신다는 하나님의 확실한 약속이 있다. 천국에 갈 때까지 치유가 없을 수 있으나 결국은 이루어진다.

이것은 하나님의 길을 '설명'하려는 것과는 다르다. 그분의 길은 설명 불가능해 보일 때가 많다. 심지어 성품도 이유가 될 수 없다. 나는 하나님이 시련을 사용해 성품을 빚으시고 우리에게 교훈을 가르치시며 우리 영혼 안에 더 깊은 작업을 행하신다고 열심히 가르쳐 왔다. 또 그렇게 간절히 믿지만, 개인적으로 우리 아이가 고난을 면할 수 있다면 차라리 나는 약간 덜 성숙한 모습으로 죽고 싶다! 바울이 로마 교인들에게 "우는 자들과 함께 울라"라고 권한 데는 그만한 이유가 있다(롬 12:15). 이런 말과 같다. "쉬운 답을 내놓지 말라. 슬퍼하는 사람과 같이 있어 주는 짐을 벗으려고, 그들이 슬픔을 잊게 하거나 '이겨내게' 하지 말라. 그것은 다 자기중심적인 종교다. 그 대신 그들과 함께 울라. 시간을 내서 울고 아파하라. 화나도 좋지만 믿음은 잃지 말라."

부모들이 화나는 것은 당연하고 불가피하다. 그러나 그 과정에서 하나님은 걸핏하면 감정이 상하는 인간의 연약함에서 벗어나 성령께서 선물로 주시는 겸손, 희생, 항복, 사랑의 태도를 입으라고 우리를 부르신다. 이것은 종교적 어휘를 빌어 인간의 추한 현실을 벗어나려는 신앙으로의 도피인가? 절대 그렇지 않다! 왜 하나님이 때로 우리가 원하는 대로 행하시지 않는지 성경에는 설명이 없다. 대신 성경은 우리가 하나님이 원하시는 대로 행해야 한다는 점에 집중한다. 하나님은 우리보다 높으신 분으로 우리와의 관계를 주도하셨고, 계시자로서 자신이 설명할 것과 설명하지 않을 것을 임의로 정하실 수 있다. 현대의 감성에 아무리 불쾌하게 여겨질지라도 하나님은 일부 질문들에 대해 우리를 어둠 속에 두실 권리가 있다. 지금까지 내가 받은 가장 실제적인 가르침 중 하나는 리젠트 칼리지의 신학 스승 J. I. 패커에게서 온 것이다. 그는 "남녀 인간들이 던지는 질문의 답이 성경에 전부 나오는 것은 아니다"라고 말했다. 이 진리를 받아들이는 것 외에 다른 길이 없다.

아무리 자녀를 사랑해도 그 아이를 창조하신 하나님보다 더 사랑하는 부모는 없다는 것을 나는 마음 깊이 안다. 물론 당신은 그 아이를 위해 죽을 마음까지 있다. 그리고 하나님은 이미 죽으셨다. 그 아이의 고통을 하나님 자신보다 더 잘 느끼는 사람은 없다. 잠자리에 들 때 당신은 아이의 시련을 잊어버리지만, 하나님은 아예 주무시지 않는다. 그 아이의 곤경은 항시 그분 앞에 있으며 주님은 단 한 번의 통증도 놓치시는 법이 없다. 그분은 모든 신음을 들으시고 모든 눈물방울을 세시며 모든 경련을 보고 계신다.

때로는 그렇게 보이지 않을 수 있지만, 하나님은 역사상 어떤 부모의 사랑이나 보호보다도 더 사랑하시고 보살피신다. 이를 부인하는 말은 망상이요 신성모독이다. 하나님을 향한 분노가 서서히 쌓여 교묘한 유혹이 됨을 우리는 인식해야 한다. 우리의 주관적 경험을 절대적 진리에 비추어 검사하고 따져보지 않으면, 그것이 우리 믿음을 허물고 원한을 키우고 교만한 반항을 낳는다. 앞 장에 말한 것처럼 우리는 자신의 말을 듣기를 중단하고 자신에게 말하기 시작해야 할지도 모른다. 하나님의 선하심과 자상하심을 의식적으로 마음에 떠올리면서 말이다.

나는 사탄도 거의 하나님 못지않게 인내심이 많음을 보게 되었다. 그는 우리 안에 파괴적인 태도, 생각, 습관을 심어 놓고는 그 태도, 생각, 습관이 우리를 파멸시키는 비열한 열매를 참을성 있게 기다린다. 하나님께 복종하고 항복하지 않으면 우리는 사탄의 술수에 넘어간다. 우리 영혼에 온갖 종류의 영적 독소를 불어넣는 사탄의 일을 거드는 꼴이 되고 만다.

하나님은 우리의 본능적인 분노 표현을 능히 감당하실 만큼 크고 지혜로우신 분이지만, 영적으로 우리는 복종하는 법을 배워야 한다. 하나님이 나보다 더 많이 아심과 내가 원한다고 해서 그분이 내게 설명하실 의무가 없음을 우리는 인정해야 한다. 우리의 영적 여정의 이 구간은 안갯속 운전에 견줄 수 있다. 이정표도 보이지 않고 제 방향으로 가고 있는지조차 확실치 않을 수 있지만, 희미한 시계를 벗어나는 유일한 길은 불확실한 상태를 뚫고 지나는 것뿐이다.

분노의 골짜기를 지나는 법

그러므로 성숙을 원한다면 우리는 골짜기를 지나는 법을 배워야 한다. 골짜기는 죄가 불가피해 보이지만 죄를 피해야 하는 곳이다. 성경은 "분을 내어도 죄를 짓지 말며"라고 말하지만(시 4:4, 엡 4:26), 우리 대부분에게 이는 "하늘에 계신 너희 아버지의 온전하심과 같이 너희도 온전하라"라고 하신 예수의 불가능해 보이는 말씀과 무섭도록 비슷하다(마 5:48). 우리는 예수의 말씀을 고칠 생각은 없다. 그거야말로 불가능한 일임을 알기 때문이다. 그러나 솔직히 우리는 이런 의문이 든다. "정말 진심으로 하신 말씀일까?"

그렇다. 진심으로 하신 말씀이다. 그런 의미에서 바울도 어느 교회를 향해서는 "내가 이미 얻었다 함도 아니요 온전히 이루었다 함도 아니라. 오직 내가 그리스도 예수께 잡힌 바 된 그것을 잡으려고 달려가노라"라고 선뜻 고백하면서도(빌 3:12), 고린도 교인들에게는 "온전하게 되라"라고 명했다(고후 13:11). 마찬가지로 우리도 죄에 빠지지 않고 분노를 처리하는 법을 배우는 것을 '목표'로 삼을 수 있다. 그러나 만일 그것을 무섭고 행위 지향적이고 율법적인 바리새인의 방식으로 추구한다면 우리는 5분도 못되어 쓰러지고 말 것이다. 자녀들이 우리를 점심 끼니로 해치우고는 우리의 죄책감을 디저트로 먹을 것이다.

나는 분노를 독성이 들어 있지만 잘 규제되고 있는 고성능 약을 대하듯 대해야 한다고 믿는다. 때로 처방이 불가피하지만 조심해서 다루어야 하고 사용을 제한해야 한다. 우선, 분노를 너무 오래 사용하면 치명적으로 된다. 분노는 분노가 생겨난 바로 그날 버려야 한다("해가 지도록 분을 품지 말고" 엡 4:26). 분노를 질질 끌면 원한과 앙심을 낳고, 그것이 틈타게 하면 결국 우리 영혼에 독이 된다. 해가 지도록 분을 품지 말라고 권하자마자 바울이 "마귀에게 틈을 주지 말라"고 덧붙인 것은 우연이 아니라고 본다(27절).

하나님의 일을 이루려면 분노의 힘이 필요할 때도 있다. 자녀가 제 목숨을 위태롭게 하거나 제 성품을 더럽힐 만한 행동을 하고 부모를 존중하지 않을 때 부모 속이 얼마나 타는지, 불의를 볼 때 부모가 얼마나 발끈하는지, 우리 자녀들도 알 필요가 있다. 부모와 조부모를 화나게 하는 것이 무엇인지 보기만 해도 우리 자녀들은 풍성한 수확을 건질 것이다. 우리가 마땅히 화낼 일에 화를 낸다면 말이다! 무엇에도 화낼 줄 모르는 무감각한 자녀로 키우고 싶은 사람이 우리 중에 누가 있겠는가?

그러나 일단 분노가 우리를 깨웠으면, 즉 분노를 동기로 자신의 불쾌감을 표현하고 적절한 행동을 취했으면 이제는 분노를 버려야 한다. 그렇지 않으면 분노가 우리를 너무 멀리까지 데려갈 것이다. 2001년 9월 11일의 테러 공격 이후 오사마 빈 라덴을 추격한 것은 옳았다. 그가 지휘한 인정사정없고 잔인무도한 행위에 우리는 마땅히 분노를 느껴야 했다. 그러나 분노에 이끌려 중동 사람을 아무나 때리고 괴롭히며 조롱한 사람들은 자신의 분노를 다스리지 못하는 것이다. 분노를 못 이겨 자신도 죄에 빠진 것이다.

우리의 분노에 필요한 기준은 무엇일까? 첫째, 우리는 마지못해 두려운 마음으로 분노에 들어가야 한다. 야고보는 우리에게 "성내기도 더디 하라"고 했다(약 1:19). 인간의 분노가 하나님이 바라시는 의로운 삶을 이루지 못한다고 그는 말했다. 분노는 인간을 창조하신 본래의 의도가 아니다. 완전한 세계에는 분노가 필요 없고 부적절하다. 하나님은 타락한 세상과 타락한 천사들에게 분노를 발하신다. 타락은 우리에게 분노를 얹어주지만, 분노는 화학요법과 같은 것이다. 이 모욕적인 치료법은 그 자체의 악보다 싸움 상대의 악이 더 해롭기 때문에 선한 것이다.

둘째, 우리는 분노를 의식적으로 제한해 해가 지도록 분을 품지 말아야 한다. 열두 시간이 영적 한계라고 말한다면 지나친 단순 논리가 된다. 딸이 살해당했거나 강간당한 사람에게 나는 열 시간만 더 분노하고 그다음에는 "떨쳐내라"라고 절대 말하지 않을 것이다. 해가 진다는 말은 비유다. 우리는 적당 기간만 분노를 품어야 한다. 원한과 앙심이 싹트지 않도록 최대한 빨리 끝내야 한다. 이 성경 말씀은 우리가 분노라는 동네에 들어가자마자 어서 나올 궁리를 해야 한다는 뜻이다. 거기는 눌러앉을 곳이 못 된다. 가끔 찾아가기는 하지만, 거기에 집을 살 생각은 하지 말라. 하나님은 옛 이스라엘 백성에게 은혜로 이렇게 말씀하셨다. "내가 그들의 반역을 고치고 기쁘게 그들을 사랑하리니 나의 진노가 그에게서 떠났음이니라"(호 14:4).

셋째, 우리는 이성과 영적 성숙과 참는 지혜로 분노를 다스려야 한다. 사랑은 "성내지" 않으며(고전 13:5), 즉 성숙한 지도자인 감독은 "급히 분내지" 않는다(딛 1:7). 분노는 우리 반응의 부분적 요소는 되지만 기껏해야 보조적이다. 우리에게 분노란 대인관계라는 요리의 한 재료일 뿐이다. 사랑과 친절과 자비와 인내와 기타 수많은 경건한 재료가 들어가지 않고 달랑 분노만 있으면 속으로 한이 맺힌다.

넷째, 분노를 피해 달아날 게 아니라 우리는 의분이 양날 검임을 명심해야 한다. 우리는 마땅히 불의에 분노해야 한다. 하지만 자신이 불의한 행동을 저질러도 똑같이 분노하는가? 내 자녀가 미련하거나 부도덕한 짓을 하면 분명 발끈할 것이다. 하지만 내가 미련하거나 부도덕한 짓을 해도 똑같이 괴로워하는가? 자신은 빠지고 남을 벌할 때만 분노를 사용하면 그것이 문제가 된다. 내가 가장 좋아하는 현대의 두 저자인 댄 알렌더(Dan Allender)와 트렘퍼 롱맨(Tremper Longman)은 이런 중요한 사실을 일깨워 준다.

> 예수는 우리에게 남의 눈의 티를 말하기 전에 자기 눈의 들보부터 생각하라고 말씀하셨다. 남의 결점이나 공격이 싫다면 내 안에 있는 결점이나 공격도 똑같이 싫어야 한다. 내 죄보다 남의 죄를 미워한다면 우리는 언제나 불의할 것이다. 그러나 내 마음속의 죄를 남의 죄보다 더 미워한다면, 참된 의분 가운데 우리의 고요하고 참을성 있는 슬픔이 자랄 것이다.[9]

이렇듯 하나님을 두려워하는 가운데서 자녀를 기르면 우리도 죄를 미워하되 그분이 죄를 미워하시기에 그리한다. 우리는 자신의 죄를 미워하고 이웃의 죄를 미워하며 자녀의 죄를 미워한다. 하나님이 치우침이 없으신 것처럼 우리도 치우침이 없다. 내 죄가 아니라 내 이웃이나 자녀의 죄에 집중하는 것은 은혜에 기초한 기독교 신앙의 실천을 중단하고 바리새인의 종교를 따르기 시작하는 것이다. 잊지 말라, "하나님을 두려워하는 가운데서"라는 말이 나오는 구절은 "그런즉 사랑하는 자들아, 이 약속을 가진 우리는 … 온갖 더러운 것에서 자신을 깨끗하게 하자"라는 말로 시작되고 끝난다(고후 7:1).

끝으로, 성경은 그리스도인의 궁극적 반응은 진노나 적의나 분노가 아니라 사랑이라고 말한다. 자녀가 불순종할 때, 하나님은 우리에게 사랑으로 반응하라고 하신다. 분노는 사랑의 종일 수 있지만, 사랑이 분노로 규정되어서는 안 된다. 자녀들은 자신을 향한 부모의 전폭적 헌신을 볼 필요가 있다. 그래야 우리의 분노 반응이 이기적인 것이 아니라 자녀의 복을 위한 뜨겁고 애절한 관심임을 알 수 있다. 하나님의 분노를 닮은 것은 이렇게 사심 없는 분노다. 사심의 요소도 하나 있긴 있다. 저버려진 관계와 무너진 신뢰에 대한 슬픔이다. 그러나 이 슬픔조차도 가해자가 상실한 것들 쪽으로 그의 복을 위한 희망 쪽으로 기운다.

요컨대, 자녀들은 부모의 참을성 없음과 자기중심적 좌절을 폭로해 주거니와 그것은 우리 마음에 거울을 대주는 것과 같다. 하나님의 자녀들을 향한 반응에 그분의 성품이 드러나듯이 자녀 양육도 우리의 성품을 드러내 준다. 우리의 죄를 밝혀 주며 가장 갈망하는 바가 무엇인지 정확히 그림을 들이댄다.

나는 '영성 101'이라는 과목을 가르치고 있는데, 분노를 다루는 법은 '영성 601'쯤 될 것 같다. 이는 대학원 수준의 기독교다. 우리의 숙제는 자녀들이고, 교과서는 우리의 복잡한 감정이다. 그리고 거기서 비롯되는 성품이 우리의 최종 학점을 말해 줄 것이다.

분노에 직면하며 예수처럼 빚어지라

1945년 8월 6일, 열두 명의 남자가 '에놀라 게이'라는 65톤급 폭격기 쪽으로 엄숙하게 걸어갔다. 몇 시간 후 그들이 투하한 폭탄은 2만 톤 TNT의 파괴력을 보여 주었다. 처참한 원자탄 전투의 시대가 열리는 순간이었다. 5마일 아래의 히로시마는 잿더미로 변했다. 일주일이 가고 폭탄이 하나 더 투하된 후 일본은 마침내 항복했다.

귀국한 에놀라 게이의 열두 승무원은 자기들이 유명인사가 된 것을 알고 놀랐다. 하나같이 그들은 번쩍이는 카메라 불빛과 열광적으로 등을 토닥여주는 손길에 점점 익숙해져 갔다. 사람들은 식당에서 그들의 음식값을 대신 내주었다. 그들은 성대한 저녁 만찬과 호화 저택으로 초대되었고 중앙 일간지들의 앞면 사진을 장식했다.

그러나 워싱턴의 한 사교계 명사가 그중 한 승무원에게 베푼 리셉션은 결국 오명으로 남았다. 신기한 모양의 케이크가 디저트로 나왔는데, 케이크를 구워 냉각시켜 원자탄 폭발처럼 보이게 장식한 것이었다. 한 사진기자가 그 밉살스러운 장면을 포착했다. 케이크 앞에 어색하게 나이프를 들고 선 해당 공군은 불편한 기색이 역력했다. 그 옆에는 파티를 베푼 여주인이 마치 자기 말이 경마에 우승이라도 한 듯 미소를 지으며 서 있었다. 수일 내로 그 사진이 전국을 도배했다. 온 국민이 보았다. 그리고 거의 모두가 똑같은 반응을 보였다. 그것을 조이 데이비드먼(Joy Davidman)이 잘 표현했다.

> 그러잖아도 거북스럽게 직직 불꽃에 타들어 가던 미국의 양심은 이로써 질량의 한계에 아주 보기 좋게 저 혼자 폭발하고 말았다. 반전주의자든 군국주의자든, 민간인이든 군인이든, 공산주의자든 공산주의 탄압자든 우리 모두가 그 케이크에 질색했다. 이것은 다양하고 다원적인 이 나라의 여론이 완전 일치될 수 있었던, 역사상 몇 안 되는 사건 중 하나였다. … 그 케이크는 외설이었다. 기독교인들은 상황에 따라 사람을 죽여도 되는가에 대해서는 가부간 이견이 있지만, 쓰러진 적을 보며 고소해 해도 되는가에 대해서는 이견이 없다. 히로시마 폭격이 꼭 필요한 일이었는지 여부를 두고 오늘까지도 세계는 합의점에 도달하지 못했다. 그러나 한 가지만은 우리 모두 같은 생각일 것이다. 필요했든 아니든 그것은 즐거운 일은 아니었다.[10]

분노도 전쟁처럼 인생의 불편한 현실이다. 타락한 세상에 살며 타락한 자녀를 기르노라면 우리는 부득이 달갑지 않은 현실에 부딪칠 수밖에 없다. 이 나라가 전쟁에 나갈 일이 아예 없었으면 좋았겠다고 우리가 모두 생각하듯이, 아예 화낼 일도 없었으면 하는 것이 우리 모두의 바람이다. 서글프게도 죄는 때로 강력한 반응을 요구한다. 예수가 다시 오실 때까지 나라와 나라 사이에는 늘 전쟁이 터질 것이고, 부모와 자녀 사이에는 어쩔 수 없이 분노가 타오를 것이다. 우리 중에는 분노의 세계에 들어가 분을 품을 때마다 큰 동요와 후회를 느끼며 거의 매번 엄청난 자책에 빠지는 사람들도 있다. 나처럼 약한 사람들이 그렇다. 반대로 분노에 너무 익숙해진 사람들은 좀 더 강한 사람들이다. 이들은 분노를 반기며 분노에 빠진다. 분노를 즐기는 것 같고 아예 분노를 위해 사는 것 같다. 그러나 분노로 인해 얼룩지기는 양쪽 다 마찬가지다. 한쪽은 너무 물러서 그렇고, 한쪽은 너무 경솔해서 그렇다.

신성한 자녀 양육은 우리를 지저분한 영적 현실로 데려간다. 안타깝게도 우리는 그 사실을 피해 갈 수 없다. 이 현실을 피하는 것은 그것을 자랑삼는 것만큼이나 죄다. 아이러니지만 우리 대부분은 그것을 피할 힘도 없고 그렇다고 자랑할 수도 없다! 어쨌든 분노란 피할 수 없는 것이다. 우리는 자신이 분을 내어 죄를 지을 것을 알면서도 분노에 부딪쳐야 한다. 하나님이 용서하시며 이 과정을 통해 우리를 조금 더 그 아들 예수 그리스도의 형상으로 빚으실 것 또한 알기 때문이다. 예수는 우리를 위해 하나님의 의분을 당하신 분이다.

Chapter 08

망가짐
저편의 영광

자녀 양육은
외양을 넘어
영광을 보게 한다

아기가 태어나는 순간, 평생의 허영심은 온데간데없이 사라진다.
_ 레이첼 커스크(Rachel Cusk)

너희 안에 이 마음을 품으라 곧 그리스도 예수의 마음이니 그는 근본 하나님의 본체시나 하나님과 동등됨을 취할 것으로 여기지 아니하시고 오히려 자기를 비워 종의 형체를 가지사 … 이러므로 하나님이 그를 지극히 높여.
_ 빌립보서 2장 5~7, 9절

랍비 퍼츠-크레이머는 하나님의 성육신이란 개념을 자신이 아이를 낳고 나서야 이해하게 되었다고 고백했다.

12월 24일, 낸시와 남편이 기분 좋게 집에서 생후 6일 된 아기를 안고 있는데, 한 천주교 신부가 문을 두드렸다. 당시 학교에 재학 중이던 낸시는 신부가 논문을 걷으러 온 줄로 알고는, 지난 몇 주간은 품 안의 이 작은 아기를 낳은 것 말고는 별로 한 일이 없노라고 설명했다. 신부는 논문 때문에 온 것이 아니라고 낸시를 얼른 안심시킨 뒤 이렇게 말했다. "내일이 주님의 생일이라서 내 품에 아기를 안아보고 싶었습니다."

신부의 말이 낸시에게는 계시의 순간이었다. "기독교를 공부하면서 성육신에 대해 읽어 보았지만, 그것이 정말 '이해'가 되기는 처음이었다. 기독교의 상상에 따르면 하나님도 한때 이 아기처럼 작은 몸뚱이였다!"[1]

우리 그리스도인들이 말하는 역사적 사실을 낸시는 '기독교의 상상'이라 표현했지만, 어쨌든 그녀의 경이는 이해가 된다. 하나님을 그 속에 담기에는 아기 몸뚱이는 유난히 볼품없는 덩이처럼 보인다. 아기들은 침을 흘리고 울기도 하며 기저귀에 일을 벌인다. 하나님이 그래서는 안 될 모습인 무력함, 연약함, 무엇보다 절대적 의존성이 다 모인 것이 아기다. 그러나 우리 하나님은 바로 그 볼품없는 몸뚱이를 입고 오셨다. 도대체 어떤 지혜의 깊은 보고에서 그런 생각을 길어 올리신 것일까?

   아기의 잉태와 양육도 그와 똑같이 우리를 겸허하게 하는 과정이다. 아기를 세상에 맞이할 준비를 하는 동안 여자의 몸은 부풀고 당기고 붓는다. 젊음의 매력은 간데없이 몸이 퉁퉁 붓고, 발목은 목만큼 두꺼워지며, 피부는 복원이 안 될 만큼 늘어진다. 자녀들은 몸만 바꿔 놓는 것이 아니라 사회적 상황에서도 해일로 작용해 한때 즐겁던 교제 생활을 사실상 말살시켜 버릴 수 있다. 저자 레이첼 커스크의 딸은 늘 울었다. 그래서 레이첼은 딸의 시도 때도 없는 울음소리 때문에 당황했던 적이 한두 번이 아니다.

> 딸은 매달고 걸을 때도, 장 볼 때 유모차 안에서도, 버스 안에서도, 지하철 안에서도, 친구들과 친지들 집에서도, 내 품에서도, 다른 사람들 품에서도 울었다. … 사람들이 지켜보는데 미친 듯이 유모차를 뒤에 끌고서 앙앙대는 아기를 들쳐 안고 집으로 뛰기도 했다. 생판 모르는 곳에서 황급히 버스를 내리기도 했다. 카페에서 뛰쳐나오기도 했다. 다짜고짜 도중에 전화를 끊기도 했다.[2]

가장 품위 없는 날

몇 달 후, 그칠 줄 모르던 울음은 좀 더 '정상'으로 돌아왔고, 그제야 레이첼은 그 요란했던 몇 주의 영적 유익에 눈이 뜨였다.

> 매번 울 때마다 딸은 내게 평범하고도 어려운 사실을 가르쳐 주었다. 아기를 향한 내 애정, 실없이 좋은 마음, 푹 빠진 시간, 아기를 돌본답시고 동원한 내 자아 등이 모두가 내 격분과 절망만큼이나 피상적이었다는 사실이다. … 딸의 울음이 멎은 일을 나는 내 훈련이 성공리에 끝나 엄마의 신분을 얻었다는 딸의 판정 표시로 받아들인다. 이제 우리가 조심스레 함께 살아가는 일에 임할 수 있다는 신호로 말이다.[3]

내 첫 책이 출간된 후 어느 교회에 강사로 초청된 적이 있었다. 우리 부부와 대화할 기회를 마련한다는 취지에서 예배 후 한 장로의 집에서 재직자들의 점심 리셉션이 있었다. 마침 소화물을 근 일주일이나 모아두고 있던 우리 아기가 예정된 식사 시간 15분 전에 그 노력의 산물을 쏟아내기 시작했다. 리자가 뒷방에서 딸에게 젖을 먹이고 있는데 폭발(이 외에는 적합한 단어가 없다)이 시작되었다. 리자는 아기 밑에 수건을 깔았지만, 딸은 수명이 길다는 건전지 광고의 토끼를 흉내냈다. 배설은 도무지 그칠 줄 몰랐다. 곧 변이 기저귀 밑으로 새어 나와 담요에까지 퍼지기 시작했다. 리자에게 식사 시간이 다 되었다고 말하러 들어갔던 여자분이 기겁해 리자에게 물었다. "어떻게 도와 드릴까요?"

"남편을 불러 주세요!" 리자는 말했다.

몇 사람이 내 주변에 앉아 여러 가지 질문을 던지고 있는데, 한 여자가 내게 리자가 당장 나를 찾고 있다고 말했다. 방에 들어가서도 나는 내 눈이 믿어지지 않았다. 저렇게 조그만 인간에게서 저렇게 코끼리 덩치만 한 변이 나올 수 있다는 것이 불가능해 보였다. "나 이제 어쩌지요?" 치마가 구제불능이 된 리자가 실망스럽게 물었다.

나는 살짝 빠져나와 안주인에게 아무래도 우리가 자리를 떠야겠다고 말했다. 이유를 설명하려는데 그녀가 말했다. "우리 딸이 부인과 체구가 비슷해요. 딸이 치마를 빌려드릴 겁니다."

나는 그것으로 문제가 풀린 줄 알고 리자에게 깨끗한 치마를 가져다주었다. 그러나 리자의 말은 달랐다. 자신이 입고 있는 치마는 아주 두꺼워, 번거롭게 속치마를 입지 않았다는 것이었다. 그 집 딸의 얇은 치마는 정오 햇빛에 속이 훤히 다 비쳤다. 그러나 리자는 속치마를 입지 않고 있다는 것을 표내기가 창피했고, 다시금 우리는 난감한 딜레마에 빠졌다.

우리는 자신도 모르게 웃음이 났다. 리셉션에 주빈으로 온 우리인데, 평생 그렇게 당혹스러운 적은 없었다! 우리는 용케 견뎌냈다. 왜 그 저자의 부인은 식탁에만 꼭 들러붙어 있었으며 나중에 일어설 때도 봄볕이 따스한데 왜 굳이 코트를 걸치고 있었는지, 일부 교인들이 여태 의아해할지 모르지만 말이다.

몇 년 후, 우리 아들 그레이엄이 우리 교회 목사의 아들과 함께 리틀리그 같은 팀에서 야구를 했다. 마지막 경기 후 우리는 기념으로 전부 뷔페식 식당에 갔다. 저녁 8시쯤 되었는데, 목사의 아들인 그레이엄의 친구는 샐러드는 건너뛴 채 피자 한 조각에 아이스크림과 푸딩만 잔뜩 먹었다. 나는 그의 아빠에게 말했다. "기억나나? 옛날에 우리는 디저트를 저렇게 많이 먹고도 돈 한 푼 안 냈었는데 말일세."

우리 아들은 그날 밤 목사의 집에서 보냈다. 그레이엄이 시끄러운 소리에 새벽에 깨보니, 목사는 속옷만 입고 카펫의 토사물을 치우고 있었다. 그레이엄의 친구가 아이스크림을 잔뜩 먹더니만 아무래도 탈이 났던 모양이다. 그것은 아주 물리적이고 강렬한 방식으로 그레이엄의 머릿속에 각인되었다. 온 교인 앞에 깔끔히 차려입은 목사의 모습에 익숙해 있던 그레이엄인지라 약간 다른 광경을 보니 당연히 웃음이 났다. 나중에 나에게 그 이야기를 할 때 내가 말했다. "그것도 너희 목사님을 알아가는 한 방법이란다."

그레이엄의 작은 모험이 주는 좋은 교훈이 있다. 아무리 지체 높은 사람일지라도 일단 자녀가 생기면, 가장 품위 없는 꼬락서니를 하게 될 날이 반드시 온다는 것이다. 새벽 2시에 속옷 바람으로 토사물을 치우는 것도 그중 하나다. 긍정적인 영적 유익은 외모의 겉 매력을 중시하던 우리가 이를 통해 서서히 변화되어 의미 있는 관계의 영향력 측면에 집중하게 된다는 것이다.

친분과 인맥의 세상(힘세 보이는 자들의 놀이터)에서는 염려나 파장 없이 상황에 드나드는 것이 가능하다. 대개는 실력, 친화력, 매력을 풍기거나 긍정적 인상을 남기는 것이 중점이다. 그러나 진짜 관계는 그렇게 깔끔하지 못하다. 사태가 지저분해진다. 삶의 더러운 면이 보인다. 조건 없이 용서하고 사랑해야만 한다. 진짜 관계는 가벼운 사교적 관계에서 피할 수 있던 모든 것 속으로 우리를 데려간다. 피상적 관계 대신 진짜 관계를 끌어안으면 친밀함에 대한 우리의 미각이 영적으로 긍정적인 쪽으로 단련된다. 우리는 이미지에 덜 신경 쓰고 알맹이에 더 신경 쓰게 된다. 호감을 풍기거나 가면을 쓸 때보다 참된 친밀함이 우리를 훨씬 깊은 헌신으로 부르며, 거기에는 대가가 따름을 우리는 깨닫게 된다.

매력 자체는 잘못된 것이 없지만, 삶의 많은 중요한 활동은 우리 손을 더럽히라고 우리를 부른다. 특히 자녀 양육은 우리를 방종에서 깨워 모험보다 크고 매력보다도 큰일에 가담하라고 부른다. 바로 한 인생과 한 영혼의 영원한 운명을 형성하는 일이다. 이는 지저분한 일이지만, 대단히 중요한 일이다.

자녀를 생각하는 순간 여자는 변한다

이미지를 중시하던 데서 알맹이에 집중하는 것으로의 이 변화는 중대한 영적 이동이며 매력을 그 무엇보다도 중시하는 문화에서 특히 그렇다. 그렇지 않고서야 숱한 과학자와 복지 종사자와 종교 지도자가 사실상 초야에 묻혀 수고하고 있는 판에, 매년 누구나 알 만한 사람들을 '가장 아름다운 사람 50인'으로 선정하는 〈피플〉(People)지를 어떻게 설명할 것인가?

가장 서글픈 단면은 우리가 매력을 정의하게 된 방식이다. '섹시한 엄마들'이라는 두 단어는 통상적으로 함께 쓰이지 않는다. 하지만 여자가 엄마가 되는 당연한 길이 무엇인지 생각해 보라. 섹스와 기혼녀(아내와 엄마)가 아니라 섹스와 미혼녀가 되는 것은 얼마나 모순인가? 그런데도 속옷 광고를 보다 보면 몸에 4kg의 아기는 고사하고 1~2kg의 지방조차 더 지녀본 적이 없는 여자들을 미화한다. 섹스는 미혼자들의 놀이터로 그려지며, 그 결과 '섹시함'은 아기 엄마와는 전혀 무관한 용어들로 정의된다.

이런 현상은 일찍부터 시작될 수 있다. 우리의 한 친한 친구는 식품점 계산대를 지나다가 어린 아들이 〈코스모폴리탄〉(Cosmopolitan)지 표지를 유심히 쳐다보는 것을 보고 뜨끔했다. "와, 저것 좀 봐! 우리 엄마가 저랬으면 좋겠다." 네 살 난 아들은 그렇게 말했고, 그녀는 부리나케 잡지를 잡아채 진열대에 돌려놓았다. 여자가 갓난아기와 걸음마장이를 보살필 때는 하루 3시간 헬스클럽에서 운동한다든지 아이가 조금만 잡아당겨도 북 찢어질 만한 옷을 입는다든지 수시로 만져주어야 하는 헤어스타일을 한다든지 할 에너지가 없다는 것을 그녀의 네 살배기 아들은 모른다.

사춘기 남자들도 여자의 몸을 쾌락이나 섹스의 대상으로만 보는 똑같이 근시안적인 성향이 있다. 매호 속옷이나 수영복 차림의 모델들이 등장하는 〈맥심〉(Maxim) 〈디테일〉(Details) 등의 잡지들은 십대 후반과 이십대의 남자들을 겨냥한 것이다. 그러나 이런 남자들이 성숙해 자기 아내가 겪는 출산 과정을 목도하면, 한때 그들 머릿속에서 쾌락의 출처 수준을 벗어나지 못하던 여자의 몸이 양육, 생명의 보호, 매우 중요한 비(非)성적인 친밀감 따위의 기적적인 도구로 보일 수 있다. 이는 모든 성숙한 남자의 발달에 꼭 필요한 이정표다.

어떤 여성들은 방금 내가 한 말에 틀림없이 기분이 상할 수 있다. 내 말은 여자가 섹스 상대 아니면 종족 번식자라는 말이 아니다. 그보다 훨씬 깊은 구분을 지으려 한다. 자아에 집중하던(호감을 주고, 관계에서 내가 원하는 것을 얻으려 했던) 차원에서 다른 사람을 돌아보는 차원으로 넘어가는 여정을 남자나 여자나 반드시 통과해야 한다. 이는 세계관을 바꿔 놓는 매우 중요한 이행이다. 함께 아이를 낳고 기르는 일이야말로 이 이행의 최고 정점이며, 이 변화에 대한 우리의 이해는 자신과 타인의 몸에 대한 시각으로 분명히 나타난다. 한때 쾌락 천지로 보이던 곳, 우리가 쾌락에 집중하며 쾌락에 젖었던 곳, 그곳이 이제 사심 없는 사랑의 경험들로 색칠할 수 있는 화폭이 된다. 사랑을 주고받는 법을 배우면서 우리는 쾌락의 맛을 잃는 게 아니라, 오히려 심령이 넓어져 쾌락을 새로운 눈으로 본다. 우리는 타인을 보살피고 양육하며 그를 위해 희생을 배우는 일이 세상의 가장 짜릿한 쾌락보다도 더 큰 보람을 줄 수 있음을 발견한다.

여자의 몸은 이 심오한 변화의 은유가 된다. 아기를 낳고 또 기르는 사이, 몸에 대한 부부의 인식이 근본적으로 달라진다. 그 아름답던 젖가슴이 하룻밤 사이에 한동안 충실한 일꾼으로 바뀐다. 미용이나 성적인 기능이 아니라 생명의 젖을 흘려보내는 양육의 산출이 된다. 수유 전까지만 해도 여자들은 자신의 가슴을 오로지 크기와 모양, 이성에게 풍기는 매력의 관점에서만 보는 경향이 있다. 그러나 낭만적으로 그려지기 일쑤인 여체의 젖무덤 사이에 이제 뭔가 다른 것이 자리한다. 생명을 전수하는 양육과 보살핌의 통로가 되는 것이다.

한 여자가 내게 말하기를, 아기를 낳기 전에는 자신의 외모를 최고의 자산으로 생각했다고 한다. 외모 지향적인 오늘의 문화에서 아주 서글프지만 드물지 않은 현상이다. 출산 과정은 여자의 몸만 팽창시키는 것이 아니라 영혼까지 넓혀주어 그런 피상적 범주에서 벗어나게 해줄 수 있으니 일대 아이러니다. 아기는 당신이 슈퍼모델처럼 보이든 말든 관심 없다. 아기는 그저 당신이 먹여주고 안아 주기만 하면 된다.

레이첼 커스크는 여자들이 느끼는 외모와 양육 사이의 줄다리기를, 아직 아기인 자기 딸을 데리고 바깥에 나갔을 때의 소감에 담아 이렇게 압축해서 표현했다.

> 아기를 데리고 산책을 나가면 길거리에 아름답고 태평스러운 아가씨들이 보이고, 그러면 잃어버린 막연한 자아로 인한 울컥함에 가슴이 답답해진다. 그러다 유모차 안에서 잠든 딸, 뽀얀 살갗 위로 반원을 그리고 있는 새까만 속눈썹을 내려다보노라면 사랑의 역풍이 나를 덮쳐온다. 한동안 나는 그 상태로 이리 불었다 저리 불었다 한다. 정북(正北)을 찾아 마구 흔들리는 바늘처럼 진자운동을 하는 것이다.[4]

대학 캠퍼스를 거닐며 멋있어 보이고 싶어 하던 내가 아빠가 된 것은 불과 몇 년 사이의 일이었다. 그러나 첫아이를 낳은 후 어느 일요일 아침, 머리를 빗었는지 거울 볼 시간조차 없었다는 것이 교회 가는 길에 떠올랐다! 아기를 준비시키느라 여념이 없어 나 자신은 까맣게 잊었던 것이다. 얼마나 놀라운 영적 변화인가!

성숙에의 길은 멋과 가치의 근거를 외모에만 두는 낭만적 개념을 버리는 굽이길이다. 그러나 그것은 꼭 필요한 길, 영적인 길, 목적에 부합하는 길이다. 그것은 여자의 자아상에만 영향을 미칠 뿐 아니라 남편을 보는 눈도 바꿔 준다. 성적인 친밀함이 쾌락만의 문제라면 별 문제 없다. 그러나 성적인 친밀함이 부모의 자리로 이어지면 전혀 다른 '응용 과정'이 필요하다. 여자가 재미만 찾을 때는 '음흉하고 위험한' 타입의 남자들과 시시덕거릴지 모르나 자녀를 생각하기 시작하는 순간 여자는 어느새 보다 안정된 남자 쪽으로 마음이 기운다.

거기에 대해 아이리스 크래스노는 《엄마 노릇에의 항복》(Surrendering to Motherhood)이란 책에 이렇게 썼다. "당신은 아기를 간절히 원했으나 유치한 남자친구들만 줄을 잇던 그 시절이 생각나는가? 세상의 남편들, 마침내 우리에게 나타난 사내들로 인해 하나님께 감사한다."[5] 이 남자는 톰 크루즈처럼 생겼거나 아놀드 슈워제네거의 이두박근은 없을지 모르나 늘 당신 곁을 지켜준다. 제이 레노처럼 온 관객을 웃음바다로 만들지는 못할지 모르나 당신을 즐겁게 해줄 수는 있다. 빌 게이츠 같은 예금구좌는 없을지 모르나 그에게 있는 것은 전부 당신 것이다. 그래서 당신은 그를 사랑한다. 과거에는 그런 사랑이 중요한지 몰랐을 수도 있다.

자녀 덕분에 여자는 남자의 대머리나 불룩한 배를 보지 않고 그의 마음, 안정성, 외조, 힘과 사랑에 빠질 수 있다. 남자가 여자를 보는 눈에도 비슷한 과정이 벌어질 수 있다.

자녀 출산과 양육이 가르쳐 주는 교훈

배우 겸 감독 로재나 아케트(Rosanna Arquette)는 2002년 칸 영화제에서 〈데브라 윙어를 찾아서〉라는 흥미로운 다큐멘터리를 선보였다. 세 번이나 아카데미상 후보로 뽑힌 데브라 윙어(Debra Winger)가 '그 나이' 여자들의 배역 고갈로 인해 39세의 나이에 사실상 은퇴했다는 사실을 알고서 아케트는 다큐멘터리의 발상을 얻었다.

윙어는 할리우드 여주인공의 수명이 터무니없이 짧다는 것을 연기 생활 초년부터 터득했다. 그녀의 회고에 따르면, 〈사관과 신사〉를 촬영하는 중에 한 프로듀서가 카메라에 잡히지 않는 곳으로 봉투 하나를 들고 그녀를 찾아왔다. 데브라는 당연히 그 편지에 격려의 말이나 촬영에 대한 칭찬이 들어 있으려니 했다.

대신 그 섬뜩한 편지에는 "편집용 필름을 보니 당신 몸이 약간 불어 보이더라"라는 식으로 쓰여 있었다. 봉투 안에 프로듀서는 붓지 않게 해주는 알약을 넣어두었다. 윙어는 아직도 이십 대였다.

요즘 사회는 어린 여자들을 섹시한 존재로, 성인 여자들을 섹시하지 못한 존재로 그리는 경향이 있는데 이는 하나님의 순리를 완전히 뒤집은 것이다. 브리트니 스피어즈는 투표권도 없는 나이 때부터 우리 시대의 섹스 심벌이 되었다. 반면 여자 나이 서른아홉이면 데브라 윙어처럼 '너무 늙어' 할리우드에서 은퇴해야 한다. 아케트의 다큐멘터리에서 여배우 대릴 해나(Daryl Hannah)는 41세의 자신에게 어머니 배역이 자주 들어온다고 말했다. "기분 나쁘지 않느냐?"라는 동료들의 물음에 해나는 아니라고 강변했지만, 분장실에서 자기가 입어야 하는 볼품없고 헐렁헐렁한 옷들과 똑같이 매력 없는 비슷한 갈색 가발을 보고는 생각이 달라졌다.

성적 매력은 어린 여자로 규정되고 성인 여자는 마흔도 되기 전에 이미 한창때가 지난 것으로 치부되니 뭐가 잘못돼도 대단히 잘못되었다.

자녀 출산과 양육이 가르쳐 주는 교훈을 통해 이 부분에서 남자의 삶이 바뀔 수 있다. 모든 남자는 여자를 섹스 상대로 보는 차원을 벗어나 성숙의 차원으로 옮겨가야 한다. 아내와 더불어 출산의 기적을 경험하고 아내의 수유를 지켜보면서 우리는 여자의 전부를 보는 훈련, 성적 쾌락의 측면을 떠나 여체 구조의 경이와 생명 전수 능력을 인해 여자를 존중하는 훈련받을 수 있다. 40~50대의 남자가 아직도 여자를 섹스 상대로만 보는 것만큼 딱한 모습이 있을까? 이거야말로 발육부진 남자의 정의가 아니고 무엇인가?

'발육부진 남자'라는 말은 비유적인 표현만은 아니다. 연구가들은 인간의 성적 반응에서 육욕, 끌림, 애착이라는 세 가지 기본 신경경로를 찾아냈다.[6] 가장 원초적인 두뇌 반응은 육욕이지만, 뇌의 보다 고차원적인 두 화학 반응에는 끌림과 낭만이 포함되고, 그다음으로 타인과의 결속을 가능하게 하는 애착의 신경 경로가 있다. 마지막 세 번째 신경 경로에 대해 연구가들은 '두뇌의 가장 강력한 신경 화학물질 중 일부는 이 결속 과정을 통해 생성됨'을 발견했다.[7]

육욕의 차원에 고착된 남녀는 영적으로 발육부진 상태다. 나아가 그들은 인생의 가장 강력한 경험의 하나인 충실한 결속을 놓친다. 충실한 결속이 가져다주는 쾌감은 육욕이나 낭만과는 다르지만, 고요한 그 저류는 아주 강하고 의미심장해 결국 훨씬 큰 만족을 준다. 원초적인 짜릿한 육욕은 없을지 모르나 거기에는 무르익은 환희의 충만감이 들어 있다. 조강지처와 이혼하고 젊은 여자와 결혼하는 것을 '수지맞는' 일로 생각하는 얄팍한 남자들로서는 결코 알 수 없는 만족이다.

남자가 사려 깊은 과정을 거쳐 영적으로 눈을 뜨고 나면 어떤 행동들은 상상조차 불가능해진다. 타인에게 민감한 남자가 어찌 강간을 생각이나 할 수 있겠는가? 영적으로 깨어 있는 남자는 순진한 아이를 희롱하거나 폭행한다는 개념 자체에 구토가 날 것이다. 그는 보살핌과 보호와 양육을 베푸는 쪽으로 단호히 기울어 있다. 착취의 적, 폭력의 맹렬한 적이 된다.

여자들은 그것을 본능적으로 아는 것 같다. 20대 청년 시절에 나는 새벽이나 밤늦게 조깅하러 나온 여자들에게 본의 아니게 겁을 주곤 했다. 내가 어떤 행동을 취해도 도움이 되지 않았으니 정말 속수무책이었다. 뒤에서 인기척을 내주면 여자들은 펄쩍 뛰었다. 인기척 없이 그냥 옆을 지나치면 여자들은 더 높이 펄쩍 뛰었다. 어떻게 하든 나는 잠재적 위험인물이었다. 내 어린 딸과 함께 조깅을 시작하면서 그런 위험이 깨끗이 사라졌다. 당신이 여자라면 내 말이 무슨 뜻인지 안다. 당신이 밤늦게 어두운 골목길을 걸어가고 있는데 앞에서 남자 혼자 오고 있다고 상상해 보라. 당신은 심장이 두근거리면서 당연히 두려움이 치솟는다. 그러다 가벼운 웃음소리와 함께 남자의 손을 잡고 있는 어린 딸이 보인다고 하자. 거의 즉시로 당신의 심장 박동은 가라앉는다.

언젠가 나는 내 모교 초등학교의 복도를 아무런 제재 없이 걸은 적도 있다. 나 혼자였다면 아마 경찰에 호송되어 밖으로 쫓겨났을 것이다. 그러나 딸아이가 아빠의 모교를 보기 원한다는 설명과 함께 여섯 살 된 딸의 손을 잡고 간 나는 자유로이 온 교내를 돌아다닐 수 있었다. 왜? 그 순간 나는 '양육하는' 남자가 되었다. 양육하는 남자들은 위협이 못 된다.

보살핌 쪽으로 기운 남자나 여자는 자신을 위해 살지 않고 다른 사람들을 위해 산다. 이것이 예수의 정신이다. 그분은 십자가로 끌려가시는 중에도 그분을 위해 우는 사람들을 위로하셨다. "예루살렘의 딸들아, 나를 위하여 울지 말고 너희와 너희 자녀를 위하여 울라"(눅 23:28). 가장 참혹한 순간에도 예수는 다른 사람들을 챙기셨다. 그분은 좋은 인상을 주는 따위에 전혀 관심이 없으셨다! 그분의 몸은 피 묻고 더럽고 일그러지고 상했다. 그러나 그분은 우리를 사랑하시고 우리를 위해 희생하시고 우리를 챙기시느라 너무 바빠 자신의 외모를 걱정할 겨를이 없었다. 비할 데 없이 영광스럽고 아름다우신 성자 하나님이 성육신하셔서 멸시받고 부서지며 상하셨다.

우리가 욕심을 부리는 대신 보살피는 법을 배울 때 세상은 전혀 다른 곳이 된다. 매력은 외모와 욕심의 문제이지만, 보살핌은 알맹이와 사랑의 문제다. 욕심이 나쁜 것은 아니지만, 욕심에는 정황과 한계가 필요하다. 바른 방향으로 물꼬를 터주고 수시로 방향을 고쳐 주어야 함은 물론이다. 이 모든 것과 그 이상이 자녀 출산과 양육을 통해 주어진다.

자녀 양육은 중요한 길모퉁이를 돌아 성인이 되도록 우리를 이끌어 준다. 그것은 새로운 진리를 탐색하고 새로운 존중심(남자는 자기 아내와 여성 전반에 대해, 여자는 남자의 가치를 따지는 기준이 달라질 뿐 아니라 또한 자신의 놀라운 역량과 영적 통찰에 대해)을 기르는 데 도움이 된다. 그래서 나는 아기가 엄마 젖을 빨 때 양분을 얻는 것은 비단 아기만이 아니라고 믿는다. 아기는 젖을 얻지만, 부부는 둘 다 영적인 통찰과 삶을 바꿔 주는 의식(意識)을 얻는다. 사실 영적인 의식이 있는 부모들은 자신의 영혼을 양육하는 것이다. 이들은 자신의 몸이나 타인의 몸을 절대로 전처럼 보지 않는다.

이력서에 당당히 자녀 양육을 추가하라

아이들이 아주 어려 아직 기저귀를 차던 시절, 나는 세상 최악의 집안일이라 생각되는 일을 맡았으니 곧 기저귀 통을 비우는 것이었다. 온갖 화학약품이 묻은 일회용 기저귀가 아기들의 소중한 엉덩이에 닿으면 아이들의 몸과 정서와 영혼에 평생 흉터가 남는다는 것이 엄마

초년병인 리자의 소신이었다. 그래서 우리는 천 기저귀를 썼고 당연히 냄새가 역겨웠다. 기저귀를 커다란 비눗물 통에 담가 놓았다가 누군가 며칠에 한 번씩 그 통을 비워야 했는데, 불행히도 그 사람은 바로 나였다.

당시 나는 영세한 기독교 사역 기관에서 일하고 있어 기저귀 세탁을 돈 주고 맡길 형편이 못 되었다. 비닐 기저귀며 일회용 물수건과 같은 모든 '수명 단축 화학 약품'과 '아기에게 해로운 물질'이 널리 보급되기 전인 중세 시대처럼 모든 부모가 해오던 방식대로 우리도 직접 기저귀를 빨아야 했다.

어느 저녁, 이튿날 출장을 떠나야 했던 나는 내가 없는 동안 아내가 하지 않아도 되도록 기저귀 통을 비우기 시작했다. 10년이 족히 지난 지금도 그 냄새가 기억난다. 고약한 냄새는 용케 내 코를 타고 들어가 즉각 내 뇌에 영원히 각인되었다. 통이 무거워서 다용도 싱크대에 내용물을 붓기 시작할 때 속도 조절이 만만치 않았다. 한꺼번에 부으면 오물을 뒤집어쓸 수도 있었다. 아울러 기저귀가 통 밖으로 나오지 않도록 조심해야 했다. 나오는 날에는 손으로 기저귀를 집어야 했다.

무거운 통을 들어 올려 싱크대 난간에 대고 막 균형을 잡고 있는데, 여섯 살 된 앨리슨이 내 뒤로 걸어왔다. 그 나이의 앨리슨은 자기가 말을 걸고 싶으면 상황 따위는 안중에도 없었다. 아빠가 무슨 일을 하고 있든 상관없었다. 그래서 딸은 내 바짓가랑이를 잡아당기며 출장 갈 때 가지고 가라고 그림 한 장을 건넸다. 싱크대 난간에서 아슬아슬하게 시소를 타고 있는 무겁고 냄새나는 통 따위는 문제가 아니었다.

"봐요, 하트가 두 개죠." 딸은 말했다.

"이건 '아빠 사랑해요' 그런 뜻이고, 이건 '아빠가 보고 싶어질 거니까 빨리 오세요' 그런 뜻이에요."

나는 너무 감격해 할 말을 잊었다. 기저귀 통을 비우는 일은 싫었다. 너무너무 싫었다. 그러나 그 순간 고약한 똥물을 싱크대에 붓던 나는 앨리슨의 사랑스러운 쪽지에 그만 목이 메었다.

그 지저분한 작업과 그런 부녀관계는 수지맞는 거래였을까? 천번만번 그렇다! 그런 쪽지를 단 한 장만 받을 수 있대도 나는 백 번도 더 기저귀 통을 비우리라. 악취 나는 그 더러운 일은 아주 확실하게 내 영혼을 깨끗하게 해주었다.

부모로서 우리가 취하는 매력 없는 역할과 삶 이면에는 심오한 영적 진리가 있다. 천국에서 예수는 높으신 하나님, 전에도 합당하셨고 지금도 합당하신 신적 존재로 예배를 받으셨다. 이 땅에 오시기 위해 그분은 몸을 그것도 아주 매력 없는 몸을 옷으로 입으셨다. 성경은 예수의 외모를 평균 이하로 그리는 것 같다(사 53:2 참조). 그 몸을 입은 예수를 아무도 하나님으로 알아볼 수 없었다. 사람들은 그분 앞에 직관적으로 고개를 조아리며 "거룩하신 하나님의 얼굴을 뵈었으니 이제 저는 죽은 목숨입니다!"라고 말하지 않았다. 투박한 인간의 몸 안에 들어가신 예수는 그럼에도 엄연히 하나님이셨다.

외양의 매력은 참된 중요성과 영향력과 하등 무관하다. 인간의 몸을 입은 예수는 평범해 보이셨지만, 그분의 일은 더할 나위 없이 중요했다. 그분은 화려한 천국을 떠나 우리를 위해 더러워지셨고 때로 냄새까지 풍기셨다. 흠 없는 외모와 천상의 안락 대신 우리와의 관계를 택하셨다.

자녀 양육은 우리를 같은 자리로 부른다. 아이리스 크래스노는 아기 생후 첫 6주간 비키니 대신 사실상 목욕 가운을 입고 살았다며, 그 시절의 삶의 변화를 회고한다. 나중에 여러 잡지에 기고하는 일로 다시 복귀했을 때, 그녀는 에델 케네디(Ethel Kennedy)의 인물평을 청탁 받았다. 에델에게 연락하려 몇 주 동안 시도한 끝에 드디어 그 존경받는 어머니와 통화가 성사되었다. 그러나 바로 그 순간 아이리스의 아들이 수화기에 대고 괴성을 지르기 시작했다. 아이리스는 기겁했다. 아이가 없을 때는 한 번도 당해보지 못한 상황이었다! 그러나 자녀 양육 과정을 모르는 바가 아닌 에델 케네디는 이런 말로 아이리스를 위로했다. "우린 나중에 해도 돼요. 가서 정말 중요한 일을 하세요."[8]

성경은 더없이 분명하다. 외모는 우리를 속일 수 있다.

> 그러나 하나님께서 세상의 미련한 것들을 택하사 지혜 있는 자들을 부끄럽게 하려 하시고 세상의 약한 것들을 택하사 강한 것들을 부끄럽게 하려 하시며 하나님께서 세상의 천한 것들과 멸시받는 것들과 없는 것들을 택하사 있는 것들을 폐하려 하시나니 이는 아무 육체도 하나님 앞에서 자랑하지 못하게 하려 하심이라(고전 1:27~29).

이 엄숙한 메시지의 의미는 만일 우리가 1세기에 살았고 매력에만 끌려다녔다면 예수 그리스도를 놓쳤으리라는 것이다. 오늘 우리도 현란함에 끌려다닌다면 복음의 지혜와 진수를 놓칠 것이다.

자신의 매력 없음을 부모로서 경험한 우리는 정말 중요한 것에 대한 새로운 이해를 집 밖에까지 가지고 나갈 수 있다. 지난 휴일에 나는 식품점에서 장을 보았다. 계산대의 청년이 잔돈을 내줄 때 나는 "고마워요, 커트. 독립기념일 잘 보내세요"라고 말했다. 커트는 마치 내가 쇠사슬로 홱 잡아당기기라도 했다는 듯 고개를 번쩍 들었다. 커트가 명찰을 달고 있었음에도 이름을 읽는 사람은 별로 없고, 이름을 불러 그를 한 인간으로 대해 주는 사람은 더욱더 없다. 고객이 실제로 커트의 이름을 사용하는 일은 얼마나 희귀한가! 이제 내가 그의 계산대 앞에 갈 때마다 우리는 늘 몇 마디 말을 주고받는다.

직접 낮은 자리에 처해 보았고 별 매력 없는 일(기저귀 갈기, 토한 음식 치우기 등)을 해보았기에, 우리는 남들이 못 보는 것을 볼 여력이 있다. 매력은 사람을 그릇된 길로 인도하며 세상적인 '중요성'은 겉치레뿐이라는 사실에 우리는 눈을 떴다.

이런 의미에서 자녀들은 우리에게 무엇이 진짜 관건인지 에델 케네디의 표현으로 무엇이 '정말 중요한' 일인지 가르쳐 줄 수 있다. 사실 자녀들 덕에 실제로 우리는 장성하고, 자신의 유치한 일들을 버리고, 하나님이 원하시는 자기 모습을 거울로 더 똑똑히 볼 수 있다(고전 13:11~12). 우리는 〈보그〉(Vogue)나 〈GQ〉같은 잡지에 나오는 인기 있는 최신 유행의 매력 대신 하나님을 두려워하는 가운데서 행동하게 된다.

당신이 새로 가정주부가 되었다면 가느다란 어깨끈의 드레스 대신 운동복 바지와 헐렁한 셔츠 차림으로 아기의 침을 받아내려고 어깨에 수건을 걸쳤다 해서 감히 자신을 우습게 여겨서는 안 된다. 사이즈를 한두 치수 높여야 하기는 하겠지만 때가 되면 당신도 그 드레스로 다시 돌아갈 수 있다. 당신이 스포츠카를 미니밴으로 바꾸고 "차에 아기가 탔습니다"라는 범퍼스티커를 붙인 아빠라면(다만, 우리끼리 이야기이지만 그 스티커를 떼어도 피해는 없다) 고개를 당당히 들고 당신의 이력서에 자녀 양육을 추가하라. 주변의 피상적인 사람들은 당신을 얕볼지 모르나 당신이 자원한 그 과정은 세상에서 가장 심오한 예수의 낮아지심을 꼭 닮은 것이다.

> 너희 안에 이 마음을 품으라 곧 그리스도 예수의 마음이니 그는 근본 하나님의 본체시나 하나님과 동등됨을 취할 것으로 여기지 아니하시고 오히려 자기를 비워 종의 형체를 가지사 사람들과 같이 되셨고 사람의 모양으로 나타나사 자기를 낮추시고 죽기까지 복종하셨으니 곧 십자가에 죽으심이라. 이러므로 하나님이 그를 지극히 높여 모든 이름 위에 뛰어난 이름을 주사 하늘에 있는 자들과 땅에 있는 자들과 땅 아래에 있는 자들로 모든 무릎을 예수의 이름에 꿇게 하시고 모든 입으로 예수 그리스도를 주라 시인하여 하나님 아버지께 영광을 돌리게 하셨느니라(빌 2:5~11).

작은 것이 아름답다

당시 우리는 버지니아에 살고 있어서 시애틀 지역의 여동생 집에 가본 지 2년이 넘었다. 여동생 린다와 남편 댄은 작은 대지의 버려진 집 한 채를 샀는데 퓨젯 사운드 경관이 압권이었다. 추수감사절 만찬이 배를 채워주듯이 보는 이의 영혼을 속속들이 채워주는 경관이었다. 댄은 그림 같은 절경을 만끽하려고 집을 많이 고쳤다. 그는 집을 볼 때 새로 손볼 부분이 보이는 사람이다. 그러다보니 사실상 그가 집을 다 허물고 새로 지었다.

우리는 강이 한눈에 들어오는 곳에 차를 세우고는 계단을 올라 옆문으로 갔다. 뒷마당이 보였다. 그레이엄의 눈은 그물 달린 축구 골대를 보고 빛이 났고 켈시는 그네를 보고 좋아서 펄쩍 뛰었다.

부엌에 들어가니 캐비닛들이며 타일 카운터가 다 새것이었고, 거실에는 따로 액자가 필요 없었다. 창문들만으로 충분해 보였다. 둘러보니 계단이 통째로 자리를 옮겨 있었고(나처럼 손재주 없는 사람은 계단을 옮기는 방법을 상상조차 할 수 없다), 아래층으로 내려서니 우리 장인어른이 안방 화장실을 보며 "와!" 하는 탄성 소리가 들렸다(나도 보면서 똑같은 생각을 했고 처음으로 똑같은 탄성을 발했다). 전체적으로 나는 매제의 작품에 깊이 탄복했다.

다급한 소리에 내 묵상이 끊겼다.

"게리 삼촌, 게리 삼촌, 빨리 와요!"

돌아보니 당시 세 살 된 조카 콜비가 팔딱팔딱 뛰고 있었다.

"제가 거미 보여 드릴게요. 커다란 털북숭이 거미예요!"

"어디 있는데?" 내가 물었다.

"이리 오세요! 보여 드릴게요!"

지금은 틴에이저가 된 콜비는 어렸을 때 쉬지 않고 소리 지르던 아이였다. 한시도 가만히 있을 줄 몰랐고 몸의 모든 숨구멍에서 에너지가 솟구쳤다. 팔다리가 가만히 있을 때도 눈은 번쩍번쩍 춤을 추었다.

그의 경이감에 나는 웃음이 났다. 우리 몇몇 어른들은 주택 리모델링의 대단한 솜씨에 감탄하며, 수개월의 고된 작업으로 창출된 세련된 분위기를 감상하고 있었다. 그런데 콜비는 새 타일 바닥, 맞춤식 부엌, 위치를 바꾼 계단 따위를 볼 시간이 없었다. 거미 한 마리에 넋을 잃었다. 커다란 털북숭이 거미였다.

"여기 어딘가에 있어요." 콜비는 타일 더미 위를 기어가며 비명을 질렀다. "조금 전에 제가 봤거든요."

어린이의 단순성을 말하면 진부한 이야기에 가까우리라. 유년의 단면인 단순성은 지나치게 감상적으로 그려질 때가 많다. 하지만 그래도 여전히 놀라운 것이 아닌가? 콜비는 퓨젯 사운드 경관이 압권인 수려한 주택이 필요 없었다. 어느 버려진 창고나 공터에서나 볼 수 있는 평범한 거미 한 마리면 흥분거리로 충분했다.

하나님이 우리 모두에게 콜비처럼 되는 은혜를 주시기를 바란다.

Chapter 09

유난히
힘든 아이도
선물이다

자녀 양육은 인내와 견딤과
오래 참음을 가르쳐
준다

요즘 아이들은 폭군이다. 부모에게 반발하고 음식을 게걸스레 먹고 스승 위에 군림한다.
_ 소크라테스 주전 470~399

우리가 아직 죄인 되었을 때에 그리스도께서 우리를 위하여 죽으심으로 하나님께서 우리에 대한 자기의 사랑을 확증하셨느니라.
_ 로마서 5장 8절

"아이를 지금 가져야 할까요, 아니면 기다려야 할까요?" 결혼한 지 몇 달 안 되는 젊은 여자가 솔직한 질문을 던졌다. 그녀에게 답변한 그리스도인의 말은 아주 성경적이었다. "성경은 자녀가 주님의 축복이라고 말합니다. 스스로 축복을 막을 이유가 무엇입니까? 하나님께 나를 경제적으로 계속 축복하시지 말라고, 지금 축복하시지 말라고 기도할 이유가 무엇입니까? 자녀를 최대한 많이 두려고 하지 않을 이유가 무엇입니까? 당신은 하나님의 축복을 원치 않습니까?"

이런 사상은 낙태 반대 운동이 강하던 시기인 1980년대 말과 1990년대 초에 뿌리내렸다. 교회는 태어나지 못한 생명체의 비참한 유기를 당연히 혐오했고, 그래서 자녀가 축복이라는 보다 넓은 시각을 되찾으려 했다. 나도 시편 127편의 인용을 얼마나 많이 들었는지 모른다.

> 자식들은 여호와의 기업이요 태의 열매는 그의 상급이로다. 젊은 자의 자식은 장사의 수중의 화살 같으니 이것이 그의 화살 통에 가득한 자는 복되도다(시 127:3~5).

그러나 성경에는 시편만 있는 것이 아니다. 자녀는 엄청난 복이지만, 성경에는 자녀가 축복이라는 진리만 있는 것은 아니다. 잠시 후 보겠지만, 잠언은 자녀가 저주로 느껴질 수도 있다고 말한다.

자녀 예찬의 열정에 젖어 때로 우리는 자칫 원죄라는 기독교 핵심 교리를 간과할 수 있다. 경건한 부모 밑에서 자란 자녀도 경건치 못한 삶을 택할 수 있다. "지혜로운 아들은 아비의 훈계를 들으나 거만한 자는 꾸지람을 즐겨 듣지 아니하느니라"(잠 13:1). 집안과 부모에 큰 명예가 되는 자녀도 있지만, 수치가 되는 자녀도 있다. "여름에 거두는 자는 지혜로운 아들이나 추수 때에 자는 자는 부끄러움을 끼치는 아들이니라"(잠 10:5). 기쁨보다 고뇌를 안겨 주는 자녀도 있다. "지혜로운 아들은 아비를 즐겁게 하여도 미련한 자는 어미를 업신여기느니라"(잠 15:20). 때로 자녀들은 부모의 물건을 훔치거나(잠 28:24), 어미를 집에서 쫓아낼 수도 있다(잠 19:26).

이런 점에서 성경은 많은 현대 그리스도인보다 더 솔직하다. 구약에서 하나님은 온갖 가증스러운 행위를 저지르는 자녀 이야기를 우리에게 들려주신다. 기드온의 아들 아비멜렉이 좋은 예다. 기드온과 그의 자녀 양육 방식에 대해 우리는 아는 것이 많지 않다. 그러나 하나님의 손이 기드온과 함께하신 것과 그를 쓰셔서 이스라엘을 미디안의 압제에서 구하신 것은 안다. 기드온의 큰 공로 이후로 백성들은 그를 왕으로 세우려 했다. "당신이 우리를 미디안의 손에서 구원하셨으니 당신과 당신의 아들과 당신의 손자가 우리를 다스리소서"(삿 8:22). 기드온은 거절했다. 높고 겸손한 성품을 보여 준다. "내가 너희를 다스리지 아니하겠고 나의 아들도 너희를 다스리지 아니할 것이요 여호와께서 너희를 다스리시리라"(삿 8:23).

기드온은 전역 후 복된 생애를 보내며 많은 자손을 두었다. 기드온 사후에 그의 아들 아비멜렉은 나라를 지배하려는 야심에 불탔다. 왕위를 노릴 만한 사람들을 전부 제거하고 스스로 그 자리에 오르려는 일념에 자기 형제들을 하나만 놓치고 모조리 살해했다. 하나님이 섭리하신 심판으로 아비멜렉은 한 여자가 떨어뜨린 맷돌에 머리를 맞아 죽었다. 성경은 이 공격 뒤에 하나님이 계셨다고 말한다. "아비멜렉이 그의 형제 칠십 명을 죽여 자기 아버지에게 행한 악행을 하나님이 이 같이 갚으셨고"(삿 9:56). 하나님은 이 자녀를 저주로 간주하셨다. 그래서 계획적인 섭리로 이 사악한 야망의 아들을 죽게 하셨다.

부실한 양육 때문에 아들딸이 말을 안 듣게 되는 경우도 있다. 사실 그 경우에는 부모도 어느 정도 책임을 인정해야 한다(잠 29:15). 그러나 하나님이 주신 자유로 영적 혜택을 많이 받은 아들도 문제의 아들이 되기로 작정할 수 있다. 예수는 제자인 유다를 사랑하셨지만, 그 배반자는 거역하는 길을 택했다. 아담과 하와는 경건한 아들 아벨도 두었고 살인자 아들 가인도 두었다. 그들의 자녀 양육이 아벨은 합당한 제사를 드리고 가인은 이기적이고 시기심 많고 잔인한 형이 되게 만든 유일한 요인일까?

존 애덤스 대통령의 아들 존 퀸시는 아버지를 따라 대통령직에 올라 정치인으로 성공적인 삶을 살았다. 하지만 다른 두 아들은 부끄러운 삶을 살았다. 찰스 애덤스는 알코올 중독자가 되었다. 그의 어머니는 그를 "가난하고 불행하고 비참한 인간"[1]이라 표현했다. 토마스 애덤스에 대해서는 한 친척이 "이 세상에서 가장 불쾌한 인물 중 하나이고 거동이 사납고 가족을 괴롭힌 사람"[2]이라 표현했다. 존 애덤스와 아비가일은 훌륭한 아들 하나, 수치스러운 아들 둘을 길렀다. 그들의 자녀 양육이 각 아들의 성격을 결정한 유일한 요인일까?

지금쯤 눈썹을 추켜올린 사람들이 적지 않을 것이다. 이런 죄로 단정하는 말까지 가히 상상된다. "감히 당신이 어떻게 자녀가 축복이 아니라고 말한단 말이오? 그러고 보니 당신도 낙태 지지자 아니오?"

아니, 절대 아니다. 1990년대 초반부터 중반까지 나는 낙태 반대 임신 자원센터의 훈련을 개발하고 실시하는 기독교 사역 단체 케어 네트(Care Net)에서 일했다. 그 이후로 나는 100여 곳의 자선 모임에서 강연하며, 위기에 처한 센터에 너무도 요긴한 수백만 달러 모금에 일조했다. 나는 열렬하고도 뜨겁게 무조건 낙태 반대다. 그러나 나는 또한 신성한 자녀 양육까지도 아무런 보장이 없음을 알 만큼은 인생을 겪었다. 선하고 점잖으며 경건한 부모들이 자녀 하나 잘못됐다 하여 망나니 취급받는 것을 보면 나는 슬퍼진다. 물론 그들은 '완벽한' 부모는 아니었고, 그런 의미에서 책임이 있다. 하지만 말해 보라. 완벽한 부모가 대체 누구인가? 가끔 조금이라도 자녀를 버릇없게 만들지 않은 부모가 한 사람이라도 있다면 보고 싶다. 두려워서든 피곤해서든 무지해서든 바빠서든, 마땅히 지적해야 할 것을 그냥 넘어간 적이 최소한 한 번이라도 없는 부모가 있는가? 그 사람이 먼저 돌을 던져야 하리라.

우리 모두 부족하지만 더러는 무사하고 더러는 그렇지 못할 뿐이다. 세미나를 다니면서 나는 어이없는 상처를 품고 살아가는 경건한 부모들을 너무 많이 보았다. 그들은 애지중지 사랑하는 자녀가 잘못되는 것을 지켜보는 고통만 당하는 것이 아니라 자녀의 못된 생활방식이 부모인 자신의 실패 때문이라는 자괴감마저 안고 살아간다.

경건한 자녀는 엄청난 축복이며 이는 성경의 귀한 진리다. 그러나 성경은 솔직하다. 우리도 그래야 한다. 말 안 듣는 자녀는 적어도 기분상으로는 지독한 저주로 느껴질 수 있다.

자녀가 실족하면 부모는 애가 탄다

성경에 분명히 나오듯이, 거역하는 자녀는 그 거역에 대해 대가를 치르게 되어있다. "아비를 조롱하며 어미 순종하기를 싫어하는 자의 눈은 골짜기의 까마귀에게 쪼이고 독수리 새끼에게 먹히리라"(잠 30:17). 그러나 부모에게 이보다 더 혹독한 진리가 있다. 까다로운 자녀의 눈을 까마귀가 쪼는 동안 부모는 자기 눈구멍이 타들어 가는 것처럼 느껴진다.

거역하는 자녀는 부모에게 두 번 상처를 입힌다. 첫째로 어머니를 멸시하고 속이며 강탈하고 심지어 때려서 상처를 입힌다. 그러나 거의 불가해한 방식으로 그는 다시 한번 어머니 마음을 갈가리 찢어 놓는다. 어쩔 수 없이 자멸로 치닫는 난봉꾼 자녀의 비운을 어머니가 가슴 아프게 지켜봐야 한다. 자녀가 넘어지면 어머니 마음은 멍이 든다!

자녀가 피 흘리면 어머니는 철철 피를 쏟는다! 자녀가 '당할 일을 당해도' 어머니는 기뻐하지 않는다. 그 처벌 덕분에 어머니 자신이 자녀에게 실제로 상처받을 일이 없어진다 해도 어머니는 애통한다.

이것은 정신 분열인가? 세상의 관점에서 보면 그렇다. 하지만 누구도 자녀 양육이 쉽다거나, 사랑이나 은혜가 논리적이라고 말하지 않았다. 부모인 우리는 철저히 무력하다. 배신의 아픔을 당하고도 배신자의 비참한 말로를 보며 가슴 태우는 것이 부모다.

다윗 왕이 아비로서 그런 일을 겪었다. 그의 아들 압살롬은 부친의 왕위를 찬탈할 속셈으로 교활하게 백성의 마음을 도적질했다. 그리고는 음모를 진행해 스스로 왕으로 등극했다. 나아가 그는 부왕 측근의 일부 모사들을 포섭했고, 남들 보는 데서 부친의 후궁들과 동침했고, 마침내 아버지를 죽이러 나섰다! 압살롬은 아버지를 짐승 사냥하듯 쫓아다니기까지 하며 능욕하고 도전했다.

다윗은 부득이 방어에 나섰지만, 그러면서도 부하들에게 엄명을 내렸다. "나를 위하여 젊은 압살롬을 너그러이 대우하라"(삼하 18:5). 상황이 그러한데도 다윗은 신복들에게 "압살롬을 반역자로 대하지 말고 내 아들로 대하라"라고 말했다. 다윗이 어떻게 압살롬을 반드시 무너뜨려야 할 야심적이고 피에 굶주린 적수 이외의 다른 존재로 볼 수 있는지 평범한 독자라면 얼마든지 물을 법도 하다. 평범한 독자라면 그럴 수 있지만, 부모는 아니다.

다윗의 군대는 압살롬 세력을 정벌했지만, 그의 사자가 그 우울한 소식을 듣고 폐왕 다윗에게 접근하자 첫 질문에 그의 진정한 관심사가 그대로 드러난다. "젊은 압살롬은 잘 있느냐"(삼하 18:29).

우리 생각에는 다윗이 자기 왕권의 운명을 걱정한다든지 적어도 아군이 적을 궤멸시켰는지 물어볼 만도 하다. 어쨌거나 자신의 목숨이 위태로운 상황이 아닌가. 그러나 그는 자기를 죽이려던 사람의 안전부터 묻는다. 압살롬이 죽었다는 말에 다윗은 가슴이 무너져 내린다. "내 아들 압살롬아! 내 아들, 내 아들 압살롬아! 차라리 내가 너를 대신하여 죽었더면, 압살롬, 내 아들아, 내 아들아!"(삼하 18:33).

다윗은 자기를 죽이려던 아들의 죽음을 슬퍼했다. 마치 이 아들이 부모 마음에 쏙 드는 가장 충실하고 효성스러운 자녀라도 된다는 듯 말이다. 다윗은 그 상실을 애통해했다. 그의 마음은 정말로 갈가리 찢어졌다. 이렇게 다윗은 부모의 가없는 은혜와 사랑을 보여 주는데, 이는 우리가 아직 그분의 원수 되었을 때 우리를 사랑하시고 우리를 위해 죽으신 하나님의 사랑을 그대로 닮은 것이다. "우리가 아직 죄인 되었을 때에 그리스도께서 우리를 위하여 죽으심으로 하나님께서 우리에 대한 자기의 사랑을 확증하셨느니라"(롬 5:8).

상대가 내 삶을 완전히 비참하게 만들 수 있는데도 두 번 생각할 것 없이 그를 위해 목숨을 버릴 수 있다는 그 무력함에 마주 서기란 얼마나 숙연한 일인가. 자녀 양육의 여정에서 벌어지는 놀라운 영적 변화가 바로 그런 것이다. 바울은 이 사역에 대한 우리의 소명의 모본이다. "누가 약하면 내가 약하지 아니하며 누가 실족하게 되면 내가 애타지 아니하더냐"(고후 11:29).

그러나 많은 경우 자녀 양육의 어려움은 배신당하는 데 있지 않고 몹시 피곤한 일을 참고 견디는 데 있다.

영성에 영향을 미치는 복합적인 소명

자녀 양육이 때로 우리의 진을 빼놓을 수 있음은 다 아는 사실이다. 지쳐 울고 싶을 때까지 당신을 극한으로 몰아가는 것이 이 일이지만, 그런데도 다시 일어나 더 내주는 자신을 보며 당신은 놀란다.

고등학교 때 크로스컨트리와 장거리 육상선수였던 나는 "단거리 주자들은 뛰다가 힘들면 서버린다"며 다른 선수들을 놀리곤 했다. 그러나 자녀 양육은 내가 뛰어 보았거나 앞으로 뛰게 될 어떤 지구력 경주보다도 훨씬 힘들다. 당신에게 몸이 아픈 자녀, 정신질환이 있는 자녀, 까다로운 자녀, 정상이지만 늘 우울한 자녀가 있다면, 대개 당신을 지치게 하는 것은 단번의 비참한 사건이 아니라 끝도 없이 걷고 또 걸어야 하는 고된 일상이다. 오늘도, 내일도, 또 다음날도.

당연히 젊은 엄마는 남편을 혼자 독차지했던 시절이 그립다. 충분히 이해된다. 가정생활이 당신과 배우자 하나의 관계로만 이루어질 때는 삶이 훨씬 단순했다. 자녀가 등장하면 가정생활의 복잡성에 금방 숨이 막힌다. 당신은 부부관계를 가꾸어 가야 할 뿐 아니라 이제 남편과 큰딸의 관계, 남편과 아들의 관계, 남편과 막내딸의 관계까지 계산해야 한다. 게다가 당신은 딸과 딸의 관계, 큰딸과 아들의 관계, 아들과 막내딸의 관계도 계속 중재해야 한다. 당신 자신과 각 자녀와의 관계는 말할 것도 없다. 5인 가정에는 10개의 각기 다른 관계가 있다. 그중 긴장이나 불화가 한 쪽에만 생겨도 가정 전체에 영향을 미친다.

한 자녀와의 최고 희열의 순간도 다른 자녀의 질투나 분노 표현으로 의미가 반감될 수 있다. 젊었을 때만 해도 나는 탕자의 비유(눅 15:11~32)를 두 아들의 관점에서 읽었다. 집에서 환대받은 둘째 아들의 기쁨도 이해됐고, 탕자가 왕자 취급받는 데 대한 형의 불만도 솔직히 이해됐다. 그러나 요즘 이 이야기를 읽으면 아버지에게 가장 깊이 공감한다. 고집부리던 자녀가 정신 차린 모습을 보며 아버지는 얼마나 좋았을까! 안도와 감사와 행복에 겨워 감정을 추스르기 힘들었을 것이다. 얼굴은 틀림없이 이스라엘 전국에서 가장 희색이 만면했을 것이다! 그렇게 만반의 잔치 준비로 기분 좋게 노곤해진 그에게 맏아들이 다가와 탕자를 '불공평하게' 너무 후대한다며 역정을 냈을 때 아버지는 얼마나 땅이 꺼지는 심정이었을까.

이런 생각이 절로 들었을 것이다. "나는 네 동생의 귀향을 기뻐할 수도 없냐? 지금도 네 질투와 울분을 상대해야 하는 거냐? 눈물짓던 긴 세월 끝에 단 한 순간이라도 행복을 느끼고 싶은 것이 너무 과하냐?" 아버지 평생 최고의 희열의 순간이 다른 아들의 분개심 때문에 훼손되고 반감되었다.

모든 부모 특히 엄마들은 이런 세상에 살고 있다. 한 아이가 좋은 하루를 보냈거나 대단한 일을 해냈을 때도, 엄마는 질투하거나 골을 내는 다른 자녀를 위로해야 한다. 자녀가 많은 가정이라면 모종의 마찰이나 낙심을 풀어주지 않아도 되는 날은 정말 가뭄에 콩 나기다.

거기다 날마다 일인다역의 짐까지 있다. 집 밖의 업무 외에 집 안에서도 바느질, 요리, 청소, 스케줄 짜기, 알쏭달쏭한 질문에 답하기 등 당신의 일은 끊이지 않는다. 우리 막내딸이 성가대 선발에 나갔을 때 책임자는 "엄마가 너에게 이 악보를 연습시킬 수 있느냐?"고 물었다. 내 아내는 할 줄 아는 일이 많지만, 음정만은 아니다. 가계 수입 분담, 장식, 운전, 스케줄 작성, 요리와 청소, 좋은 연인 역할, 성실한 교인 역할 등등 한 여자가 해야 할 일의 범위란 생각만 해도 아찔하다.

저자 매들린 렝글(Madeleine L'Engle)은 회고록에서 삼십대를 '피곤한 시기'라 했다. 자녀를 기르다 보면 탈진 상태가 된다. 그래도 쉴 틈이 없다. 간편한 3단계로 문제를 '처리하고' 잊으면 된다는 식으로 말하는 저자들의 자녀 양육 매뉴얼을 보면 나는 좌절감이 든다(우리 집은 그렇지 않다!). 하나의 반응으로 문제가 종결되는 경우는 거의 없다. 행동 문제란 독성 바이러스와 같아서 변이와 적응을 거듭한다. 현명한 부모는 똑같은 문제를 다루기 위해 계속 더 새롭고 더 나은 접근을 찾아내야만 한다. 진 빠지는 일이다.

우리를 지치거나 미치게 하는 것은 정말 한 가지 문제가 아니다. 한데 얽힌 온갖 문제의 상존하는 무게에 우리는 핏기를 잃는다. 새벽 2시에 전화벨 소리에 잠이 깨는 것도, 수면 중독인 듯한 사춘기 자녀를 깨우는 일만큼이나 현실이다. 결국, 우리는 단조로운 의무감과 희생에 짓눌릴 수 있다. 자녀 양육은 정말 진 빠지는 직업일 수 있지만, 우리의 영성 개발에 심오한 영향을 미칠 수 있는 복합적인 소명이기도 하다.

시련을 통해 인내의 성품이 자란다

　유심히 본 적이 있는지 모르겠지만 시련은 대부분 한꺼번에 몰아닥친다. 작년에 우리 교회 한 경건한 목사는 아버지를 사별하고 신장에 담석이 생긴 데 이어, 전립선암(어쩌면 남자가 겪을 수 있는 가장 고통스러운 시련) 진단까지 받았다. 그해 말, 한 부교역자가 도덕적 과오로 사임했다. 이 네 갈래 공격에 나도 그야말로 숨이 멎는 것 같았다. 고통의 당사자가 아닌데도 말이다!

　같은 해, 테네시주 출신의 내 좋은 친구 하나는 딸이 중증 감염과 싸우는 모습을 지켜보았고, 어머니에게 알츠하이머병이 있음을 알게 되었으며, 사업에서도 내가 아는 어떤 자영업자보다도 가장 힘든 한 해를 보냈다. 그의 사업은 전화와 컴퓨터라는 두 기계에 전적으로 의존하고 있다. 다른 회사가 그의 수신자 부담 전화번호를 유용하는 바람에 그는 번호를 되찾느라 몇 주씩 싸워야 했다. 그의 전화 시스템은 두 번이나 기능을 멈추었고 컴퓨터 하드 디스크도 그랬다. 꼼꼼히 백업해두었지만, 사소한 고장 때문에 중요한 정보를 잃고 말았다. 설상가상으로 기독교인이라는 한 고객이 그를 속여 수만 달러를 갈취했다. 그래놓고 그 사람은 자기가 사기를 당했다며 내 친구를 고소했다! 연말에 그 친구와 이야기하다가 기운 없는 목소리만 듣고도 뭔가 큰 어려움이 있음을 알 수 있었다. 삶이 그를 짓밟았지만, 하나님께 대한 믿음과 헌신을 굳게 지켰다.

　이런 동시다발적 시련은 왜 그리 흔해 보일까? 잘 믿는 그리스도인들이 비슷한 사연을 털어놓으며 애타게 조언을 구할 때 왜 나는 놀라지도 않는 것일까?

우리가 하나님 안에서 성숙하고 온전해지는 길은 하나뿐이다. 인내라는 고되고도 중요한 훈련을 개발하는 것이다. 예수는 우리가 인내를 통해서만 열매를 맺는다고 하셨다. "좋은 땅에 있다는 것은 착하고 좋은 마음으로 말씀을 듣고 지키어 인내로 결실하는 자니라"(눅 8:15).

바울은 많은 시련 속에서 인내를 배움으로 성품이 자란다고 말했다(롬 5:3~4). 야고보는 우리에게 "여러 가지 시험을 당하거든 온전히 기쁘게 여기라"라고 했다. "이는 너희 믿음의 시련이 인내를 만들어내는 줄 너희가 앎이라. 인내를 온전히 이루라. 이는 너희로 온전하고 구비하여 조금도 부족함이 없게 하려 함이라"(약 1:2~4). 인내 없이는 미숙하고 미비한 상태를 벗어날 수 없다고 야고보는 말한다. 설익은 그리스도인이라 할 수도 있다. 서신 뒷부분에서 야고보는 "보라, 인내하는 자를 우리가 복되다 하나니 너희가 욥의 인내를 들었고 주께서 주신 결말을 보았거니와"라고 덧붙인다(약 5:11). 베드로는 '더욱 힘써' 우리 믿음에 인내를 더하라고 했다(벧후 1:5~6).

인내를 기르는 길은 하나뿐이다. 인간의 한계점 너머로 몰릴 때 하나님께 엎드리는 것이다. 우리는 탈진의 문턱에 다다라야 하고 거기서 더 내몰려야 한다. 두려움이라면 하나의 시련으로 혹 떨칠 수 있다. 지혜라면 이중의 시련으로 얻을 수 있다. 그러나 인내는? 역경이 무더기로 필요하다. 그렇다면 유난히 힘든 아이를 기르는 일이 우리 영혼의 인내 훈련에 동참해야 할 신령한 필요를 채워 준다는 뜻이 된다. 그리스도인으로서 우리의 결실은 인내에 달려 있다.

인내만이 피난처다

중서부 출신의 부부 그레그와 멜리사는 그 고된 일이 일상이 되었다. 그들은 복합장애를 지닌 딸 크리스티와 함께 살고 있다. 그날 저녁, 멜리사는 딸 때문에 유독 힘든 시간을 보낸 후 하마터면 자제력을 잃을 뻔했다. 그녀는 즉시 남편 그레그에게 가서 고백했다. "하나님이 실수하셨다는 말은 하고 싶지 않지만, 이번만은 그랬을 수도 있을 것 같아요. 더는 못 견디겠어요. 필요한 힘을 주신다는 성경 말씀이야 나도 알지만, 솔직히 말해서 10초만 더 저 아이와 단둘이 있으면 아이를 죽여 버릴지도 모르겠어요!"

멜리사는 정말이지 자기가 마지막 오기로 간신히 버티고 있어 금방이라도 툭 끊어질 것만 같았다. 그러나 여기 놀라운 부분이 있다. 나는 그레그에게 그다음 어떻게 되었느냐고 물었다. 그는 부부가 함께 작전타임을 가지고 둘 다 말없이 기도한 다음, 그 까다로운 자녀를 키우는 순간 단위의 현실로 다시 돌아갔다고 했다. "그밖에 무슨 수가 있겠나?" 그는 내게 반문했다. 그들에게는 치료법도 없고 3단계 해답도 없다. 인내만이 그들의 피난처다.

오늘의 그리스도인들은 대개 문제 제거와 위안과 치유를 위해 기도하지만, 그것이 늘 성경이 우리에게 가르치는 바는 아니다. 예를 들어 사도 바울은 골로새 교인들이 "(하나님의) 영광의 힘을 따라 모든 능력으로 능하게" 되고 "기쁨으로 모든 견딤과 오래 참음에 이르게" 되기를 위해 기도했다(골 1:11).

당장 해방을 위해 빌기보다 바울은 골로새 신자들이 성숙하게 자라도록 기도했다. 생각해 보라. 우리의 견딤과 인내는 어떻게 자라는가? 앞서 말한 것처럼 길은 하나뿐이다. 한계점을 지나도록 우리의 견딤과 인내에 모진 시련을 받아 결국 하나님의 '영광의 힘' 안에 쉴 줄 알게 되는 것이다. 1파운드짜리 역기만 들어서는 절대 이두박근이 커질 수 없다. 평소의 사용량 이상으로 근육에 힘을 가해야 한다. 같은 원리가 영적으로도 적용된다. 하나님이 이미 우리 힘으로 감당할 수 있는 상황을 주신다면, 우리는 굳이 성장하지 않고도 그 상황에 대처할 수 있다.

내 생각에 멜리사도 그레그도 우리 주님이 감람산에서 맞이하신 그 영적 갈림길에 이미 도달한 것 같다. "아버지여, 만일 아버지의 뜻이어든 이 잔을 내게서 옮기시옵소서. 그러나 내 원대로 마옵시고 아버지의 원대로 되기를 원하나이다." 아버지는 잔을 없애 주시지 않았다. 대신 "사자가 하늘로부터 나타나 예수의 힘을 돕더라"(눅 22:42~43). 멜리사는 쓴잔을 마실 마음이 없었지만, 지혜 가운데 하나님은 그 잔을 없애 주시거나 더 달게 해주시지 않았다. 대신 그분은 멜리사의 힘을 도우셨다. 그분은 시련의 상황을 사용해 이 엄마의 견딤과 인내를 키워주셨다. 물론 인내할 힘과 견딤을 구하기보다는 하나님께 짐을 없애 달라고 하는 것이 우리의 본능적 성향이다. 그러나 어떻게 응답하실지 정하는 것은 우리 소관이 아니라 하나님 소관이다.

자신의 시련을 묵상하다가 멜리사는 자녀 양육 과정도 출산 과정을 꼭 닮았다는 사실을 깨달았다. 멜리사가 크리스티를 낳을 때, 그것은 감상적 경험과는 거리가 멀었다. 산고가 30시간이나 계속되었다. 한 순간 멜리사는 더는 할 수 없을 것만 같았다. 마지막으로 한번 더 힘을 줄 기력조차 없었다. 그녀는 녹초가 되었다. 그냥 누가 손을 넣어 아기를 꺼낼 수는 없을까?

그러나 본인도 모르게 어딘가에 비축된 힘으로 그녀는 용을 썼다. 드디어 크리스티는 엄마 몸 밖으로 나왔다. 그리고 지금, 멜리사는 엄마로서 또다시 바닥까지 내려가 본인도 모르는 영적 힘을 찾아서는 계속 이 힘든 아이에게 엄마 노릇을 해야만 한다. 30시간의 진통과 앞에 진짜 여정이 펼쳐질 줄 멜리사는 꿈에도 몰랐다.

가정생활은 우리에게 그냥 해야 하니까 하는 일들도 있음을 가르쳐 준다. 그것이 못내 싫을 수도 있지만, 의무는 우리에게 성실을 주문한다. 만일 우리가 취향이나 기분으로만 산다면 우리 삶과 우리 세상은 폐허가 될 것이다. G. K. 체스터톤은 이렇게 고백했다. "지상의 모든 가치 있는 일은 필요성이나 명예가 아니고는 아무도 할 마음이 내키지 않는 시점이 있게 마련이다."[3]

부모가 지쳐서 "다 소용없는 일"이라는 말이 절로 나오는 순간은 어느 가정에나 있다. 그것을 알면 힘이 된다. 엘튼 트루블러드는 이렇게 넌지시 조언한다.

> 가정의 책무에서 벗어나고 싶은 욕심은 사실상 누구에게나 한 번쯤 있게 마련이다. 취향대로만 한다면 모든 가정이 산산이 조각날 것이다. … 경이로운 인내의 장면을 보여 준 힘겨운 가정들이 수없이 많거니와 고된 수고와 빈곤과 많은 고난에도 불구하

고 가족을 하나로 묶어준 암묵적 결속감이 있었기 때문이다.[4]

이혼으로 결혼생활의 어려움을 피하려는 사람들이 많지만, 자녀와의 이혼은 가장 극단적인 경우를 제외하고는 불가능하다. 이런 의미에서 자녀 양육은 결혼생활보다 더 어렵다. 출구가 없다. 그러나 이 외관상의 짐 뒤에 복이 숨어 있다. 사실 이혼의 용이성은 진정 행복한 결혼생활의 적이다. 바로바로 쉬운 길을 찾는 사람들이 있다. 각종 통계가 보여 주듯이 대개 더 큰 불행으로 이어진다. 결혼과 가정을 끝까지 지키라는 하나님의 부르심에 충실할 때 우리는 고통에도 불구하고 견딘 결과로 영적 복을 얻는다. 신성한 자녀 양육은 사회적으로 승인된 출구를 거부한다. 그리고 그러한 시련 배후의 유익을 더 풍성하게 누리라고 우리를 초대한다.

관건은 이것이다. 어떤 시련이든 우리의 즉각적이고 본능적 성향은 하나님께 역경을 없애 달라고 기도하는 것이다. 그러나 종종 하나님의 첫 번째 우선순위는 우리를 역경에서 건져내시기보다는 그 속에서 우리를 강하게 단련하시는 것이다. 길 끝에 있는 보물이 그분께는 훤히 보이기 때문이다.

가정생활에 마술이란 없다

당신의 삶에도 랍 다케무라 같은 사람이 있을 것이다. 랍은 네 자녀의 아버지이며, 내 결혼식 날 두 명의 신랑 들러리 중 하나였다(신랑 들러리를 둘이나 세우다니 나는 정말 이상하다). 나의 평생 친구인 그는 모든 사람이 어울리고 싶어 하는 타입의 사람이다. 그는 박학다식해 어떤 대화도 가능하지만, 발언권을 장악하지 않고 자신을 다스린다. 어느 모로 보나 그는 좋은 남자다. 다들 그를 존경한다. 그는 좀처럼 미련하거나 잔인한 일은 하지 않는다. 그렇다고 비위에 거슬릴 정도로 경건한 척하지도 않는다. 그와 함께 있는 시간은 정말 즐겁다. 랍의 아내 질도 똑같다. 그녀는 친구를 쉽게 사귄다. 그녀를 '제일 친한' 친구로 생각할 여자가 족히 대여섯은 될 것이다.

당신의 친구들 중에도 분명 비슷한 사람이 있을 것이다. 모든 사람이 같이 있고 싶어 하는 그런 부부 말이다. 파티를 열거나 그룹을 저녁식사에 초대할 때면 우리는 그런 사람들을 먼저 부른다. 그러면 모두에게 "참, 랍과 질도 오늘 올 겁니다"라고 말할 수 있을 테니 말이다.

나는 어떤 사람보다도 랍과 함께 보내는 시간이 더 많을 것이다. 그러나 랍과 같이 있으면 내 인내심에 도전은 없다. 단순히 그가 건강한 사람이기 때문이다. 그와 나는 교제 그룹에 속해 있고[랍은 순수한 일본인, 렌은 순수한 중국인, 스티브는 일부 필리핀인, 나는 이름뿐인 백인이므로 그룹 이름을 환태평양(Pacific Rim)이라 지었다], 자주 골프도 함께 친다. 내가 랍에게 배울 수 있는 것은 그의 성품을 본받는 것이다. 그러나 그는 내 인내심을 시험하거나 내 용서의 역량을 넓혀주지는 않는다. 그와 있으면 무자비한 행동에 사랑으로 반응하려고 굳이 애쓸 일이 없다.

반대로 전에 내가 알던 한 남자는 여자들을 혐오했고 남자들에게 쌀쌀하게 굴었다. 다른 사람들을 끊임없이 비판하고, 중요한 실세로 인정받으려고 욕심부리며, 그나마 자신에게 있는 적은 영향력을 악용했다. 그런 그를 참느라고 나는 전에 없이 내 한계를 넓혀야만 했다. 있는 줄도 몰랐던 영적인 구멍들이 보여 나는 오랫동안 잠자고 있던 영적인 근육들을 단련해야 했다.

성숙한 사람이 되려면 두 종류의 관계가 다 필요하다. 바로 여기가 힘든 자녀가 차지하는 자리다. 당신을 짜증 나게 하는 사람, 당신의 친절을 증오로 갚는 사람, 관용의 몸짓을 위협으로 해석하는 사람, 매 순간 자신의 삶에(당신의 삶에도) 파멸과 혼란과 분열을 못 불러서 혈안이 된 듯한 사람 등 그런 사람에게 다가가려면 하나님이 빚어주시는 아가페의 사랑이 필요하다. 고의로 신경을 건드리고 창의적인 괴롭힘을 즐기고 복수로 되받아치는 사람을 계속 상대하려면 인간의 기질과 천성적 호의 이상이 필요하다. 설사 그들이 그러는 이유가 상처나 정서불안이나 버림받은 경험 때문임을 당신이 알지라도 그들 곁에 있으면 여전히 상처가 된다. 여전히 진이 빠져 고갈된다.

그러나 고갈된 강바닥에 영적인 삶, 성품 개발의 화석이 있다. 인간의 잠재력에 대해 죽으면 우리는 영적인 힘으로 부활할 수 있다. 그레그와 멜리사는 다른 방법으로는 살아갈 수 없다. 더 멀리 가고 더 깊이 사랑하도록, 못할 줄 알았던 방식으로 사랑하는 법을 배우도록, 하나님은 그들을 외부의 힘에 의지하도록 초대하신다(때로는 강요처럼 느껴질 수도 있지만).

공감하는 사람이 많이 있을 것이다. 자녀 양육 여정에 대한 우리의 첫 흥분은 좌절의 심정으로 변했을 수 있다. 휴게소나 안식처의 표지판이 보이지 않는 사막의 순례자라도 된 것처럼 말이다. 자녀에게 쏟아부은 수고에도 불구하고 우리에게 돌아온 것은 비탄뿐이다. 엘튼 트루블러드는 이렇게 기복이 심할 때 인내에 도움이 될 감동적인 비전의 길을 이렇게 제시한다.

> 가정생활에 마술이란 없다. 가정은 놀라운 애정의 장도 될 수 있고 쓰라린 마찰의 장도 될 수 있다. 가정은 … 우리의 가장 아름다운 이상이지만 저절로 되지는 않는다. 가족 간의 유대는 이 신성한 동심원에 속한 모든 멤버들의 고된 수고, 풍부한 상상력, 끊임없는 자기성찰을 요구한다. 성공적인 결혼생활은 천생연분의 두 사람이 서로 만나 그 첫 연분 때문에 잘 먹고 잘 사는 관계가 아니다. 대신 그것은 걸핏하면 싸우는 두 죄인이 자기보다 큰 꿈에 사로잡힌 나머지, 반복되는 실망에도 불구하고 그 꿈을 실현하고자 평생 함께 노력해 나가는 시스템이다.[5]

오직 자녀만이 가르쳐 줄 수 있는 교훈

이 장을 마치기 전에 자녀 양육에 요구되는 인내와 견딤과 오래 참음을 전혀 다른 각도에서 보아야 공평할 것 같다. 우리가 하나님께 구하는 것에 비하면 자녀들이 우리에게 구하는 것은 무색해진다. 아무리 씨름하고 지칠지라도 우리는 하나님이 나를 용서하셨고, 내게 인내하시며, 내가 자녀들에게 하는 것보다 더 많이 내 약점을 참아주신다는 사실을 망각한 채 자기 의(義)의 자리에 이르러서는 절대로 안 된다. 대부분 자녀가 우리와 함께 사는 시간은 20년 내지 25년이지만, 하나님은 우리 목숨이 다하는 날까지 우리를 참아주신다. 자녀들이 가끔 못된 말로 우리를 속 썩일지 모르지만, 하나님은 우리 마음속의 못된 성향까지 다 보신다. 우리가 용서하는 자녀의 잘못마다 하나님은 우리를 몇 배로 용서하신다. 우리가 자녀를 인내해야 하는 것보다 그분은 몇 배나 더 오래 우리를 인내하신다. 부모인 우리에게 그분은 친히 백배나 더 주시지 않은 것을 달라고 하시는 법이 없다.

우리는 자녀 양육의 가장 피곤한 면들을 우리를 참아주시는 하나님께 감사하는 계기로 삼을 필요가 있다. 이런 시각으로 보면, 힘든 자녀를 기르는 일이 하나님을 예배하고 흠모하는 동기가 될 수 있다. 영적으로 깨어 있는 부모라면 누구도 동시에 자기 의에 빠질 수 없다. 우리 가운데 오직 가장 건망증이 심하고 가장 눈먼 자들만이 마치 우리가 하나님께 드린 짐보다 그분이 우리에게 주신 짐이 더 무겁다는 듯이 하나님 앞에서 교만하게 행할 수 있다. 아무리 힘든 자녀를 두었어도 하나님의 크신 희생에 비하면 우리는 여전히 마이너리그에서 뛰는 것이다. 신성한 자녀 양육은 우리에게 그 사실을 일깨워 준다.

당신이 하나님께 열과 성을 다해 약속해 놓고 어긴 적이 얼마나 많은지 생각해 보라. 거룩하고 온전하신 하나님이 뻔히 보시는데도 나쁜 일을 말하거나 생각하거나 행한 적이 얼마나 많은지 생각해 보라. 당신을 선뜻 용서하시고 끝까지 은혜를 베푸시며 이해와 인내와 자비를 한없이 베푸시는 하나님, 그 모든 것을 아무 조건 없이 당신을 위해 베푸시는 그분을 생각해 보라. 힘든 자녀가 없다면 우리는 이 인내와 자비와 용서를 당연시할 수 있다. 바로 이 부분에서 힘든 자녀들은 진귀한 선물이 된다. 우리가 자칫 놓칠 수 있는 하나님의 일면을 그들이 보게 해준다.

옛날 어느 수도원에 매우 다루기 힘든 수사가 있었다고 한다. 교만하며 시비와 불화를 일삼는 눈엣가시 같은 남자였다.[6] 말다툼이 벌어지면 십중팔구는 그가 어떻게든 개입되어 있었다. 수사들이 삼삼오오 모여 수군대는 곳마다 그의 이름이 오르내리는 것은 거의 기정사실이었다. 친구는 하나도 없고 적만 많았던 이 수사는 결국 스스로 분을 못 견디고 수도회를 떠났다. 수사들은 좋아라고 했지만, 수도원장은 금방 손해를 인식했다. 그는 시비꾼 수사를 찾아가 복귀 설득에 나섰다. 수사가 아무도 원치 않는 곳에 왜 돌아가야 하느냐고 묻자 수도원장은 그냥 수도원에 다시 오기만 하면 봉급을 주겠다고 했다.

밉살스러운 인간이 영내로 다시 들어오는 모습을 보고 다른 수사들이 얼마나 얼굴빛이 변했겠는지 상상해 보라! 그가 봉급까지 받으며 살 거라는 말을 듣고 수사들은 격분했다. 그중 하나가 원장실로 달려가 해명을 요구했다.

현명한 수도원장은 이렇게 대답했다. "이 수사는 말썽은 많을지 모르나 그럼에도 그대들에게 인내와 친절과 동정을 가르쳐 줍니다. 그래서 그가 여기에 필요한 겁니다. 그것은 오직 그만이 가르쳐 줄 수 있는 교훈입니다."

과연 여기에 길 끝의 보물이 있다. 아무리 힘든 자녀일지라도 하나님은 그 자녀를 사용해 우리 영혼을 그 아들 예수의 형상으로 빚으실 수 있고 반드시 그리하신다. 자녀를 기르는 목적지까지 우리가 아무리 많은 턱에 부딪치고 아무리 많은 굽이를 돌아야 한다 해도, 하나님은 약속대로 우리 걸음을 인도하시고 발목에 힘을 주시며 영혼을 소생시켜 주신다. 그분은 우리의 부족함을 아시고 우리에게 예수님의 공급과 성령의 위로와 인도와 능력을 일깨워 주신다. 그 모두로 우리의 필요는 채워지고도 남는다. 보고 싶은 결과가 우리 눈에 다는 보이지 않아도 적어도 하나님은 우리를 향한 그분의 인내와 오래 참음을 꾸준히 환기시킨다. 자녀 양육은 쉬운 여정이 아닐지 모르지만, 이 점에서 정말 신성한 여정이다.

Chapter 10

삶을 영원히 바꿔 줄 성경의 가장 지루한 장

자녀 양육은 인생에서
정말 중요한 것이 무엇인지
가르쳐 준다

나는 유명한 아버지를 둔 사람들에게는 늘 미심쩍은 마음이 든다.
_ 조지 W. 부시(애리조나. 다이아몬드백스팀 단장 조 가라지올라 주니어를 만난 자리에서)

로큰롤 명예의 전당과 함께 집에 갈 수는 없다. 로큰롤 명예의 전당의 포옹을 받을 수도 없고, 로큰롤 명예의 전당과의 사이에 자녀를 둘 수도 없다. 나는 남들이 다 원하는 것을 원한다. 사랑하고 사랑받고, 가정을 이루는 것이다.
_ 빌리 조엘(Billy Joel)

1945년 미국 해병대가 이오지마 해안을 습격했을 때, 위생병 그레고리 에머리는 벌렁 나자빠져 있는 한 병사를 도와주려고 걸음을 멈추었다. 젊은 해병대원의 이마에 빨간색으로 씌인 'M'자(이미 모르핀 주사를 맞았다는 표시)와 복부에 둘린 선홍색 붕대가 에머리의 눈에 즉각 띄었다.

부상과 응급처치 방식으로 보아 한 가지 사실이 아주 분명했다. 병사는 곧 죽을 목숨이었다.

상처를 입은 병사는 위생병 에머리에게 자기 군장에서 사진을 꺼내 달라고 부탁했다. 사실상 유언이었다. 에머리는 손을 넣어 유탄에 맞은 사진을 꺼냈다. 한 여자와 한 아기의 사진이었다. 죽어가는 해병대원은 고마워하며 눈앞에 사진을 쳐들었다.

병사의 죽음이 불가피함을 알았기에 위생병은 아직 살려낼 수 있는 다른 생명을 찾으려고 걸음을 뗐다. 그러나 뭔가에 이끌려 뒤돌아보았다. 상처를 입은 해병대원은 마지막 몇 번의 고통스러운 숨을 쉬느라 온몸을 들썩이면서도 사진에서 눈을 떼지 않았다. 그렇게 그는 가족의 모습을 눈에 담은 채 죽었다. 갑자기 한순간 사진 속의 여자와

아기가 그 병사가 남기고 간 모든 것이 되었다.[1]

수천 년 역사 동안 사람들은 죽었고, 다른 사람들이 그 자리를 대신했다. 전쟁 통에 죽은 사람들도 있고, 평상시에 죽은 사람들도 있다. 노년에 죽은 사람들도 있고, 한창때에 죽은 사람들도 있다. 결혼해서 행복하게 살다가 자녀들에 둘러싸여 죽은 사람들도 있고, 사랑하는 이와 멀어지고 자녀들에게 잊힌 채 죽은 사람들도 있다. 가난하게 죽은 사람들도 있고, 부자로 죽은 사람들도 있다. 그러나 우리 모두에게 공통점이 있다. 우리는 죽고 후손이 뒤를 이을 것이다.

이것이 성경에서 가장 지루한 장 가운데 하나의 메시지다. 당신이 소설이나 현대 논픽션 책을 쓴다면, 창세기 5장으로 책의 맥을 끊어 놓을 마음은 추호도 없을 것이다. 그전까지만 해도 성경은 정말 속도가 빨랐다. 창조라는 폭발로 시작한 성경은 거기서 다정한 러브스토리로, 다시 약간의 섹스와 질투로, 그리고 충격적인 살인 행위로 이어진다. "대박감이다!"라고 외치는 할리우드 영화감독의 소리가 들리는 것 같다.

그러다 5장이 나온다. 밥값께나 한다는 편집자라면 여기서 모세를 가로막고 이렇게 말할 것이다.

"이봐요, 모세. 이래서는 흥행이 안 됩니다. 이 대목에서 푹 꺼지고 만다고요. 여태 스토리 전개 잘 나가다가 느닷없이 이게 뭡니까! 이 지루한 반복 때문에 그간의 긴장이 모두 김새고 말았잖아요."

창세기 5장은 3절부터 시작해서 기껏해야 숫자와 케케묵은 인명의 나열로 전락한다.

> 아담이 백삼십 세에 자기의 모양 곧 자기의 형상과 같은 아들을 낳아 이름을 셋이라 하였고 아담이 셋을 낳은 후 팔백 년을 지내며 자녀를 낳았으며 그는 구백삼십 세를 살고 죽었더라.
> 셋은 백오 세에 에노스를 낳았고 에노스를 낳은 후 팔백칠 년을 지내며 자녀들을 낳았으며 그는 구백십이 세를 살고 죽었더라.
> 에노스는 구십 세에 게난을 낳았고 게난을 낳은 후 팔백십오 년을 지내며 자녀들을 낳았으며 … .

그 뒤로는 이름과 숫자만 바뀔 뿐 장 전체가 똑같다. 아무개 남자가 은퇴자협회 가입 자격보다 훨씬 늦은 나이에 첫아이를 낳고 그 후로 아들딸을 더 낳으며 살다가 죽음의 문으로 사라진다.

정치인 선거니 운동 시합이니 〈포춘〉지 선정 세상 최고의 갑부 사업가 500인 따위가 없던 시절 사람들은 살다가 자녀를 낳고 죽었다. 그들에 대해 알려진 바라고는 그게 전부다. 그들이 목축보다 농경을 좋아했는지 어디서 살았는지 따위는 나오지 않는다. 그들이 자유 시간을(남는 시간이 있었다면) 어떻게 보냈는지 소유하거나 거주하거나 이사 다닌 땅이 어떤 곳인지 우리는 알 수 없다. 그들이 뚱뚱했는지 날씬했는지, 대머리였는지 가슴 털이 많았는지, 약골이었는지 다부진 체격이었는지도 알 수 없다. 그들이 자녀를 낳았고 그러다 죽었다는 것밖에 우리는 모른다.

이 단순 논리식 인생관은 충격적이리만큼 솔직하다. 지금부터 꽤 세월이 지나 우리 대부분이 산 자들의 땅에서 몇 세대쯤 밀려나면, 심지어 직계 후손조차도 우리의 직업, 골프 점수, 우리가 살던 집, 정원의 손질 상태, 우리가 코카콜라나 펩시콜라를 좋아했나 따위를 모를 것이다. 손자나 혹 드물게 증손자까지는 간혹 우리에 관한 일화를 한두 가지 말할지 모르지만, 그 뒤로는 우리는 잊힌 역사가 된다. 실제로 우리의 행적 중 그들에게 중요한 거라고는 우리가 자녀를 낳기로 했다는 것뿐이다. 그 결과로 자기들이 살아서 지면을 걷고 있을 테니 말이다.

대통령 같은 유명 인사들도 이 현실을 안고 살아야 한다. 1973년 린든 베인즈 존슨 대통령은 죽기 불과 이틀 전에 자신의 전기 작가를 불렀다. 미국 대통령으로서 그는 직업 면에서 당연히 '중요한 자리에 있는 사람'으로 간주될 만한 사람이었다. 그러나 모든 것이 그에게 얼마나 허무해 보였는지, 그의 마지막 말을 몇 마디 들어보라.

> 칼 샌드버그가 쓴 《링컨 전기》를 읽고 있었다. 그 책이 아무리 명작이라 해도 나는 링컨을 살려낼 수 없다. 한 대통령으로서 다른 대통령의 생애를 읽고 있는 내가 그럴진대 미래의 평범한 사람들이 나를 기억해 줄 가망성이란 전혀 없다. 그런 일은 없다. 나는 미국 국민의 사랑과 애정을 얻으려 애쓰기보다 내 처자식들과 그 후손을 통해 불멸성을 구했더라면 훨씬 나았을 것이다.[2]

잔인할 정도로 냉엄한 이 진실은, 현대 남녀들을 정녕 겸손하게 하며, 현대인의 대부분의 야망에 도전을 가한다. 우리 대다수가 시간의 태반을 들여 염려하는 것들(하루 8시간의 직장생활, 거주하는 주택, 주말을 보내는 방식, 외견상의 몸매, 운전하는 자동차 등)은 결국 없어지고 완전히 잊힌다. 반대로 그런 것들을 추구하느라고 우리가 곧잘 소홀히 하는 것, 즉 우리 자녀들과 가정만이 진정 우리가 남기게 될 유일한 것이다.

잊지 말라. 우리는 지금 창세기 5장, 즉 성경에 대해 말하는 중이다! 이는 세상의 첫 수천 년에 대한 하나님의 기술이다. 그런데 하나님은 일부러 이 남자들의 인생을 단순화해서 가장 중요한 일인 자녀를 낳고 죽고 길을 비켜 준 것만 언급하신다. 우리가 보내는 시간의 80% 이상은 결국 잊힐 거라는 사실을 인식할 때 우리는 자신의 인생을 어떻게 단순화하게 될까? 남은 20%에 좀 더 관심을 쏟게 될지도 모른다. 사실 자녀와 손자를 통한 영속적 유산 창출에 쏟는 우리의 에너지가 몰라보게 늘어날 것이다.

아직도 확신이 안 선다면 시험을 치러보라. 당신 아버지 쪽의 5대조 할아버지의 이름을 말해보라. 겨우 다섯 세대 전이다. 당신은 그의 부인 이름을 댈 수 있는가? 그들은 어디서 살았는가? 아마 답을 못할 것이다. 하지만 언제나 족보광(狂)이 몇은 있는 법이므로 좀 더 깊이 파보자. 당신의 그 조상들은 몸이 건강했나 약했나? 자유 시간은 어떻게 보냈나? 삶의 가장 큰 걱정거리는 무엇이었나? 몸의 어디가 가장 아팠으며 관절염, 비염, 요통 등 어떤 것으로 아팠나? 그들은 신용카드 결제일을 몇 번이나 놓쳤나? 딸의 혼례에 들어가는 돈을 어떻게 장만했나? 그들이 가장 즐겨 먹던 식사는 무엇이었나?

옛 조상에 대한 이런 질문에 조금이라도 답할 수 있는 사람은 우리 중 없지만, 그런 사안들이 우리 자신의 실존을 좌우할 때가 많다. 이번에는 약간 더 개인적으로 들어가 보자. 당신이 5대조에 대한 질문에 답할 수 없다면 당신의 5대손이 당신에 대한 이런 질문에 답할 수 있으리라고 생각하는 이유는 무엇인가?

예를 들어서 아플 정도로 솔직하다면 우리는 다음 사실을 인정할 수밖에 없다. 우리가 안달하는 것들의 태반은 그리 머잖은 미래에 완전히 구시대의 유물이 되어 잊히고 흔적조차 없어질 것이다.

- 얼마나 더 기다려야 부엌을 리모델링할 수 있을까?
- 더 큰 집이나 새 차를 살 보증금을 어떻게 긁어모을 것인가?
- 언제나 내 머리칼은 말을 잘 들을까?
- 나는 평균 이하의 결혼생활을 얼마나 버틸 수 있을까?

내 영혼이 더 고상한 목표를 제쳐 두면서까지 이런 사안들에 몰두하고 있다면 이미 나는 낡은 삶을 살고 있는 것이다. 두 세대만 지나면 지금 내가 이토록 매달리는 것들에 아무도 관심 없을 것이다.

하지만 당신은 아는가? 어느 날 어떤 아이는 내가 그레이엄 토마스라고 이름 지어준 아들이 태어나 결혼하고 자녀를 두었던 사실에 매우 감사하게 될 것이다. 그레이엄이 출생해 양육과 지도를 통해 성인이 되지 않았다면 그 아이는 살아있지 못할 테니 말이다. 그레이엄이 언제 어찌하여 태어났고, 그의 출생 당시 우리에게 돈이 얼마나 있었으며, 그가 열 살 때 아빠의 직업이 무엇이었고, 그 부모의 결혼생활이 행복했는지 그저 그랬는지 따위의 세부사항은 후손들에게 아무 의미도 없다. 그들은 다만 자기가 등장할 때까지 토마스 가계가 계속 이어진 것에 대해 하나님께 감사할 것이다.

그것을 몇 번 묵상해 보라. 그리고 현재 당신에게 가장 중요해 보이는 일들에 대한 당신의 태도가 달라지지 않나 보라. 지금부터 50년 전, 100년 전을 신경 쓰는 사람이 누가 있겠는가?

창세기 5장은 내게 하나님을 즐거워하며 섬기고, 아내를 즐거워하며, 자녀들에게 많은 시간을 투자하고, 그러다 죽음을 반가이 맞이하고 싶은 마음이 들게 한다. 다른 사람들이 태어나 살고 똑같이 할 수 있도록 길을 비켜주는 내 역할을 다하고 싶게 한다.

우리가 남기고 갈 유일한 것

최근 나는 한 광경 속에서 미래를 언뜻 보고는 소스라쳐 놀랐다. 나는 조깅하고 있었고, 막내딸 켈시는 나란히 자전거를 타고 있었다. 중간쯤 이르렀을 때 앞에서 두 사람이 보도를 다 차지한 채 오고 있었다. 나는 그들이 비켜서지 않아도 되도록 우리가 보도 옆 잔디밭으로 지나가야 되겠다고 켈시에게 손짓을 했다. 더 가까워져서 보니 둘 중 젊은 사람은 50대의 남자였다. 그는 80대쯤 되었을 아주 힘없는 할머니를 살살 부축하고 있었는데 그녀는 지팡이를 짚고서 발을 질질 끌며 걷고 있었다.

그때 번뜩 든 생각이 있다. 지금은 내가 달리고 있고 켈시가 자전거를 타야만 나를 쫓아올 수 있지만, 달려가는 켈시를 내가 자전거를 타야만 쫓아갈 수 있는 날이 머잖아 올 것이다. 그리고 켈시가 85세의 할머니가 되어 55세의 아직 태어나지 않은 내 손자의 부축을 받게 될 날도 그리 멀지 않았다. 그 짧은 순간 나는 세대의 빙하를 보았다. 시간과 족보의 느리지만 꾸준하고 막을 수 없는 흐름을 보았다.

나의 5대손은 자기 5대조 할머니의 옷 사이즈가 어땠는지 신경 안 쓸 것이다. 또한 이 책이 3만 5천 부가 팔리든 3십 5만 부가 팔리든 손톱만큼도 관심 없을 것이다(현재, 책은 저자 사후 70년이면 공유재산으로 귀속되어 후손의 저작권 수입이 제한되게 되어 있다). 내 머리숱에는 관심이 있겠지만, 그나마 내가 물려준 유전자 때문이다. 하지만 그때쯤이면 분명 누군가 대머리 치료제를 찾아냈을 것이다(아마도 나는 세계 역사상 마지막 소수의 대머리 사나이 중 하나가 될지도 모른다).

대중의 우상들도 어느새 구시대의 유물이 된다. 지금부터 150년 후 톰 크루즈나 브리트니 스피어즈가 회자되리라고 생각하는 사람이 있을까? 저작자 조합의 회원인 나는 계간회보를 받아보고 있는데, 대개 최근에 타계한 회원 명단이 약 두 면에 걸쳐 소개된다.

한번은 20세기 중반에 대성공한[현재의 존 그리샴(John Grisham)에 필적할 만큼] 작가 프랭크 슬로터(Frank Slaughter)가 93세를 일기로 사망했다는 소식이 실렸다. 슬로터가 헤드라인을 장식했을까? 아니다. 최소한 사진이라도 실렸을까? 엄연히 그 회보는 저자들의 간행물이고, 프랭크 슬로터는 당대 가장 인기 있는 저자 중 하나였으니 말이다. 천만의 말이다. 그는 한 문단으로 처리되었다. 그게 다였다. 그 한 문단에서 프랭크가 내과 의사였고 그의 소설들이 1940·50년대에 일약 베스트셀러가 되었음을 알았으나 그래 봐야 수십 년 전 일이다. 요즘 그의 책을 읽는 사람은 거의 없고, 앞으로는 더 없을 것이다. 50년쯤 더 지나면 아마 아무도 읽지 않을 것이다. 수십 년의 전성기 동안 헤드라인 소재가 된 그인데도 말이다.

중요해지려는 우리의 추구는 부서진 장난감을 두고 싸우는 두 아이처럼 정말 딱해질 수 있다. 이제 로저 마리스(Roger Maris)의 시즌 홈런 기록이 깨졌으니 사람들이 그를 얼마나 오래 기억할까? 1975년 제너럴모터스사의 수석 부사장은 누구였나? 1983년에는? 1910년 버지니아주의 두 상원의원은 누구였나? 1935년 미국의 가장 큰 교회에서 목회한 사람은 누구였나? 1991년 에베레스트산을 등정한 사람들의 이름은 무엇인가? 1954년 최고의 패션 디자이너는 누구였나?

이 질문 중 한두 개 이상에 답할 수 있는 사람도 우리 중에 거의 없는데도, 〈USA 투데이〉와 최고 인기 잡지와 텔레비전 프로그램에 가장 자주 등장하는 것은 그런 부류의 사람들이다. 대중문화에서 가장 중시하는 것들도 역사의 냉혹한 무게 앞에서는 차라리 우스울 만큼 구시대의 유물이 된다. 자녀들은 우리에게 그 심오하고도 단순한 메시지를 가르쳐 준다. 흔히 우리의 관심을 적게 끄는 믿음의 유산이야말로 우리가 정말로 남기고 갈 유일한 것이다.

당신의 초점을 다시 맞추라

창세기 5장에서 나 자신이 대단치 않음을 받아들여야 함을 배운다. 아주 반문화적인 개념으로 들릴 줄 잘 안다. 그러나 오늘날 그토록 인기 있는 야심에 끌려 중요해지려는 추구보다는 성경적 진리를 훨씬 잘 대변해 준다고 나는 믿는다.

사실 우리 중에서 역사에 기억될 사람은 수많은 사람의 하나에 지나지 않는다. 후세에 기억될 클레오파트라나 나폴레옹 같은 사람들이 있겠지만, 현재 지구상에 사는 수십억 인구 중 지금부터 200년 후에 기억될 사람은 0.5%도 안 된다. 자신이 그 1천만 중 하나가 되리라는 요행을 좇아 산다면 그것은 당첨을 바라고 복권을 사는 것만큼이나 어리석은 일이다. 그런 미련한 모험에 삶의 기반을 둔다는 것이 전혀 무의미할 정도로 상황은 당신에게 완전히 불리하다. 한동안 흔적을 남기는 사람들도 대개는 차차 시들해진다. 아무도 읽지 않는 역사책의 난해한 각주에나 나올까 말까 한 왕이나 여왕이며 심지어 교황들이 역사에 즐비하다.

역사적으로 내가 대단치 않음을 받아들이면 정말로 중요한 영원한 관계에 집중할 자유가 생긴다. 나는 내 아내에게 중요하다. 내 자녀들에게 매우 중요하다. 지존하신 하나님의 양자로서 내 신분은 확실하다. 나는 내 삶을 이 관계들에 집중하고 싶다. 거기에 내 에너지를 쏟아붓고 싶다.

최근 나는 아주 가까운 몇몇 친구들의 말에 깜짝 놀랐다. 무심코 한 말이었지만 내 마음을 사로잡았다. 내 잦은 출장에도 불구하고 친구

중에서 자녀들의 삶에 가장 많이 개입하는 아버지는 누구보다도 나라는 것이었다.

여기에는 이유가 있다. 나는 작가라는 내 직업에 대만족이지만, 최근 고금을 통틀어 내가 가장 좋아하는 저자의 하나인 엘튼 트루블러드의 책을 검색하려고 아마존닷컴에 들어갔다가 정신이 번쩍 났다. 그의 책은 내 책들보다 갑절이나 통찰력 있고 쓰기도 더 잘 썼다. 그는 나보다 더 똑똑하고 지혜로우며 전달 솜씨도 더 뛰어나다. 그의 책들은 집필된 지 반세기가 넘은 것이 많지만, 그의 사상은 지금도 내게 도전을 준다. 그러나 그가 죽은 지 불과 20년밖에 안 되었는데도 현재 그의 저서는 거의 다 절판되었다. 나는 다를 거로 생각한다면 나는 바보다. 순종하는 마음으로 나는 하나님의 부르심을 좇아 그분을 섬기고 싶지만, 그것을 성취할 수 있는 가장 영속적인 길은 내 자녀들에게 시간을 쏟는 것이다.

이런 우선순위 재조정의 배후에는 신학적 진리가 깔려 있다. 아주 유명한 기독교 지도자들이 특별한 기름 부음이나 하나님의 특별한 터치에 대해 말하는 것을 보노라면 나는 몹시 걱정스럽다. 성경이 칭송하는 영웅은 곧 하나님 자신이다.

성경은 굵직한 성경 인물조차도 아주 두드러진 결점이 있음을 일부러 세세히 밝히고 있다. 하와는 뱀의 속임수에 넘어갔다. 아브라함은 하나님의 계획을 앞서가다, 지금도 이스라엘과 전쟁 관계에 있는 후예의 조상을 낳았다. 모세는 성급히 나대다 이집트인을 죽였고, 나중에는 하나님의 공로를 가로채 약속의 땅에 들어갈 권리를 잃었다. 다윗 왕은 간음하고 살인했다. 베드로는 예수님을 모른다고 세 번이나 부인했다. 바울은 초대 교회를 박해했다.

성경이 우리 영적 조상의 이런 명백한 결점을 밝히는 것은 우연이 아니다. 하나님은 자기 영광을 누구와도 나누시지 않는다. 창조주의 맞수가 될 수 있는 사람은 없다. 다시 말하거니와 성경이 아는 영웅은 오직 하나뿐이니, 곧 하나님이시다. 소위 우리의 중요해지려는 추구는 하나님의 영광을 일부 도적질하려는 위험한 시도일 때가 많다.

우리는 자신의 인정 욕구를 천사의 말처럼 들리게 할지 모르지만(자신의 야망을 천국 건설의 용어로 잘 포장해), 본질적으로 그것은 나 자신이 중요해 보이려고 하나님의 선물을 이용하는 악한 술수가 된다.

목사들이여, 당신의 설교가 매번 다 기억되지 않아도 괜찮다. 당신이 말하는 모든 단어가 역사적으로 중요한 것은 아니다. 그런 무거운 짐에 스스로 묻히지 말라! 매주 설교에 지장이 있더라도 가서 자녀와 함께 산책하러 나가라. 사업가들이여, 당신의 회사가 당신보다 오래가지 않아도 괜찮다. '반영구적 제품'의 생산으로 당신의 가치가 결정된다고 우기는 그 족쇄를 차지 말라. 가장 성공한 기업들도 결국 무너진다. 당신이 사업 역사를 바꿔 놓을 천만 명의 하나일 확률은 영에 가깝다. 그 확률을 바라고 죽자 살자 매달리느라 사랑하는 사람들을 소홀히 하지 말라.

내 사역을 처음 시작할 때가 기억난다. 나는 출판사에 책을 내달라고 부탁하지 않았고, 기존의 출판사를 등지고 새롭게 영입하려 해서 몇몇 출판사를 사실상 거절하기 시작했다. 목사들에게 전화해 그 교회에서 강연할 기회가 있는지 물어보는 대신 처음부터 많은 요청을 사양했다. 평소 내 사역 일정은 대개 9개월 앞까지 다 차 있기 때문이다. 아주 분명한 도전을 통해 하나님께서 내게 선택해야 한다고 말씀하시는 것을 느꼈다.

나는 남들이 감탄하는 "저 뿌리 좀 봐!" "와, 열매가 저렇게 많다니!" 등의 강인하고 멋진 한 그루 나무가 되려고 매진할 수도 있었고, 삼림을 녹화하는 데(즉 다른 사람들에게 투자하는 데) 주력할 수도 있었다. 하나님은 그분이 원하시는 선택을 내게 밝히 보여 주셨다. 그래서 나는 삼림 녹화에 삶을 보내고 있다.

당신이 대단치 않음을 받아들이면 자유가 넘친다. 무엇이 사람을 중요하게 만드는가에 대한 사회의 통념을 좇아가느라 가정을 소홀히 하기 쉬운 사람들은 잠시뿐인 자존심에서 해방될 수 있다. 그 자존심은 결국 거짓된 것이며 그들에게서 참으로 영원한 영향력을 빼앗아 간다.

속지 말라. 백억 대 일의 확률 놀음을 하느라 정말 중요한 것을 경시하지 말라. 자신이 대단치 않음을 받아들이고 당신의 초점을 다시 맞추라. 하나님의 즐거운 아이러니지만 자신이 이생에서 대단치 않음을 받아들이면 최고의 영원한 중요성에 이르게 된다.

하나님의 신성한 위탁

평생에 단 한 번이라도 공주가 될 꿈을 꾸어보지 않은 소녀가 세상에 있을까? 있을지도 모르지만 만나보지 못했다.

오늘 공주를 생각할 때 우리는 호강, 하인들, 궁전, 부러움, 권력, 큰 부를 생각한다. 아브라함의 부인 사라가 장차 자신이 공주가 된다는 약속을 들을 때, 그 약속에는 부유한 환경이나 왕위나 성읍을 다스리는 권세가 들어 있지 않았다. 하나님 보시기에 그녀를 공주 되게 한 것은 장차 그녀가 두게 될 무수한 자손이었다.

> 하나님이 또 아브라함에게 이르시되 "네 아내 사래는 이름을 사래라 하지 말고 그 이름을 사라라 하라(사라는 '공주'라는 뜻). 내가 그에게 복을 주어 그가 네게 아들을 낳아 주게 하며 내가 그에게 복을 주어 그를 여러 민족의 어머니가 되게 하리니 민족의 여러 왕이 그에게서 나리라"(창 17:15~16).

미성숙한 그리스도인이 교회 공동체 내에서의 자기 역할을 떠나 자기 신앙을 개인적으로만 생각하듯이(하나님이 어떻게 나를 복 주시고 나를 사용하시고 나를 세우실까), 미성숙한 부모들도 자손을(몸의 자손뿐 아니라 영적인 자손도) 떠나 자신을 개인적 차원에서만 생각한다. 하나님이 아브라함에게 주신 약속은 그의 당대를 훌쩍 벗어나 자손의 대에까지 미친다. "보이는 땅을 내가 너와 네 자손에게 주리니 영원히 이르리라"(창 13:15).

얼마 후 하나님은 아브라함을 크게 복 주시고 사역과 영향력까지 넓혀 주시겠다고 언약을 갱신하시지만, 놀랍게도 아브라함은 그 후에도 전혀 만족하는 기색이 없다. 이유는 무엇인가? 그 축복을 물려줄 자녀가 아직 없었기 때문이다. 그는 "주 여호와여 무엇을 내게 주시려 하나이까 나는 자식이 없사오니"라고 말했다(창 15:2). 실질적으로 아브라함은 이렇게 생각했다. "하나님은 뭐든 원하시는 대로 제게 주실 수 있습니다. 하지만 저에게서 그친다면 무슨 소용입니까? 제게 필요한 건 이미 다 있습니다! 물려줄 자식이 없으면 제게 있는 것은 무용지물입니다!"

성숙한 부부 아브라함과 사라가 세대를 뛰어넘어 생각했듯이 성숙한 그리스도인은 공동체적(교회적) 사고를 배워야 한다. 자신을 벗어나 교회의 유익을 생각하고 우리 자손들의 미래를 내다보는 것은 우리의 소명이요 실은 우리의 영광이다. 이는 하나님 자신의 시각이다. 성경에도 나오듯이 하나님이 아브라함을 택하신 것은 아브라함만을 위해서가 아니라 오는 세대들을 위해서였다. "내가 그로 그 자식과 권속에게 명하여 여호와의 도를 지켜 의와 공도를 행하게 하려고 그를 택하였나니"(창 18:19).

하나님은 바로의 마음을 완고하게 하신 것은 "내가 그들 가운데서 행한 표징을 네 아들과 네 자손의 귀에 전하기 위함이라"라고 모세에게 이르셨다(출 10:1~2). 그들의 아들과 자손에게 보여 주실 것을 하나님은 몇 세대 전에 생각하셨다. 영원을 위해 정말 중요한 것은 무엇인가?

이 성경 진리 때문에 옹졸하게 들릴지 모르지만, 나는 "설령 나 혼자였더라도 예수님은 나를 위해 죽으셨을 것이다"라는 말에 늘 반감이 든다. 그 말을 들으면 내 가슴이 철렁 내려앉는다. 복음은 우리를 희생정신, 공동체적 책임, 타인 중심의 태도로 부르건만, 이런 자기중심적 의식은 그에 역행하기 때문이다.

나는 혼자가 아니다. 내 세대가 마지막 세대도 아니다. 이것을 깨닫기까지는 절대로 하나님 나라를 조금이라도 깨닫지 못할 것이다.

랍비 낸시 퍼츠-크레이머가 소개한 어느 유대인 부부에 대한 실화다. 그들은 유대인이라는 자신의 정체를 심각하게 생각해본 적이 없었다. 그러다 아들이 태어나자 그들은 할례 의식을 행할지 여부를 결정해야만 했다. 그들의 신앙은 일상생활과는 무관했지만, 3천 년 역사의 언약을 깨뜨리자니 왠지 꺼림칙했다. 유대인이지만 사실상 불신자이던 그들은 결국 심사숙고 끝에 종교의식에 따르기로 했다. 어린 아들의 양피를 베어내는 행위를 통해 젊은 엄마는 신비에 가까운 방식으로 더 깊은 이해의 차원에 들어섰다. 할례 직후에 그녀는 자기 자매를 보며 "이제 나는 후손만이 아니라 조상이 되었다!"[3]고 말했다.

자신을 후손만이 아니라 조상으로 본다는 것은 대단히 중요한 영적 변화를 의미한다. 자녀 양육의 신성한 여정은 우리의 시각을 바꿔 준다. 우리는 '나'에서 '우리'로, 개인에서 가정으로 이동하며, 자신이 미래 세대들에 가져다줄 수 있는 변화에 눈뜨기 시작한다.

우리는 개인적 자존감을 과잉 섭취하기보다 '가정적 자존감'을 충분히 복용할 수 있다. 신성한 자녀 양육은 우리를 하나님 나라의 건설에 힘쓰는 왕자와 공주가 되게 하기 때문이다.

옛날 어느 젊은이의 경우를 생각해 보라. 오벳의 어머니 룻은 젊고 가난한 이방인 과부였고, 그의 아버지 보아스는 밭이 있었다. 보아스는 유별난 부자도 아니었고, 비참하게 가난하지도 않았다. 그는 남다른 멋이나 매력도 없었다. 사실 그는 제법 나이가 들었으나 오벳의 엄마는 그에게 구애했고, 둘은 결혼해 오벳을 낳았다. 오벳의 부인은 이새를 낳았고, 이새의 부인은 장차 이스라엘의 왕이요 틀림없이 밀레니엄의 인물인 다윗을 낳았다.

오벳은 역사적 사건의 사슬에서 단 하나의 고리에 지나지 않았다. 그의 고민, 기쁨, 최고의 성공, 최악의 실패는 잊힌 지 오래지만, 그의 후손은 인간 역사에 영원히 결정적 역할을 담당했다. 그는 살다가 죽어 길을 비켜 주었다. 그러나 그는 어떤 운명을 남겼던가. 그 한 고리에서 모든 믿는 자의 구주, 예수 그리스도가 오셨다. 영속적 유산을 남기는 것에 관한 한 이보다 더 좋은 것은 없다!

신성한 자녀 양육은 짧은 우리 인생을 미래 세대들에 가장 큰 영향력을 미칠 일에 집중하라고 부른다. 우리는 이 땅에서 금방 잊히지만, 하늘에서는 기억될 것이다.

이 사실을 겸허하게 받아들이자. 그리고 우리에게 자녀를 맡기신 하나님의 신성한 위탁을 수용하자. 우리는 자신이 비교적 대단치 않음에 근거해 삶의 우선순위를 재조정하고 결국 세대를 뛰어넘어 하나님처럼 생각하는 법을 배워야 한다.

우리는 태어나고, 죽으며, 그리하여 길을 비켜 준다. 그러나 자녀 양육을 신성한 여정으로 알고 그에 맞게 행하는 사람들은 놀랍고 영속적인 것을 뒤에 남기게 된다.

Chapter **11**

모전여전
부전자전

자녀 양육은
우리의 성품 계발을
독려한다

구성원 개개인이 가정을 만든다는 말도 맞지만, 가정이 개개인을 만든다는 말이 훨씬 더 맞다.
_ 엘튼 트루블루드(Elton Trueblood)

존경받고 싶어 하는 부모는 많다. 존경받을 만한 사람이 되려는 부모가 별로 없다는 것이 문제다.
_ 조이 데이비드먼(Joy Davidman)

그러므로 너희가 더욱 힘써 너희 믿음에 … (공급하라).
_ 베드로후서 1장 5절

조지 길더(George Gilder)는 아버지를 모르고 자랐다. 2차 대전 당시 폭격기 조종사였던 그의 아버지는 조지가 아직 기저귀를 차고 있을 때 전사했다. 아버지가 하버드에서 공부한 유망한 경제학자였음에도 조지는 두 가지 이유로 사람들이 자기 아버지 이야기를 꺼내지 못하게 했다. 첫째, 그는 계부에게 남다른 정을 느꼈다. 생부에 대해 너무 많이 이야기해 계부의 마음을 아프게 하고 싶지 않았다. 둘째, 아버지 이야기만 나오면 그는 쑥스러웠다. "그들이 아버지의 훌륭한 덕을 얘기할 때면 왠지 덩달아 나까지 칭찬받는 기분이 들었다."[1]

그래도 조지는 생부의 발자국을 따라 하버드에 들어가 졸업했다. 경제학에 관한 관심도 아버지와 똑같아, 《부와 빈곤》(Wealth and Poverty)이라는 원고까지 쓰기에 이르렀다. 자신의 출간된 저서를 처음 받던 날 조지는 삼촌의 전화를 받았다. 삼촌은 조지의 아버지가 쓴 논문이 가득 들어 있는 커다란 상자가 나왔다며 놀라움을 감추지 못했다.

호기심에 조지는 열심히 그 논문들을 꼼꼼히 살펴보기 시작했고,

결국 아버지의 사고와 신념을 직접 접하게 되었다. 특히 조지의 눈길을 사로잡는 대목이 있었다. 경제학에 대한 175쪽 분량의 미간행 원고였다. 내용을 살펴보던 조지는 숨이 멎는 것 같았다.

주제 중 하나는 아버지의 표현으로 '무형 자본'의 중요성이었는데, 《부와 빈곤》의 핵심 메시지와 거의 완벽하게 맞아 들었다. 자유 경제의 동력은 물질적 자원이나 심지어 금전적 자본이 아니라 가정과 신앙이라는 형이상학적 자본이라는 내용이었다. 사실, 아버지의 작품이 완성되었다면 얼마든지 《부와 빈곤》이라는 제목이 붙었을 수도 있다.

이 원고는 젊은 시절 내내 품었던 내 깊은 의식을 확증해 주는 듯했다. 평생 모르고 살아온 이 남자에게 내가 신비에 가까운 방식으로 연결되어 있다는 의식이었다. 가정이란 집을 떠남으로써 종식되는 부모의 압력과 모본의 자의적 우연이 아니었다. 가정의 영향력은 유전 정보나 가정교육에서만 오는 것이 아니었다. 지리적 거리와 심지어 죽음도 그것을 끊지 못했다.

아버지는 내게 경제학을 가르친 적이 없고, 하버드에서 듣고 겨우 패스한 개론 과목 하나도 내게 더 가르쳐준 것은 없었다. 그러나 나이 마흔에 같은 전공의 그 원고를 보면서 내게 있는 줄도 몰랐던 창의력과 지식의 새로운 원천을 만났다. 그 영감의 일부는 스물여섯 살 때 미간행 경제학 원고가 든 상자와 두 살 된 아들을 집에 남겨 둔 채 나치와의 전쟁에 나가 군복을 입고 '하늘의 요새'

라는 폭격기에 올랐던 청년에게서 온 것으로 생각하고 싶다.[2]

부모가 된다는 것은 말 그대로 또 다른 인생을 빚어내고 영향을 미치는 것이다. 이는 과연 거룩한 땅이며, 나 자신의 삶으로 짜는 거푸집을 신중히 생각하라는 신성한 부름이다. 사실 차세대에 엄청난 영향을 미친다는 이 현실은 우리에게 이 책의 주제 구절을 환기해 준다. "사랑하는 자들아, 이 약속을 가진 우리는 하나님을 두려워하는 가운데서 거룩함을 온전히 이루어 육과 영의 온갖 더러운 것에서 자신을 깨끗하게 하자"(고후 7:1).

자녀를 기르려면 왜 부모 자신부터 깨끗해야 할까? 자녀들이 우리의 발자취를 그대로 밟는 일이 비일비재하기 때문이다.

모전여전

리자와 나는 약혼 시절의 마지막 몇 달을 워싱턴주 벨링햄의 웨스턴워싱턴대학교에서 보냈다. 내 마지막 기말고사 이틀 후이자 졸업식 일주일 전에 우리는 결혼했다.

약혼 시절 저녁의 작별은 언제나 하루의 가장 힘든 부분이었다. 우리는 시시각각 더 가까워지고 있었고 평생 서로에게 바치기로 한 사이였지만, 아직 결혼식을 올리지 않았으므로 함께 보내는 시간을 여전히 제한해야 했다. 게다가 우리는 둘 다 오전 수업이 있었고, 리자의 룸메이트는 잠을 자야 했고 나도 내 방으로 돌아가야 했다.

매일 밤의 작별 인사는 곧 작은 의식처럼 되어 비슷한 대사와 똑같은 행동으로 일주일에 몇 번씩 반복되었다.

"정말 가야 해요?" 리자는 묻곤 했다.

"예." 나는 다음에 무슨 말이 나올지 훤히 알면서 그렇게 말하곤 했다.

"그럼 손은 두고 가세요." 리자는 손을 뻗어 내 손바닥을 자기 뺨에 대곤 했다.

십여 년 뒤로 넘어간다. 리자와 나는 결혼해 세 자녀를 두었다. 이제 잠자리에 들 시간마다 아이들과의 작별 의식이 생겼다. 켈시는 보드라운 얼굴에 주름이 잡힌 채 엄지손가락을 입에 물고는 몇 초 만에 곯아떨어졌다. 그레이엄은 대개 트럭이나 플라스틱 칼이나 야구장갑을 가지고 잤는데 침대에 벌렁 드러누워 몇 분이면 잠들었다. 앨리슨은 밤에는 침대에 알레르기를 보이다가 아침이면 중독되는 것 같았다. 엄마의 딸 아니랄까 봐 똑같았다.

하루는 내가 앨리슨에게 이불을 덮어주는데(말짱 소용없는 일인 줄 잘 알면서) 앨리슨이 말했다. "더 바짝 오세요." 목소리에 엄살기가 흘렀다. 아이들은 본심을 감추는 재주가 없다. 내가 허리를 굽히자 앨리슨은 내 팔에 착 달라붙으며 말했다. "여기 있어요."

"안 되지." 나는 말했다. "너 자야 되잖아. 아빠가 불 꺼줄게."

"그럼 손은 두고 가세요." 앨리슨의 조그만 손가락이 스르르 내려오더니 내 손을 자기 얼굴로 가져가 뺨을 감쌌다.

나는 기절하는 줄 알았다. 대학 시절의 아내와 너무나 똑같았다. 앨리슨도 리자도 내 손바닥을 갖다 댄 뺨까지 같은 쪽이었다.

"엄마가 이렇게 하라고 하든?" 나는 물었다.

"아뇨."

"엄마가 자기도 이렇게 한 적이 있다고 하든?"

"아뇨. 왜요?"

"엄마 아빠가 대학에 다닐 때 엄마가 늘 이렇게 했거든."

앨리슨의 눈이 번쩍 빛났다. 밤이면 그 눈은 사우스캐롤라이나 습지대보다 더 생기가 넘쳤다.

"팔을 주세요." 이제 앨리슨은 자기 얼굴에서 손을 떼지 못하게 내 팔꿈치까지 꼭 잡고서 말했다. "팔만 두고, 가도 돼요." 아이의 벌어진 잇새와 작은 체구만 빼고는 정말이지 타임머신을 타고 추억의 대학 시절로 돌아간 기분이었다.

나는 약간 멍해져 앨리슨의 방을 나왔다. 150년 전 독일의 한 어린 소녀가 아버지의 큰 손을 들어 자기 얼굴에 대는 모습이 그려졌다. 소녀는 아가씨가 되어, 한 청년의 손을 잡아 똑같은 뺨에 댔다. 몇 년 후, 그녀는 그 남자의 손을 꽉 움켜쥐고 첫 아이를 낳았다. 훗날 그녀는 똑같은 남편의 이제는 쪼그라든 죽어서 싸늘해진 손을 느끼며 마지막으로 한 번 더 자기 뺨에 댔다가 다시 입술에 대고는 관 속에 내려놓았을 것이다.

그 어린 소녀가 내 아내의 증조모가 되었다. 그 똑같은 유려한 동작이 몇 세대나 타고 내려왔는지 누가 알겠는가? 앨리슨 속에는 수 세기의 피가 흐르고 있다. 앨리슨이 차지하고 있는 자리는 머나먼 땅,

아득한 여러 세대 여자들의 한 부분이다.

앨리슨이 새롭게 보였다. 오랜 세월의 딸이자 미래 시대의 어머니로 보인 것이다. 그럴 때면 나는 타인들 안에서 역력한 거룩함을 본다. 거룩함이 맞는 단어는 아닐지 모르나 내가 작아지는 느낌만은 분명하다. 꼭 내가 만질 자격이 없는 것을 만지고 있는 기분이다. 그것은 너무 깊은데 나는 너무 조잡하고 너무 얄팍하다. 여자들 안에 있는 시대의 깊이를 나는 너무도 모른다.

부전자전

생물학적 요인만 영적 영향력을 행사하는 것은 아니다. 마찬가지로 자녀의 삶에 아이의 생부보다 훨씬 큰 영향을 미친 양부들과 계부들이 많이 있다.

어느 어머니가 내게 들려준 이야기다. 그녀의 남편이 양아들과 함께 '약속 준수자(Promise Keeper)' 집회에 갔다. 한 강사가 모든 양부를 자리에서 일어나게 했다. 처음에 그 아버지는 계속 앉아 있었다. 부인의 설명에 따르면, 그는 외모까지 닮은 자기 아들이 양자라는 사실을 까맣게 잊고 있다가 결국 생각해내고는 자리에서 일어났다. 그러자 아들은 그를 보며 생각했다. "우리 아빠가 왜 일어나지?" 그 역시 그러다 자기가 입양되었다는 사실이 생각났다. 나중에 아버지와 아들은 그 실수까지 둘이 똑같았다며 한바탕 웃어젖혔다. "그 아버지에 그 아들"이라는 말이 그들 입에서 절로 나왔다.

자기처럼 생긴 자녀는 단번의 성적인 친밀한 행위로 재생산할 수 있지만, 진짜 재생산은 영적인 재생산이다. 즉 일부러 판박이처럼 우리를 따라 하게 될 자녀 앞에서 우리 인생을 사는 것이다. 이는 극적인 영적 유산이다.

어느 이른 봄에 나는 네 살배기 그레이엄에게 테니스를 가르치고 있었다. 버지니아는 봄에도 더워질 수 있다. 곧 다가올 수영 시즌을 감안해 셔츠를 벗고 살을 좀 태우는 것도 좋겠다는 생각이 들었다. 긴 겨울을 지내고 나면 내 살갗은 그야말로 형광등처럼 백색이 된다. 깜박 잊고 수영장에 선글라스를 가져오지 못한 사람들에 대한 그리스도인의 배려로 살을 약간 태우면 주변 모두에게 좋을 것 같았다.

"아빠, 셔츠는 왜 벗어요?" 그레이엄이 물었다.

"좀 더워서." 나는 간단히 그렇게만 말했다.

그 즉시 아이의 라켓이 땅에 떨어지는 소리가 들렸다. 그레이엄은 "나도 더워요." 하고 말했다. 어느새 허연 형광색 몸 둘이(다행히 아무도 없는) 코트를 누비고 있었다.

그 주 일요일에 그레이엄과 나는 교회에 나란히 앉았다. 목사가 로마서 본문을 읽기 시작해 나도 성경을 펴서 따라갔다. 목사의 봉독이 끝나자 성경책을 편 채로 옆에 놓고 설교를 들었다. 몇 분 후 옆자리를 보니 펴있는 성경책이 하나가 아니라 둘이었다. 그레이엄이 자기 성경을 내 것과 똑같은 각도로 정성 들여 펴 놓았다. 그레이엄은 아직 글을 읽을 줄 모르면서도 아빠가 하니까 자기도 교회에 성경을 가지고 다녔다. 그리고 아빠가 성경을 펴놓으면 자기도 똑같이 했다.

이튿날인 월요일은 휴일이었다. 나는 우리 차의 깜박등 전구를 갈다가 무심코 헛기침을 하며 옆에 침을 탁 뱉었다.

"그건 왜 해요?" 나를 도와주고 있던 그레이엄이 물었다.

"나도 잘 몰라." 나는 말했다. "남자는 그냥 가끔 침을 뱉게 되지."

5초도 안 되어 그레이엄이 헛기침을 하더니 고개를 돌리고는 아니나 다를까 옆에 침을 탁 뱉었다.

그날 저녁 우리는 인근의 옛 전쟁터를 산책하는 것으로 주말을 마무리하기로 했다(당시 우리는 버지니아주 마나사스에 살고 있었다). 그레이엄의 신발이 안 보였다.

"너는 위층을 찾아봐. 아빠는 아래층을 볼 테니까." 내가 말했다.

층계 중간에 이르러 내려다보는 순간, 심장이 멎는 줄 알았다. 나는 마루 한가운데(아내가 제발 좀 신발을 거기 두지 말라고 한 곳) 신발을 벗어놓고는 잊고 있었다. 내 신발에서 15㎝쯤 떨어진 곳에 그레이엄의 작은 테니스화가 놓여 있었다. 마루 한가운데 내 신발 바로 옆이었고 각도까지 내 신발과 똑같았다.

많은 것을 생각하게 한 주말이었다! 나는 내 모든 몸동작을 아들이 지켜보고 있음을 깨달았다. 내가 쓰는 모든 단어, 무심코 하는 행동을 그레이엄은 매번 지켜보고 있다가 이런 결론을 내렸다. "아빠가 하니까 나도 똑같이 해야 해."

물론 이는 인류 보편적 현상이다. 내 친구 케빈 리먼도 자기 아들과 그런 비슷한 일이 있었다며 내게 놀라운 사건을 들려주었다. 리먼 박사는 우연히 차를 몰던 중에 헛기침해 창밖으로 침을 뱉었다. 아들이 즉시 따라 했는데, 다만 운전석 쪽 창으로 뱉는 바람에 침이 아빠의 면상에 직통으로 맞았다!

전 NFL(미국 풋볼 리그) 쿼터백 아치 매닝(Archie Manning)은 회상하기를, 역시 NFL 쿼터백인 자기 아들 피튼(Peyton)이 자라면서 아빠의 말씨나 몸짓을 어찌나 그대로 따라 하는지 등골이 오싹했을 정도라고 한다. 피튼은 아버지가 선수로 뛰던 시절의 옛 중계방송을 다 듣고는 작은 소리로 중얼거리곤 했다. "드류 팀의 매닝이 제대로 굴러서 빌락시 팀의 프랭크스에게 던졌습니다!" 피튼은 중학교 1학년 때 풋볼팀에 처음 입단했다. 그런데 그 첫 시즌에 아치는 아들이 선수들 사이에서 오다리 걸음으로 나오는 모습에 충격을 받았다. 피튼은 본래 오다리가 아니었다. 그 재미난 걸음걸이는 아버지의 녹화 테이프를 수없이 보는 사이에 몸에 붙어 따라 한 것이었다.

아치는 "자녀들이 자기 아버지를 우상으로 삼는 것은 자연스러운 일이지만, 피튼은 나를 연구하고 있었다"라고 했다. 훗날 누군가 피튼에게 그의 한 게임 수입이 아버지의 시즌 전체 수입보다 많은 것에 대해 기분이 어떠냐고 묻자, 피튼은 딱 잘라서 이렇게 대답했다. "나는 아버지와 경쟁하지 않습니다. 아버지에게 배울 뿐입니다."[3]

부모가 된다는 것은 발자국을 남기는 것이다. 자녀 양육에 '복사'의 기미가 있음은 틀림없다. 적어도 초기 단계에는 그렇다. 유일한 차이라면(정말 큰 차이지만) 우리가 복사하는 것이 서류가 아니라 인간의 성품, 유산, 운명이라는 점이다!

모든 아버지와 어머니에게 이는 심각한 사명이요 도전이다. 우리는 예수 그리스도의 완성된 일을 믿어 마음이 든든하다 보니 거룩함의 지속적인 성장을 대수롭지 않게 생각할 때가 있다. 우리의 무의식적인 생각은 이런 식이다. "천국에 가는 것이 내 도덕성의 문제가 아님을 나는 안다. 그리고 큰 죄를 지을 때마다 물론 나는 회개할 것이다. 그러니 나쁜 습관 몇 가지 그냥 둔다고 해서 뭐 그리 큰일인가?"

성경은 영적 성장을 대단히 큰일로 여긴다. 사실 베드로는 우리가 '더욱 힘써' 우리 믿음에 "덕을, 덕에 지식을, 지식에 절제를, 절제에 인내를, 인내에 경건을, 경건에 형제 우애를, 형제 우애에 사랑을" 더 해야 한다고 말한다(벧후 1:5~7).

'더욱 힘써'라는 말을 생각해 보라. 더욱 힘쓴다는 것은 배리 본즈(Barry Bonds)가 뻔히 잡힐 플라이를 치고서 1루로 '출루할' 때 느릿느릿 걸어 나가는 그 특유의 걸음과는 무관하다. '더욱 힘써'라는 말은 내야 단타를 치고서 1루로 쏜살같이 질주하는 이치로 스즈키를 연상시킨다. 베드로는 우리가 믿음에 다른 것들을 더해 나갈 때 영적으로 바로 그렇게 분발해야 한다고 말한다. 그에 따르면 이런 덕목을 키워 가는 데 게으른 사람은 "소경이라 멀리 보지 못하고," 자신의 옛 죄가 깨끗하게 되었음을 망각한 것이다(벧후 1:9).

만일 우리가 천국을 생각해도 더욱 힘쓸 마음이 동하지 않는다면, 어쩌면 자녀가 그 동기가 되어 줄 것이다. 믿음에 다른 것들을 더하려 이렇게 적극적으로 애쓰지 않는다면, 베드로는 우리가 "우리 주 예수 그리스도를 알기"에 "게으르고 열매 없는" 자가 될 것이라고 경고한다(벧후 1:8). 우리는 얼마든지 열매 없고 수확 없는 그리스도인이 될 수 있다. 천국에는 가겠지만, 도착할 때 장바구니가 비어 있어 우리의 왕께 드릴 열매가 하나도 없을 수도 있다.

그래서 부모인 우리는 정치가의 못된 본, 할리우드에서 나오는 외설적인 메시지, 인기 있는 텔레비전 프로그램의 파괴적인 줄거리, 현대 음악의 음란한 가사를 자주 비판한다. 그러나 베드로는 할리우드나 뉴욕이나 워싱턴 D.C.를 보지 말고 그리스도인의 마음을 보라고 우리에게 도전한다. 성경이 실천하라고 명하는 덕목을 믿음에 더하려고 우리가 정말 '더욱 힘쓰고' 있는지 보라는 것이다. 힘쓰고 있지 않다면, 교회가 게으르고 열매 없어 보일 때 우리가 탓할 것은 자신뿐이다.

그리스도께서 십자가에서 이루신 용서는 하나님이 우리에게 의의 성장을 면제해 주신다는 뜻이 아니다. 우리가 의의 성장을 이루도록 하나님이 우리를 자기중심적 태도에서 해방해 주신다는 뜻이다! 경건함에서 자라가는 것은 천국을 얻어내려는 문제가 아니라 다른 사람들이 따를 수 있는 확실한 본은 남기는 문제다.

부모의 죄가 대를 잇는다면?

1세기 전, 소냐 케펠은 자기 어머니가 '찬란한 여신 같은 면모'의 소유자인 줄 알았다. 에드워드 7세가 보내온 '여신에게 바치는' 꽃 때문이기도 했다. 왕궁 예복을 입은 마부가 마차를 타고서 배달해 온 난초와 리본에 덮인 바구니들이 소냐의 눈에 가득 들어왔다. 비록 외도의 채널을 통해 전달된 선물이었지만, 어린 소녀 소냐의 생각에 자기 엄마가 다름 아닌 영국 왕에게 그런 총애를 받을 만큼 아주 특별한 사람으로 보였을 것이다.

19세기 말만 해도 왕과 정사를 벌였다 해서 케펠 여사의 결혼생활이나 평판이 망가진 것은 아니었다. 그러나 세월이 변했다. 소냐의 손녀(케펠 여사의 증손녀)는 자라서 카밀라 파커-볼즈가 되었다. 그녀는 찰스 왕자의 오랜 정부이자 웨일스 공주인 고 다이애나 스펜서의 사실상의 라이벌이었다. 보다 최근의 이 환생에서 우리는 외도가 한 집안 전체에서 나아가 한 나라에 얼마나 파괴적일 수 있는지 보았다.

오늘날 대다수 심리학자와 상담자는 죄가 정말로 세대를 타고 전수되는 경향이 있음을 발견하고 있다. 성 중독 전문 상담자 패트릭 칸즈(Patrick Carnes)가 소개한 한 사례는 내게 충격을 주었다. 칸즈 박사의 어느 환자는 자신의 성기 노출 강박증에 깊은 수치를 느끼며, 그 죄를 해결하려고 치료를 받기 시작했다. 그는 이런 문제로 고민하는 사람은 자기뿐일 거라며 몹시 창피해하고 부끄러워했다. 그러나 조금 알아본 결과 자기 아버지와 두 삼촌과 두 사촌도 똑같이 성기 노출 강박증 환자였음이 밝혀졌다.[4]

칸즈 박사가 그의 환자들에게서 발견한 바에 따르면, "중독은 집안 전체에 그림자를 드리워 집안 병리의 반복을 강화하고 더욱 심화시켰다."[5] 개인적 유혹과 싸우고 있는 남녀는 자기만을 위해 싸우는 것이 아니라, 세대에서 세대로 이어지는 악과의 전쟁에서 최전방을 맡은 것이다. 죄에 빠질 때 대개 우리는 자기 자녀들과 손자 손녀들을 영적으로 노출시킬 빈틈을 열어 놓는 것이다. 이 사실만 생각해도 우리는 유혹과 시험에 견고히 맞설 각오가 생겨야 한다.

우리는 자신의 죄를 절대로 '윗세대의 영향' 탓으로 돌릴 수 없다. 하나님이 예수 그리스도 안에서 이길 길을 열어 놓으셨기 때문이다. 그러나 동시에 가문의 성향을 부정하는 것은 의미가 없다. 칸즈 박사의 설명대로, "중독자들에게 있어, 이전 세대가 중독에 미친 영향을 파악하는 것이 치료의 일부다."[6] 이것은 부모인 내게 어떤 의미가 있는가? 아버지로서 죄를 짓는 것이 아들로서 죄를 짓는 것보다 더 나쁘다. 아버지로서 죄를 지으면 그 악이 연달아 몇 세대고 계속 이어질 위험이 있다.

공평해 보이지 않을지 모르지만, 자녀가 부모의 죗값을 치른 예는 고금을 막론하고 많다. 성경 시대의 한 비통한 이야기를 보면 아간이라는 아버지가 하나님의 명을 어기고 금지된 전리품 얼마를 숨겼다. 죄가 밝혀진 후 아간은 혹독한 대가를 치렀다. 그러나 혼자만이 아니었다. 백성들은 그의 온 가족을 돌로 쳐 죽였다. 아간의 처와 자녀들은 아간의 탐욕에 대한 벌로 목숨을 잃었다(여호수아 7장 참조).

우리 자녀들은 아간의 가족처럼 당장 값을 치르지는 않을지 모른다. 우리의 영적 잘못이 우리 자손의 삶 속에 나타나는 데 20~30년이 걸릴 수도 있다. 그러나 자녀들이 따라올 길을 우리가 더 쉽게 해줄 수도 있고 더 어렵게 만들 수도 있음은 분명하다. 이것으로도 자신의 영적 훈련에 더 진지하게 임해야겠다는 마음이 안 든다면 무엇이 그 동기가 되어줄지 나도 모른다.

당신이 만일 몇 대째 집안에 흐르고 있는 어떤 죄의 성향으로 고생하고 있다면 지금 도움을 구하라. 당신 대에서 이 사슬을 끊겠다고 하나님 앞에 결단하라. 베드로는 "하나님의 신기한 능력으로 생명과 경건에 속한 모든 것을 우리에게 주셨으니 이는 자기의 영광과 덕으로써 우리를 부르신 이를 앎으로 말미암음이라"라고 힘주어 말한다(벧후 1:3). 교회 목회자와 상담자에게 의지해 그들의 통찰과 지혜를 모으라. 당신이 죄를 끊지 않으면 자녀들이 그리고 손자와 증손자까지 같은 고민에 부딪칠 수 있다. 그것을 알면서도 당신의 고민을 적당히 넘겨서는 안 된다.

영적 유산 물려주기

다행히 세대 간의 긍정적인 영향도 존재한다. 불신자와 결혼한 모든 엄마에게 격려가 될 이야기가 성경에 있다. 바울은 디모데에게 믿음 안에 거하라고 명하면서 그 이유로 "네가 누구에게서 배운 것을 알며"라고 했다(딤후 3:14). 여기서 바울이 지칭하는 사람이 디모데의 어머니 유니게와 외조모 로이스임을 우리는 다른 구절을 통해서 알고 있다(딤후 1:5 참조). 디모데 일가를 칭찬할 때 바울은 디모데의 아버지를 언급하지 않는데 이는 생략치고는 유난히 눈에 띄는 생략이다. 사도행전 16장 1절에 보면 디모데의 아버지는 아직 살아 있었다. 따라서 대부분 주석가는 그가 불신자였다고 본다.

바울이 믿기로, 신앙인 어머니와 외조모의 영향 덕분에 디모데는 혹시 믿음에 회의가 생기더라도 붙잡을 수 있는 모본이 충분히 있었다. 그는 디모데에게 두 여인의 본을 명심하고 그 마음에 새기라고 권면했다. "디모데야, 믿음이 두 분의 삶에 가져온 변화를 너는 보았다. 이제 그것을 네 것으로 붙잡아라." 16세기 종교개혁자 장 칼뱅은 그것을 "(디모데는) 어렸을 때부터 모유와 더불어 경건함을 빨아 마시며 자랐다"[7]라고 표현했다.

당신이 편모라면 디모데의 삶에서 큰 위로를 얻을 수 있다. 물론 이상적인 것은 아들에게 역할 모델이 되어 줄 경건한 아버지가 있는 것이다. 그러나 그렇지 못할 경우 믿는 엄마는 본인이 일차적 역할 모델이 되면서 아들을 다른 남성 역할 모델들(디모데의 경우, 바울)과 이어줄 수 있다. 편부모의 자녀 양육에는 어려움이 많지만, 절대로 그것을 헛수고나 희망 없는 일로 생각하지 말라.

구약에는 아론과 그 아들들로 시작되는 보다 전통적인 유산이 나온다. 아론을 제사장으로 세우신 후 하나님은 모세에게 아론의 아들들도 세우라고 명하신다. "그 아버지에게 기름을 부음 같이 그들에게도 부어서 그들이 내게 제사장 직분을 행하게 하라. 그들이 기름 부음을 받았은즉 대대로 영영히 제사장이 되리라"(출 40:15).

요즘은 대체로 자녀가 아버지의 직업을 이어받지 않지만(그래도 내 처가에는 현재 4대째 경매인이 나왔다), 우리는 반드시 영적인 유산을 물려준다. 우리는 자녀들이 따를 확실한 본을 남기고 있는가? 자녀들은 우리를 봄으로써 하나님을 가까이할 것인가, 아니면 우리의 위선이 그들의 신앙에 걸림돌이 될 것인가? 완벽한 본을 남길 사람은 우리 중에 아무도 없다. 그러나 우리는 진실한 본인 하나님과 손잡고 걷는 삶의 확실한 그림을 보여 줄 수는 있다.

부모의 발자국이 데려가는 곳

피할 수 없는 질문이 있다. 우리의 생활방식은 자녀들에게 극복해야 할 문제를 남겨 주고 있는가, 아니면 자녀들이 따를 경건한 길을 밝혀 주고 있는가? 자녀가 우리의 장점도 본받고 단점도 본받을진대, 우리는 자녀 양육 과정에서 자신의 성품 개발에 더욱 진지하게 임해야 한다. 우리가 15도만 빗나가기 시작하고, 자녀들이 그 방향을 고수하고, 그 자녀들이 그 뒤를 따른다면, 머잖아 가문 전체가 궤도를 심각하게 벗어나게 된다.

사도 바울에 대한 내 존경심은 시간이 갈수록 깊어만 간다. 그의 서신서에 깊이 들어갈수록 그의 깊은 신앙이 나를 겸손하게 하며 도전을 준다. 본을 남긴다는 이 문제에서 특히 그렇다. 바울은 감히 고린도 교인들에게 "그러므로 내가 너희에게 권하노니 너희는 나를 본받는 자가 되라"라고 말한다(고전 4:16). 그들이 혹시 알아듣지 못했을까 봐 같은 편지 뒷부분에 반복해 말한다. "내가 그리스도를 본받는 자가 된 것 같이 너희는 나를 본받는 자가 되라"(고전 11:1).

데살로니가 교인들에게도 바울은 사실상 똑같이 권면한다.

> 어떻게 우리를 본받아야 할지를 너희가 스스로 아나니 우리가

> 너희 가운데서 무질서하게 행하지 아니하며 누구에게서든지 음식을 값없이 먹지 않고 오직 수고하고 애써 주야로 일함은 너희 아무에게도 폐를 끼치지 아니하려 함이니 우리에게 권리가 없는 것이 아니요 오직 스스로 너희에게 본을 보여 우리를 본받게 하려 함이니라(살후 3:7~9).

그리고 갈라디아 교인들에게 바울은 "형제들아 … 너희도 나와 같이 되기를 구하노라"라고 말한다(갈 4:12).

이보다 더 확실히 말할 수 있을까? 바울은 남들이 본받을 줄을 치며 살았다. 그는 자신이 바른 방향으로 향하고 있음을 늘 확인해야 했다. 그랬기에 그는 다른 사람들에게 자기처럼 하라고 자기를 본받으라고 확실히 말할 수 있었다. 부모의 사명의 극치를 보여 준 것이다! 자녀들에게 우리를 따르라고 굳이 요구하지 않아도 그들은 그럴 것이다. 적어도 어느 정도는 그럴 것이다. 자녀들은 우리를 본받으려 할 수도 있고 우리를 밀어내며 반항할 수도 있지만, 어쨌든 우리와 우리 삶의 방식에 반응할 것만은 분명하다.

언젠가 우리 아들 그레이엄을 위해 기도하던 때가 생각난다. 주님께서 자신의 중보로 내 기도를 막으시는 것 같았다. "그레이엄을 위한 기도 제목대로 너도 그렇게 되어야 하느니라." 하나님은 내게 그레이엄을 위한 내 기도에 열심히 응답하시되 나를 사용해 응답하실 작정이라고 말씀하시는 것 같았다. 만일 그레이엄이 기도의 사람이 되기 원한다면 나부터 기도의 사람이 되어야 한다.

다른 사람들에게 '나를 본받으라'라고 말한 바울만큼은 자신이 없다. 그레이엄과 엘리슨과 켈시가 어떤 성품 분야에서는 나보다 나아지기를 바란다. 그러나 바울만큼 자신이 있고 없고가 중요한 것이 아니다. 재생산은 이미 이루어지고 있다. 그러므로 나는 이렇게 물을 수밖에 없다. 나는 어찌할 것인가?

우리는 발자국을 남기는 일을 피할 수 없다. 자녀를 둔다는 것은 다른 인생에 어쩌면 몇 세대에까지 영향을 미치는 것이다. 유일한 질문은 이것이다. 우리의 발자국은 우리 자녀들을 어느 방향으로 데려갈 것인가?

Chapter **12**

희생

자녀 양육은
우리에게 희생을
가르쳐 준다

내가 아버지가 되려 할 무렵 친구 버지스 메러디스가 말했다. "자녀는 뭔가 놀라운 것, 자신보다 더 사랑하게 될 사람을 얻게 되는 거라네." 이는 자기중심적인 사람들에게 커다란 축복이다.
_ 배우 피터 보일(Peter Boyle)

(저희 죄를 위한 희생으로) 그가 단번에 자기를 드려 이루셨음이니라.
_ 히브리서 7장 27절

딕 샤프(Dick Schaap)는 한참 활동적으로 일하던 시기에 책을 스무 권도 더 썼고 텔레비전과 라디오의 수많은 스포츠 쇼를 진행했다. 그의 아들 제레미도 아버지의 뒤를 이어 스포츠 보도 분야에 뛰어들어 1996년부터 스포츠 채널 ESPN에서 일하고 있다.

2001년 외견상 평범한 수술 절차 끝에 딕이 뜻밖에 돌연사하자 스포츠계는 명망 있는 걸출한 목소리를 잃었다며 충격에 사로잡혔다. 아버지의 생애를 기리는 칼럼에서 제레미는 자신을 위한 아버지의 어쩌면 최고의 희생을 이렇게 기술했다.

> 우리 아버지는 빌 매저로스키가 홈런으로 1960년 월드시리즈를 끝내는 것도 보았고, 풋볼 선수 제리 크레이머가 멋진 방어로 아이스볼(Ice Bowl)을 승리로 이끄는 것도 보았으며, 마닐라에서 열린 무하마드 알리와 조 프레이저의 난타전도 보았다. 그리고 레지 잭슨이 1977년 월드시리즈 6차전에서 날린 한 방의 홈런도 보았다. 물론 잭슨은 그 시합에서 홈런을 세 방이나 날려 양키스가 다저스를 이기는 데 공헌했다. 그러나 아버지는 버트 후튼의

공을 받아친 잭슨의 1호 홈런밖에 보지 못했다. 잭슨이 2호 홈런을 칠 때 아버지는 구내매점에서 내게 팝콘을 사주고 있었다. 잭슨이 3호 홈런을 칠 때 아버지는 내게 음료수를 사주고 있었다. … 내 생각에는 결국 아버지가 나를 용서했다.[1]

존경과 순종부터 시작해서 부모도 자녀에게 정당히 요구하는 것이 있다. 그러나 자녀들은 부모에게 많은 것을 요구한다. 그들이 존재한다는 사실 자체가 우리의 양육, 보호, 사랑, 헌신, 시간, 재정 지원을 요구한다. 우리의 시간, 돈, 에너지, 배려에 대한 자녀들의 이런 요구가 우리를 진정한 기독교 신앙의 핵심인 희생정신으로 이끌어줄 수 있다.

희생이라는 영적 훈련 수용법

자녀 양육의 엄청난 수고가 요청되는 일차 대상은 어머니다. 아버지는 책임을 맡기까지 9개월의 준비 기간이 있다. 그러나 아이가 엄마 몸속에 살다 보니 어머니는 즉각적이고 혹독한 요구에 직면한다. 영국 작가 레이첼 커스크는 저서 《평생의 일》(*A Life's Work*)에서 그 현실을 생생히 묘사했다.

> 임신 관련 책들은 마치 못된 부모처럼 온갖 위협과 보복의 약속, 경솔한 행동의 대가에 대한 살벌한 암시로 가득 차 있다. 간 요

리를 먹으면 아기의 간에 이상이 생긴다. 블루치즈를 먹으면 아기에게 리스테리아균이 생기는데 이것은 증상 없는 침묵의 병이지만 그럼에도 아기를 무시무시한 기형으로 만든다. 고양이를 쓰다듬으면 아기가 주혈원충병에 걸린다. … 체온이 며칠간 계속 40도를 웃돌면 임신 첫 7주 동안 아기에게 피해가 갈 수 있으니 사우나도 하지 말고, 뜨거운 물로 목욕도 하지 말며, 임신 중에는 절대로 두꺼운 속옷도 입지 말라. … 그대 살인자여, 담배도 피우지 말고 술도 마시지 말라. 아스피린도 먹지 말라. 차를 탈 때는 반드시 안전벨트를 매라. … 평생 딱 한 번, 임신 때만은 살이 쪄도 된다고 생각하는 사람은 다시 생각해야 한다. 케이크, 비스킷, 흰 밀가루, 초콜릿, 단 것, 탄산음료, 칩도 먹으면 안 된다. 임신에 관한 어느 책에는 이렇게 적혀 있다. "포크를 들어 입으로 가져가다가도 이 책을 보고 생각하라. 이것이 내 아기에게 줄 수 있는 최고의 음식인가? 아니라면 그 포크를 내려놓으라."[2]

레이첼은 태어나기 전의 아기가 '임신의 문화'에 담당하는 '희한한 역할'에 대해, '태아는 피해자이자 동시에 독재자'라고 했다.[3]

먹고 마시고 입는 것, 즐기는 운동과 여가 등 여자의 모든 생활방식이 갑자기 문젯거리가 된다. 사람은 누구나 자기만의 작은 악습이 있다. 나는 날마다 펩시를 마시고, C. S. 루이스는 오후에 담뱃대를 물었고, 어떤 젊은 엄마는 커피를 다섯 잔씩 마셨으며, 어떤 골프 치는 사람은 가끔씩 담배를 피운다. 그러나 임신한 여자는 사실상 모든 악습을 하룻밤 사이에 단칼에 끊어야 한다. 그렇지 않으면 태아가 자기 때문에 무슨 피해를 입거나 기형이 될 것만 같다.

여자의 희생의 사명은 한마디로 임신 사실을 아는 순간부터 시작된다. 내 아내 리자는 이 부분에서 영웅이었다. 아내는 영양분 지침을 복음처럼 알았고 그것을 어긴다는 것은 생각조차 못 했다. 내 형편없는 식습관을 고려할 때 태아가 내 몸에서 양분을 받지 않는 것을 아내도 나도 다행으로 여겼다.

부모가 자진해서 하는 이런 희생에는 커다란 영적 유익이 따른다. 기독교는 희생을 통해 태어났고, 우리를 많은 희생의 행위로 부른다. 우리가 섬기는 하나님은 후하고 자비로우며 사랑으로 베푸시는 분이다. 그러다 보니 우리는 신약성경에 나오는 은유인 십자가 중심의 이미지보다는 '크리스마스트리' 신앙관에 빠져들기 쉽다. 주님의 나무에 둘러앉아 계속 선물만 뜯어보는 것이 곧 기독교라는 시각이다. 그러나 예수는 그분을 따르는 자들이 하는 일의 핵심은 희생이라고 하셨다. "아무든지 나를 따라오려거든 자기를 부인하고 날마다 제 십자가를 지고 나를 따를 것이니라"(눅 9:23). 사도 바울도 그것을 강조해 기독교 예배의 기초는 희생의 태도라고 했다. "그러므로 형제들아, 내가 하나님의 모든 자비하심으로 너희를 권하노니 너희 몸을 하나님이 기뻐하시는 거룩한 산 제사로(희생으로) 드리라. 이는 너희가 드릴 영적 예배니라"(롬 12:1).

우리는 믿음의 축복, 하나님의 공급, 그분이 주시는 선물에 대해 말하기를 좋아한다. 그러나 그런 것들은 미성숙한 그리스도인도 받을 수 있다. 하나님의 후하신 공급은 큰 믿음 없이도 받아들일 수 있다! 그러나 참된 영적 성숙은 하나님이 우리에게 희생을 요구하실 때에 종종 드러난다. 영적 선물을 '뜯어보기'는 쉽지만, 하나님을 위해 도로 내려놓기는 쉽지 않다. 그럴 수 있으려면 훈련이 필요하다. 때로는 누가 우리를 꼬이기라도 해야 한다! 이런 의미에서 자녀들은 하나님 손에 들린 연장이 되어 우리에게 희생이라는 중대한 영적 훈련을 수용하는 법을 가르쳐 준다.

온전한 관심과 최선의 노력

18세기의 평범한 농부이자 구두 수선업자인 존 애덤스 집사는 정말 안전한 재산은 땅뿐이라는 간단한 좌우명 하나로 살았다. 한번 산 땅은 팔지 않는 것이 철칙이었다. 역사가들에 따르면 존 집사는 딱 한 번 그 법칙에 예외를 두었다. 맏아들 존을 대학에 보내기 위해 10에이커의 땅을 팔았다. 아들에게 최고의 성공 기반을 다져주기 위해 존 집사는 중심의 소신을 꺾어 가면서까지 그런 희생을 자진했다.

존은 아버지의 희생을 저버리지 않고 마침내 미국의 제2대 대통령이 되었다.

자녀를 기르는 일은 우리의 자아도취적인 이기심을 지적해 주고 타인을 위해 자신의 행복을 희생하게 한다. 물론 이것은 놀라운 영적 훈련이다. 한번은 어떤 남자가 내게 자기는 자녀의 대학교육 때문에 절대로 빚도 지지 않을 것이고 자녀의 학사학위를 위해 자신의 은퇴 연금을 헐 생각조차 없다고 역설했다. 그 남자는 은퇴 생활의 꿈이 있었다. 남자가 꿈을 추구해야 한다는 데는 나도 의의가 없지만, 이기적으로 되면서까지 그래야 한다는 것에는 반대다. 바울은 여기에 대해 아주 강경하다. "누구든지 자기 친족 특히 자기 가족을 돌보지 아니하면 믿음을 배반한 자요 불신자보다 더 악한 자니라"(딤전 5:8). 때로 책임과 성실과 성숙은 우리가 사랑하는 이들을 위해 꿈을 자진해서 내려놓게 한다.

이것이 예수의 삶의 방식이었다. 그야말로 한창때인 서른셋의 나이에 자진해서 목숨을 버리셨다. 이 땅에 30~40년을 더 사셨다면 얼마나 많은 일을 하실 수 있었겠는지 상상해 보라! 그러나 예수는 제자들에게 말씀하셨다. "내가 진실로 진실로 너희에게 이르노니 나를 믿는 자는 내가 하는 일을 그도 할 것이요 또한 그보다 큰 일도 하리니 이는 내가 아버지께로 감이라"(요 14:12).

어떻게 우리가 예수보다 더 큰 일을 할까? 그분의 희생(이는 내가 아버지께로 감이라)을 딛고서 그리한다. 존 애덤스는 어떻게 교육받고 중하층 환경을 벗어나 당대의 가장 영향력 있는 사람 중 하나가 되었을까? 아버지의 희생을 딛고서 그리되었다. 자녀들에게는 적극적인 사랑, 늘 곁에서 들려주는 조언, 기도하며 함께 있어 주는 것이 매우 요긴한데, 어떻게 그들은 그런 양육을 받을까? 어머니의 희생을 딛고서 그리한다.

자녀들의 필요는 '편의'와는 거리가 멀다. 그들의 성공에 요구되는 것들은 값싸게 거저 오지 않는다. 자녀를 잘 기르려면 날마다 온갖 희생이 요구되며 여기에는 우리를 예수 그리스도 자신의 성품으로 빚어 주는 놀라운 영적 효과가 있다. 하나님은 우리에게 자신을 벗어나 성장하라고, 내 꿈이 나에게서 시작되고 끝나는 것처럼 행동하지 말라고 부르신다. 일단 자녀가 생기면 우리는 여전히 무자한 사람처럼 행동하고 꿈꿀 수 없다.

몇 년 전, 미국에서 가장 영향력 있는 목사라 해도 손색없을 사람이 나를 자기 교회에 초빙해 교역자들에게 강연하게 한 후, 그 교회에 부임해달라고 요청해 내게 일대 충격을 안겨 주었다. 작가인 나로서는 내 책을 홍보하기에 그보다 좋은 자리는 없었다. 더 중요하게, 나는 그와 그의 일을 더없이 존중하고 있고 사역이 전략적이면서도 하나님의 풍성한 축복을 받고 있다고 생각한다. 그러나 우리 가정은 벨링햄에서 자리를 잡은 터였다. 사실 그 목사의 말이 있던 그날, 우리는 마침 집을 사려고 계약을 마쳤고, 아이들은 교우 관계, 학교 상황, 교회 중고등부에 적응해 편해진 상태였다. 그 제의를 사양하는 것은 바보짓 같았다. 직업적으로 보면 내가 내려야 할 선택에는 재론의 여지가 없었다. 그러나 내 꿈은 나에게서 시작되고 끝나지 않으며 그래서도 안 된다.

1년 후, 어느 신학교에서 내게 '주재(駐在) 작가'라는 직책을 제의해 왔다. 너무나 솔깃한 직함에 아내는 웃음을 터뜨렸다. 서한을 읽으면서 아내는 마치 그들이 내 마음을 읽은 것 같다고 말했다. 아내는 "일부러 하려고 했어도 이보다 솔깃한 자리를 내놓을 수는 없었을 거예요!"라고 소리쳤다. 아내의 말이 옳았다.

그러나 그 제의는 비수처럼 내 심장을 찔렀다. 줄곧 발길질하고 악을 쓰는 가운데 결국 이 기회도 사양해야 함을 깨달았다. 아이들을 데리고 워싱턴주로 이사할 때 나는 그들에게 "너희가 집을 떠나기까지 이사는 이걸로 끝이다. 이렇게 너희 삶을 혼란에 빠뜨리는 일은 다시 하지 않겠다"라고 약속했다. 그 '이상적인' 일자리를 수락하려면 이사가 불가피했다. 물론, 그것은 평생의 꿈이었고 나에게 그보다 더 잘 맞는 직책은 없을 것이다. 그러나 나는 그저 일개 개인이 아니라 아버지다. 이 경우 아버지로서의 내 책임이 개인적 야망보다 더 중시되어야 한다고 믿었다.

적어도 엘튼 트루블러드는 내게 공감하리라 믿는다. 그 사람이 같은 편이 되어준다면 나는 아주 든든하다. 그는 이렇게 말했다.

> 어떤 의사가 미국의학협회 회장으로 뽑히던 그날, 그의 아들은 미국우등생클럽 회원으로 뽑혔다. 의사의 친구들은 그가 자기의 명예보다 아들의 명예에 훨씬 더 흡족해하는 것을 보았다. 사실상, 가정을 둔 후에도 여전히 자신의 개인적 야망과 출세에 일차적 중점을 두는 남자는 스스로 성숙하지 못한 모습을 드러내는 것이다. 개인적 야망은 젊은이들에게는 필요할지 몰라도 나이 든 사람들의 그 야망은 갈수록 추해진다.[4]

존 집사가 왜 아들의 장래를 위해 귀한 땅을 10에이커나 팔았는지 이해가 된다. 나도 자녀들의 기반을 든든히 다져주기 위해서라면 집이라도 저당 잡히고 내게 있는 것은 뭐든 내줄 것이다. 애덤스가(家) 사람들이 대대로 외운 편지가 있다. 존 집사의 아들인 존 애덤스 대통령이 쓴 것이다.

> 내 아들들이 자유로이 수학과 철학을 공부할 수 있도록 나는 정치와 전쟁을 공부해야 한다. 내 아들들은 자기 자녀들에게 그림, 시, 음악, 건축, 조각, 편물, 도예를 공부할 권리를 주기 위해 수학, 철학, 지리, 자연사, 조선, 항해, 상업, 농업을 공부해야 한다.[5]

부모의 책임을 다하려면 그리스도인다운 겸손한 자세를 취해야 한다. 자신이 아무리 '중요해' 보여도, 하나님께서 자녀들을 통해 더 중요한 일들을 하실 수 있음을 기대해야 한다. 자녀들에게 온전한 관심과 최선의 노력을 쏟는 것이 우리의 본분이다. 그것을 바탕으로 자녀들이 영향력 있는 그리스도인이 될 수 있다는 희망을 품고서 말이다. 자신이 누린 모든 혜택을 다음 세대에 물려주어야 할 책임을 망각한 채 엄마들과 아빠들이 자기 사역과 삶에 너무 바빠 자녀들에게 소홀히 하는 것은 좋게 말해 근시안이고 최악의 경우 교만의 극치다.

나의 신학교 교수였던 고 클로스 복뮤얼(Klaus Bockmuehl)이 그런 본을 보였다. 존경받는 인물 복뮤얼 박사가 내게 말하기를 제자들을 자기 어깨로 떠받쳐 자기보다 큰 사람으로 길러내는 것이 자신의 목표라고 했다. 그때 평생 내가 그의 깊이나 영향력에 버금갈 수 있을까 싶었지만, 그의 말은 자녀들을 내 어깨로 떠받치고 싶은 아버지인 내게 지울 수 없는 그림으로 남았다.

전폭적인 희생

캠퍼스 목사 짐 슈모처가 내게 한 친구 이야기를 들려주었다. 중학교 2학년 된 친구의 딸은 사춘기가 되면서 자기 엄마가 늘 입던 옷차림을 갈수록 창피하게 여겼다. 결국 엄마가 참다못해 딸에게 이렇게 설명해 주었다.

"얘, 엄마가 입는 옷들이 유행에 뒤진 거라는 건 엄마도 알아. 하지만 너도 알아야 할 것이 있다. 엄마가 이렇게 입어야 너는 그렇게 입을 수 있지. 둘 다 최신 유행 옷을 입을 형편은 안 되거든."

그간 내가 만났던 홈스쿨 엄마들을 생각해 본다. 아내도 그중 하나다. 때로 리자는 자기도 일주일에 네 번씩 헬스클럽에 다니고, 스타벅스에서 친구들과 함께 한가로이 커피를 마시고, 자기 좋아하는 일에 더 많은 시간을 보낼 수 있었으면 하고 아쉬워한다. 하지만 두 자녀의 홈스쿨링은(지금 우리 맏딸은 고등학교에 다닌다) 풀타임 직업이다.

부모인 우리에게 하나님은 다음 세대를 위한 전폭적 희생을 명하신다. 그것이 예수의 길이다. 여러모로 사랑의 정의는 희생이다. 예수께서 세상을 향해 "내가 너희를 사랑하노라"라고 말씀하시는 것과 우리를 위해 죽으심으로 그 사랑을 나타내시는 것은 전혀 다른 문제다. 바울은 말한다. "우리 주 예수 그리스도의 은혜를 너희가 알거니와 부요하신 이로서 너희를 위하여 가난하게 되심은 그의 가난으로 말미암아 너희를 부요하게 하려 하심이라"(고후 8:9).

이 말씀을 너무 빨리 지나치지 말라! 예수는 자신의 영적 자녀들을 부요케 하시려고 스스로 가난해지셨다. 예수는 우리로 영광을 누리게 하시려고 스스로 굴욕을 당하셨다. 그분은 우리를 살리시려고 죽으셨다. 영적으로 우리가 가진 모든 것은 예수의 희생을 딛고 온 것이다.

희생이 없으면 사랑은 단지 말뿐이며 공허한 감상이 된다. 헤비급 권투선수 마이크 타이슨이 이 시대의 정신을 잘 보여 준다. 그는 자녀들을 만나는 일이 거의 없다고 시인하면서도 자기가 그들을 끔찍이 "사랑한다"라고 말한다. 어느 날 밤, 시합 전에 그는 기자들에게 이렇게 말했다. "자녀들과 거의 남남처럼 지낸다. 집안에 문제가 많다. 하지만 다 괜찮다. 나는 세상 최고의 아버지다. 그들에게 나보다 좋은 아버지는 있을 수 없다. 내가 평생 단 하루도 찾아가지 않아도 그들에게 나보다 좋은 아버지는 절대 있을 수 없다. 나만큼 그들을 사랑할 사람은 아무도 없으니까 말이다."[6]

타이슨의 감정에도 불구하고 확실한 증거는 반대로 나온다. 법정 기록에 따르면 1995년부터 1997년까지 타이슨이 자기 동물들(1천 마리가 넘는 비둘기와 다수의 고양이를 포함해)을 먹이고 재우는 데 쓴 비용은 자녀 양육비의 거의 두 배에 달한다.[7] 말과 감정은 값싼 감상의 산물에 불과하다. 참된 성경적 사랑의 중추는 희생이다. "사람이 친구를 위하여 자기 목숨을 버리면 이보다 더 큰 사랑이 없나니"(요 15:13).

정당한 필요를 내려놓기

저널리스트 아이리스 크래스노는 밖에서 '맛있는' 오후와 저녁을 보내려고 옷을 쫙 차려입었다. 어린 네 아들을 키우는 그녀는 정말 휴식이 필요했고, 몸 안의 모든 세포가 그 시간을 고대하고 있었다. 그녀는 우선 미용실부터 가기로 했다. 다음은 아메리칸대학교에서 글쓰기에 관한 강좌를 가르칠 작정이었다. 그러고 나서 친한 친구와 식당에서 만나 '성숙한 대화'를 해볼 참이었다. 너무 좋아서 현실 같지 않았다. 불행히도, 결국 현실이 못되었다.

아이리스가 불과 몇 시간 후에 무엇을 먹고 마실까 꿈꾸며 실크 옷깃이 달린 재킷과 바지가 한 벌로 된 까만색 울 정장을 입고 있는데, 한 아들이 방으로 들어오더니 방금 막 자기가 토했고 머리가 '불덩이 같다'라고 말했다. 체온을 재보니 39.5도였다. 아이리스는 아이들로부터의 이 휴식을 원한 정도가 아니라 그것이 꼭 필요해 보였다. 그러나 아들에게는 그녀가 필요했다. 누구의 권리가 이길 것인가?

크래스노는 이렇게 썼다.

"아이를 무릎에 안아 올리자 아이의 끈적끈적한 얼굴이 내 까만색 재킷으로 파고들었다. 나는 전화기를 들고 소아청소년과 의사에게 전화를 걸었다. 그리고는 미용실 약속과 글쓰기 강좌와 캑터스 칸티나에서 보기로 한 베카와의 데이트를 취소했다."

아들이 "엄마, 안아줄래요?" 하자 "그러고말고." 그녀는 대답했다.[8]

아이리스의 반응 방식을 보며 나는 세례 요한의 처형 소식을 들으신 직후 예수의 반응이 떠오른다. 예수의 생애에 있어 얼마나 엄숙한 순간인가! 세례 요한의 목을 내리친 그 폭력이 곧이어 자신에게 닥쳐 올 일의 고요한 전조임을 그분은 아셨다. 그분은 시시각각 움직이는 시계를 보셨다. 자신의 순교의 날이 점점 다가오고 있었다. 예수께서 아버지와 둘만의 시간을 꼭 보내고 싶었던 것은 어쩌면 당연하다. 마태는 "예수께서 (세례 요한의 죽음을) 들으시고 배를 타고 떠나사 따로 빈 들에 가시니"라고 기록했다(마 14:13). 예수는 혼자 있을 시간이 필요하셨다.

그러나 예수가 근처에 오셨다는 말을 듣고 큰 무리가 쫓아왔다. 혼자 있어야 할 예수 앞에 수많은 사람이 모여 뭔가를 바라고 있었다. 예수는 기도할 시간이라며 얼마든지 무리를 돌려보내실 수도 있었다. 그런다고 그분을 흠잡을 사람은 아무도 없었다. 그러나 마태에 따르면 예수는 "큰 무리를 보시고 불쌍히 여기사 그 중에 있는 병자를 고쳐" 주셨다(마 14:14). 그 일이 온종일 계속되었다. 그리고 날이 저물자 예수는 오천 명을 먹이셨다.

때로 우리는 예수가 힘 하나 안 들이고 기적을 행하신 것처럼 말한다. 그런 엄청난 일은 실제로 대단한 에너지와 힘을 필요했다. 예수는 온전히 하나님이셨지만, 온전히 인간이셨기에 지치실 수밖에 없었다. 감정적으로 그렇게 힘겨운 하루를 보내신 후에 힘을 추슬러 수많은 병자를 고치시고 다시 마지막 안간힘까지 다해 오천 명의 무리를 먹이신 그분을 상상해 보라.

예수는 녹초가 되셨을 것이고, 영과 육에 절실히 새 힘이 필요했을 것이다. 굳이 추측할 필요도 없다. 마태의 기사에 긴박성이 분명히 나온다. 마태는 기록하기를 오천 명을 먹이신 직후에 "예수께서 즉시 제자들을 재촉하사 자기가 무리를 보내는 동안에 배를 타고 앞서 건너편으로 가게 하시고 무리를 보내신 후에 기도하러 따로 산에 올라가시니라"라고 했다(마 14:22~23). 예수는 본분을 다하셨다. 본분을 다하신 직후에 애써 기도 시간을 내셨다.

한계가 느껴지고 혼자만의 시간이 꼭 필요한데 자녀를 위해 그것마저 희생해야 했던 부모들이 얼마나 많은가? 하나님이 당신을 그곳으로 부르실 때 당신을 이해하시는 분이 있음을 잊지 말라. 예수도 그 자리에 계신다. 그분은 당신의 심정을 정확히 아시며 이 어려운 희생의 순간을 그분과 친해지고 그분의 이해를 느끼는 심오한 장으로 삼도록 당신을 부르신다. 혼자 있을 시간, 새 힘을 얻어 심기일전할 시간이 필요한데 다른 사람들의 필요를 돌보아야 하는 현실 때문에 그 시간을 빼앗기는 심정을 그분은 아신다.

부모로서 안타까운 일이지만, 자녀들의 필요는 우리가 푹 쉬었거나 컨디션이 최상일 때 찾아오는 경우가 거의 없다. 오히려 우리가 녹초가 되었을 때 당장 내 앞에 위기나 고민이 닥쳤을 때 찾아온다. 자녀들은 부모의 스케줄을 살피지 않고 아무 때나 병들고 싸우고 반항한다. 자신의 필요를 자녀 양육의 보다 절박한 사명 밑에 두는 이것이 바로 부모의 희생의 핵심이다.

우리 중에 거창한 희생이 요구되는 사람은 많지 않다. 희생과 그에 상응하는 겸손이라는 덕목은 굉장한 제스처로 이루어진다기보다 일상 속의 꾸준한 배려의 행위로 빚어진다. 즉 아빠는 텔레비전을 켜는 대신 어린 딸과의 보드게임을 선택한다. 엄마는 직장에 늦게까지 남아 있는 대신 저녁 식사 시간에 꼭 집에 온다. 부모는 자녀들과 더 많은 시간을 보내기 위해 취미생활의 빈도를 대폭 줄인다. 엘튼 트루블러드가 그것을 가장 잘 표현했다.

> 어린아이들은 온종일 개별적인 사랑을 누리고 찌꺼기 이상의 관심을 받을 권리가 있다. 그러나 상황이 이렇게 변하려면, 아버지들과 어머니들이 가정을 지키기 위해 뭔가를 희생할 정도로(심지어 흥분과 감격 속에서) 가정을 소중한 기관으로 여겨야 한다.[9]

고린도후서 12장 14절에서 바울은 "어린아이가 부모를 위하여 재물을 저축하는 것이 아니요 부모가 어린아이를 위하여 하느니라"라고 경고한다. 재정적인 의미로 한 말이지만 원리는 훨씬 포괄적이다. 우리 어른들은 설령 자신에게 큰 희생이 따른다 해도 자녀들의 필요를 채워 줄 의무가 있다. 그는 계속해서 "내가 너희 영혼을 위하여 크게 기뻐하므로 재물을 사용하고 또 내 자신까지도 내어 주리니"라고 말한다(고후 12:15).

희생의 실제적 측면

부모로서 우리에게 요구될 희생의 실제적 측면을 몇 가지 살펴보자.

1. 시간

자녀들을 위한 우리의 첫 번째 큰 희생 중 하나는 시간을 포기하는 것이다. 이제 주말과 저녁 시간은 우리 자신의 개인적 기호와 무관하게 가족의 필요와 원함에 따라 정해진다. 직장생활을 하지 않고 집에 있는 부모의 경우 희생은 더 커진다. 1분 1초가 다 미리 정해져 있다.

레이첼 커스크가 말하는 다음 장면을 엄마라면 누구나 겪어 보았을 것이다. 아기가 잠들락 말락 하는 순간, 드디어 내게도 잠깐 혼자만의 시간이 주어질지 모르는 그 순간의 스릴을 그녀는 이렇게 적었다.

> 딸의 눈꺼풀이 늘어지기 시작한다. 저 모습을 보면 어쩌면 아기가 잠들어 두세 시간 그렇게 있어 줄지도 모른다는 희망이 생긴다. … 생각만 해도 마음이 설렌다. 아기가 잘 때 비로소 나는 내 과거의 삶과 밀회를 나눈다. 그것이 내 연인이라도 되는 것처럼 말이다. 밀회는 언제나 스릴 있지만, 정신없을 때가 많다. 나는 뭘 해야 좋을지 분간이 안 서 집안을 황급히 오간다. 책을 읽을지, 일을 할지, 친구들에게 전화를 걸지 … 딸의 늘어지는 눈꺼풀을 보노라면 임박한 자유에 내 핏줄마저 설레어 어쩔 줄 모른다. 나는 미친 듯이 내가 할 수 있는 일들을 생각하고 늘어놓으며 어떤 것은 버리고 어떤 것은 취한다. 딸의 눈꺼풀이 다시 늘어져 완전히 감긴다. 쉴 때의 딸의 얼굴은 조가비마냥 정교하고 고요하다.[10]

자녀는 누구나 시간을 듬뿍 필요로 한다. 부모라고 해서 자녀 없는 부부보다 하루가 더 긴 것이 아니므로 새로운 요구에 길을 터주려면 어떤 활동은 십자가에 못 박아야 한다. 자녀와 함께 보내는 시간을 대신할 수 있는 것은 아무것도 없다. 많은 경우 이 시간은 부모가 다른 하고 싶은 일을 버려야 생긴다.

모든 사역이 사실 그렇지 않은가? 우리도 누구나 사랑의 집짓기 운동에 자원봉사를 나가거나 과테말라에 교회당을 짓거나 임신 센터에서 봉사하거나 그 밖에 뭔가 섬기는 일을 할 마음이 있지 않은가? 시간만 있다면 말이다. 이런 일을 하는 사람들이라고 그렇지 않은 사람들보다 하루가 긴 것이 아니다. 자녀들과 대화하는 아빠들은 하루가 28시간이고 입을 봉한 아빠들은 하루가 24시간이 아니듯이 말이다. 시간은 사람을 가리지 않는다. 모든 것은 우리가 시간을 어디에 쓰기로 선택하느냐, 그리고 그 시간을 내기 위해 어떤 일을 기꺼이 희생할 것이냐의 문제다.

2. 섹스

자녀를 두는 것은 성적인 절제력을 기르는 좋은 길이다. 무대에 자녀가 등장하는 순간 성적 금욕은 완전히 새로운 의미를 띤다.

언젠가 내가 긴 강연 출장을 마치고 돌아온 후 리자와 나는 당연히 제법 로맨틱한 기분에 빠졌다. 둘 다 '만남'을 간절히 원했으나, 생각지도 못한 일들이 계속 겹쳐 밤마다 다른 일정까지 다 미루어야 했다. 결국 거의 일주일이 지난 후 우리는 토요일 밤으로 시간을 정했다. 불행히도 우리는 큰딸에게 친구 둘을 데려와 함께 자도 된다고만 했지 그 말에 내포된 의미를 미처 생각지 못했다.

그중 한 아이에게 만성 불면증이 있음을 우리는 몰랐다. 그 아이는 자정이 지나도록 잠을 못 자고 새벽 1시까지 우리 방 바로 앞에서 책을 읽었다. 그때는 이미 내가 잠든 지 두 시간 후였다(우리에게 내숭쟁이라고 할지 모르지만, 그 아이가 낯선 집에서 혼자 아래층에 내려온 것은 우리로서는 무례한 일이었다). 당시 우리는 세를 살고 있었는데 벽도 얇고 문은 더 얇아서, 결국 그날 밤 우리 집에서 들린 소리는 자정을 전후해 작동한 히터 소리가 전부였다.

이튿날 아침, 잠이 깬 나는 리자를 보며 말했다. "이번에도 그냥 놓쳤나, 아니면 아주 비참한 내 기억일 뿐인가?"

리자는 웃으며 말했다. "거기까지 갈 것도 없어요. 난 이제 어떻게 하는지도 잊어버렸어요. 너무 오래됐잖아요."

결혼한 그리스도인들이 성적 금욕을 실천하지 않는다고 때로 그들을 낮춰본 그리스도인 세대들이 과거에 있었다. 그것은 독신자나 자녀 없는 부부만이 할 수 있는 생각이다. 우리는 영속적인 금욕을 실천하지는 않을지 모르나 정말이지 자녀들은 우리를 그 개념에 익숙해지게 만드는 재주가 있다!

재미있는 여담이지만, 내 아내는 이 책의 초고를 읽다가 이 단락의 첫 문장(자녀를 두는 것은 성적인 절제력을 기르는 좋은 길이다)을 보고는 여백에 이런 질문을 적어놓았다. "결혼한 부부에게 그게 좋은 걸까? 진지하게!"

나는 좋은 거라고 본다. 성적인 욕망이 하나님께서 주신 건강하고 거룩한 것임을 나도 믿지만 우리는 모두 자제력, 즉 성경이 말하는 절제를 배울 필요가 있다. 기혼자로서 섹스가 '가하다'는 이유만으로 우리의 절제를 창밖에 버려도 되는 것은 아니다. 이기적인 배우자만이 상대가 녹초가 된 줄 알면서도 섹스를 요구한다. 바울이 아주 밝히 말한 것처럼 성숙한 그리스도인들은 가한 것과 사랑에 지배받는 것을 구별한다(고전 6:12 참조). 섹스는 결혼생활의 강력하고 아주 즐거운 현실이다. 그러나 그동안 결혼 집회에서 수없이 강연하면서 나는 섹스가 얼마나 고통일 수 있는가도 깨달았다.

무엇 때문에 섹스가 관계에 고통이 되는가? 이기적 요구, 조종, 악의에 찬 거부, 한마디로 희생정신과 반대되는 모든 것들이다. 자녀들은 모르지만(그리고 끝까지 우리가 말하지 않을지도 모르지만!) 그들은 우리에게 희생을 가르침으로써 사실상 우리의 성적인 관계를 순화하고 강화해준다. 설령 부부간의 친밀한 관계의 빈도가 전보다 잦지는 않을지라도 말이다.

3. 기도

신생아의 부모, 걸음마장이를 여럿 둔 부모, 바쁜 사춘기의 부모도 누구 못지않게 영적 묵상과 공부의 시간이 필요하다. 하지만 현실을 보자. 그런 부모의 스케줄에는 독신 대학생이나 둘만 사는 노부부만큼 그런 기회가 들어설 여유가 없다. 기도가 가장 많이 필요할 때 기도할 시간이 가장 없으니 아이러니다.

고전 작가들도 이 점을 인식했다. 토마스 켈리(Thomas Kelly)는 명저 《헌신의 언약》(*A Testament of Devotion*)에 그것을 충분히 인정하며 이렇게 썼다.

> 당신은 삶이 평안과 능력과 영광과 기적으로 변화되고 변모되며 변신할 정도로 하나님의 놀라운 임재 안에 거하고 싶은가? 원한다면 가능하다. 가족 중에 환자가 생기거나 아이들이 어리거나 엄청난 압력이 우리를 짓누를 때를 빼고는 누구나 자기가 정말 원하는 일에는 시간을 낼 수 있기 때문이다.[11]

누구나 자기가 정말 원하는 일은 꼭 한다는 것을 강조하는 대목이지만, 여기서 켈리는 젊은 부부의 경우 때로 기도 시간이 정당한 사유로 잘려 나감을 인정한다. 우리의 대응을 돕고자 그는 이렇게 조언한다.

> 내가 해보니 우리는 온종일 흠모와 찬양과 기도와 예배를 짤막짤막한 말로 호흡처럼 속삭이며 살 수 있다. 겉으로는 아주 바쁜 하루를 보내면서도 시종 거룩하신 임재 안에 거할 수 있다. 물론 30분이나 1시간, 조용히 느긋하게 읽는 시간도 필요하다. 하지만 내가 해보니 우리는 거의 항상 자기 내면에 재창조의 침묵을 품고 살 수 있다.[12]

17세기의 유명한 영성 지도자 프란시스 드 살레(Francis de Sales)는 "때로 우리는 주님을 사랑하기에 다른 사람들을 돌보기 위해 주님을 떠나야 한다"[13]라고 고백했다. 프란시스는 그렇게 하는 우리를 하나님이 낮추어 보시지 않고, 그런 희생을 그분께 대한 우리의 헌신의 일부로 보신다고 설명했다. 임신으로 기운이 하나도 없고 그 바람에 영적인 헌신마저 떨어져 속상해하는 한 여자에게 프란시스는 이런 따뜻한 조언을 들려준다.

> 사랑하는 딸이여, 우리는 부당하게 당신 안에 없는 것을 자신에게 요구해서는 안 됩니다. … 그대의 태 안에 형성되고 있는 아이는 엄위하신 하나님의 살아 있는 형상이 될 것입니다. 그러나 그대의 영혼과 힘과 체력은 이 임신의 일에 주력하는 동안 피곤하고 지칠 수밖에 없고, 그래서 그대는 동시에 평소의 (영적) 습관들에 그렇게 적극적이고 즐겁게 임할 수 없습니다. 그러니 하나님께서 당신의 일을 통해 받으실 영광을 생각하며, 이 나른함과 무기력함을 사랑으로 당하십시오.[14]

다른 편지에서 프란시스는 한 젊은 임신부에게 금식을 하지 말라고 권한다. 하나님을 구하는 과정에서 아기의 성장에 필요한 양분을 빼앗는다면 그분이 기뻐하시지 않을 거라고 그는 설명한다. 우리의 영성은 삶의 현 상황에 맞추어 융통성을 발휘해야 한다.

엘튼 트루블러드는 인생이란 장별로 사는 것이라는 지적으로 가정생활과 봉사와 묵상 사이의 긴장에 부딪힌 많은 그리스도인에게 도움을 주었다. 인생이라는 이야기 전체는 어떤 한 장으로 규정되지 않는다. 당신의 인생에는 독신 시절의 장이 있고, 신혼생활의 장이 있으며, 어린아이를 기를 때의 장이 있고, 사춘기 자녀를 기를 때의 장이 있으며, 자녀를 분가시킨 후의 장이 있고, 조부모 시기의 장이 있다. 하나님은 우리 인생을 심판하실 때 한 장만 떼어서 보시지 않고, 모든 장이 함께 모여 만들어내는 이야기를 보신다. 어떤 장의 시기에는 어떤 일들이 밀려난다. 충분한 개인기도 시간도 그중 하나다. 그러나 관건은 주님과 주님의 사랑하시는 이들을 섬기려는 당신의 전체적인 태도다. 인생 전체에 걸쳐 당신의 이야기에는 헌신과 경배가 보이는가?

예수님을 기억하는가? 그분은 기도하고 싶었으나 자신을 필요로 하는 사람들이 눈에 밟혔고 그래서 예배와 묵상 시간을 뒤로 미루셔야 했다. 최대한 빨리 기도 시간을 내셨지만, 심지어 그분도 하늘 아버지와 시간을 보내야 할 자신의 필요를 현실적 의무에 맞추는 융통성을 배우셨다.

시간과 섹스와 기도는 부모의 희생을 요구하는 몇 가지 예에 지나지 않는다. 돈, 수면, 평온함과 고요함, 개인적 취미 등 말할 것이 얼마든지 많다. 그러나 일단 희생정신을 품으면 적용은 대개 분명해진다. 부모로서 우리는 자녀 없는 남녀처럼 살아갈 수 없고 그래서도 안 된다. 하지만 우리는 이것을 의무 이상으로 성경적 희생이라는 그리스도의 일면을 경험하라는 초대로 생각해야 한다. 그 희생이야말로 진정한 신앙의 핵심이다.

자신의 희생은 영혼을 빚는다

사도 바울은 자신을 위한 하나님의 희생에 감복했다. 그의 서신서를 보면 바울은 자기를 살리시려고 대신 죽으신 예수님에 대한 기이함에서 헤어나지 못한다. 바울이 이 경이에 붙들린 듯한 때가 얼마나 많은지 보라.

- 자기 아들을 아끼지 아니하시고 우리 모든 사람을 위하여 내주신 이가(롬 8:32)
- 그리스도께서 … 우리 죄를 대속하기 위하여 자기 몸을 주셨으니(갈 1:4)
- 이제 내가 육체 가운데 사는 것은 나를 사랑하사 나를 위하여 자기 자신을 버리신 하나님의 아들을 믿는 믿음 안에서 사는 것이라(갈 2:20)
- 그리스도께서 너희를 사랑하신 것 같이 … 그는 우리를 위하여 자신을 버리사(엡 5:2)
- 그리스도 예수라 그가 모든 사람을 위하여 자기를 대속물로 주셨으니(딤전 2:5~6)
- 우리의 크신 하나님 구주 예수 그리스도의 영광이 나타나심을 기다리게 하셨으니 그가 우리를 대신하여 자신을 주심은(딛 2:13~14)

결혼 등 다른 문제들을 논할 때도 바울은 이 주제를 벗어날 수 없었다. "남편들아, 아내 사랑하기를 그리스도께서 교회를 사랑하시고 그 교회를 위하여 자신을 주심 같이 하라"(엡 5:25).

같은 주제로 얼마나 자주 돌아가는지를 보면 그 설교자의 중대 이슈들을 알 수 있다. 바울에게는 우리를 위한 그리스도의 희생의 개념이야말로 그런 이슈 중 하나였다. 여기서 우리는 묻게 된다. 바울은 자신을 위한 그리스도의 희생에 왜 이렇게 유난히 민감해 보일까? 똑같이 뜻깊은 질문으로 그에 비해 우리는 왜 이렇게 둔감해 보일까? 나는 바울이 그리스도의 희생을 절절히 느낀 것은 자기도 희생해 보았기 때문이라고 믿는다. 그는 희생이 무엇인지 알았다. 그는 믿음 때문에 돌에 맞고 태장을 당하고 파선했다. 그는 배고프고 춥고 피곤했다. 자기도 희생해 보았기에 그는 다른 사람을 위해 자기를 부인한다는 것, 고통을 겪고 상실에 부딪친다는 것이 무엇인지 직접 알았다. 그래서 그는 자신을 위한 그리스도의 더 큰 희생을 실감할 수 있었다.

이를테면 이런 식이다. 당신이 골프를 쳐보지 않았다면 골프 선수 타이거 우즈가 얼마나 대단한지 잘 알 수 없다. 평범한 팬들보다는 다른 프로 선수들이 그에게 더 감탄하는 것이 그 때문이다. 프로들은 타이거의 다반사인 듯한 샷들이 얼마나 힘든지 잘 안다. 마찬가지로 그리스도인들도 생전 희생하지 않고 편하게만 산다면 십자가는 감상적인 옛날이야기가 된다. 1년에 한 번 말하면 그만이고 어서 부활 대목으로 넘어가고 싶은 너무 뻔한 이야기가 되고 만다. 그러나 우리도 바울처럼 고생했다면, 자기가 돌보는 사람들을 위해 희생한 바울처럼 우리도 누군가를 위해 희생했다면 십자가를 볼 때 숙연해질 수밖에 없다. 내 모든 고생에 백을 곱해도 그리스도께서 우리를 위해 견디신 고난에 비할 바가 못 됨을 알기 때문이다. 그 결과 우리는 하나님이 해주신 일에 대해 절대적 경외심을 품게 된다. 십자가의 수난 앞에서 추상적 개념은 놀라운 현실로 탈바꿈한다.

이 모두는 영영 흐려지지 않을 그리스도의 희생에 대한 감사와 존중을 낳는다. 이 진리는 늘 당신의 영혼을 홍수처럼 뒤덮을 것이다. 증거는 없지만, 바울은 갈라디아서 2장 20절을 쓸 때 감정이 복받쳤을 듯하다. 정녕 그는 희생을 알았다. "내가 그리스도와 함께 십자가에 못 박혔나니 그런즉 이제는 내가 사는 것이 아니요 오직 내 안에 그리스도께서 사시는 것이라." 내가 믿기로 "나를 사랑하사 나를 위하여 자기 자신을 버리신" 부분에 와서는 눈물이 하염없이 흘렀을 것이다. 바울은 언제고 기회만 있으면 또 그 생각이다. 떨칠 수가 없었다. 그리스도께서 우리를 위해 죽으셨다! 우리를 위해 고난 받으셨다! 우리의 극악한 죄를 친히 그 어깨에 지셨다!

당신이 십자가를 볼 때 마치 정물화를 감상하는 사람처럼 따분하고 덤덤하다면 아마도 둘 중 하나일 것이다. 즉 당신이 그리스도인이 아니거나, 그리스도인이기는 하지만 하나님을 위해 희생한 적이 없다. 진실로 자기 십자가를 지고 자기를 부인하고 그분을 좇은 적이 없는 것이다. 자신을 희생하지 않고는 그리스도의 희생을 정말로 알 수 없다. 이 말은 곧 온갖 요구가 끊일 날이 없는 자녀들 덕에, 하나님이 해주신 일에 대한 우리의 이해가 더 깊어지고 경이감마저 품게 된다는 뜻이다.

둘째 아이를 낳느라 힘들게 제왕절개를 겪은 어느 어머니의 글을 읽으며 나는 그 생각에 사로잡혔다. 사람들에게 밀려서 들어간 수술실은 그녀에게 '형장(刑場)에서 보았던 섬뜩한 장면들'을 연상시켰다. 그녀가 마스크를 쓴 낯선 사람들에 둘러싸여 있는데, 갑자기 그들이 그녀에게 우르르 모여들더니 팔다리를 잡고는 등을 앞으로 밀었다. 한순간 누군가가 그녀의 손에 바늘을 꽂았고, 다른 사람이 등에 뭔가 다른 것을 주사했다. 옆을 보니 '굉장히 큰 세 갈래 밸브'가 정맥에 '피투성이가 되어' 꽂혀 있었다. 그녀의 본능적 반응은 이 공개적 공격에 대항해 싸우는 것이었다. 하지만 어찌 싸우겠는가? "나는 어느 전선을 방어해야 할지 내 인내력을 어디에 집중해야 할지 모른다. 그래서 나는 포기한 채 잠자코 처형에 내맡긴다."[15]

이 글을 읽으며 나는 사방에서 잡아 뜯기고 찔린 채 옛 돌판 위에서 죽임당한 사자 아슬란을 생각하지 않을 수 없었다.[16] 모든 어머니는 이 길을 걸었다. 타인에게 생명을 주기 위해 여자는 9개월 동안 말 그대로 자기 몸을 나누어 준다. 그리고는 그 아이를 안전하게 세상에 내보내려고 자기 건강과 목숨을 건다. 일단 아이가 태어나면 다른 희생들이 기다리고 있다. 남자도 여자도 능히 이 요구에 부응할 수 있고 그만큼 자신의 영혼이 빚어진다.

이런 크고 작은 시험들을 우리가 영안을 뜨고 맞이한다면 우리는 자신에게 요구되는 희생을 소중히 여기게 될 수도 있다. 거기에는 큰 보상과 영적 축복이 따른다.

최후의 희생을 각오한 아버지

1918년, 한 의사가 헤비급 프로 권투선수 빌리 미스크(Milly Miske)에게 인생이 방금 그에게 브라이트병이라는 KO 펀치를 날렸다고 진단했다. 의사는 빌리의 신장이 심하게 손상되어 나이 서른을 넘기기 어렵다고 했다. 결과적으로 의사의 말이 옳았다.

의사는 빌리에게 지금 당장 권투를 그만두고 좀 더 안전한 일을 하라고 권하며 그러면 혹시 그의 몸이 몇 년 더 버텨줄지도 모른다고 했다.

빌리가 이미 빚더미에 파묻혀 있다는 사실을 의사는 몰랐다. 스포츠 기자 릭 레일리의 말로, 빌리의 자동차 대리점은 '자동차 판매가 부진'했다. 게다가 빌리는 사람들을 너무 과신해 친구들이 그를 이용해 차만 가져가고는 돈을 갚지 않는 예가 많았다.[17] 빌리는 먹여 살려야 할 가족도 있었다. 사업이 망했으므로 이제 빌리가 아는 생계 수단은 하나밖에 없었다. 주먹으로 이기는 것이었다.

그래서 그는 환자이면서도 계속 싸웠다. 사실, 그는 그 중대한 진단을 받은 후 서른 번이나 더 링에 올랐다. 요즘 대부분의 헤비급 최고 선수들은 1년에 두 번 정도 싸운다. 빌리는 격월 간격으로 링에서 싸웠다. 그렇다고 만만한 상대들도 아니었다. 그중 세 번은 전설적인 잭 뎀프시(Jack Dempsey)와의 승부였는데 그의 주먹은 쇠몽둥이 같았다. 한번은 뎀프시가 빌리의 흉부를 어찌나 세게 쳤던지 즉시 야구공만 한 크기로 시뻘건 타박상이 남았다. 그 살벌한 핏빛 상처를 보며 뎀프시는 죽도록 두려웠지만, 빌리를 적당히 봐줄 여유는 없었다. 빌리가 계속 목을 잘라낼 듯 달려들었다.

그러나 빌리 미스크보다 더 무섭게 공격하는 것이 있었다면 그의 브라이트병이었다. 결국, 병이 이겼다. 빌리는 1923년 1월에 마지막에서 두 번째 시합을 벌였고, 그해 가을에는 몰라보게 몸이 수척해져 권투는 고사하고 체력 단련도 할 수 없었다.

빌리는 마지막 크리스마스를 가족과 함께 보내고 싶었다. 그러나 빈털터리인 자기 때문에 아내와 세 자녀가 예수님의 생일을 휑한 식탁과 선물 없는 집에서 보낼 생각을 하니 견딜 수 없었다. 그래서 그는 자기가 할 줄 아는 유일한 일을 하기로 했다. 그는 매니저를 찾아가 마지막 시합의 주선을 부탁했다.

두 사람이 오랜 지기가 아니었다면 매니저는 아마 빌리의 면전에서 웃었을 것이다. 그만큼 빌리는 쭈그러든 허수아비 꼴이나 다름없었다. 대신 매니저는 솔직히 말했다. "빌리, 이런 말 하고 싶지 않지만, 지금 그 상태로 링에 나가면 죽을 수도 있어." "뭐가 다른가?" 빌리가 되쏘았다. "흔들의자에 앉아 죽음을 기다리는 것보다는 낫지 않은가?"

이전 투사의 절박함을 아는지라 매니저는 빌리가 체육관에 다시 가서 몸만 다듬는다면 생각해 보겠노라고 했다. 빌리는 운동할 기력이 조금도 없었다. 마지막 시합이야 쥐어 짜낼 수 있겠지만, 체력 단련은 못 할 것 같았다. 몸에 힘이 하나도 없었다.

"운동은 못 하겠네." 그는 털어놓았다. "하지만 한 번 더 싸울 수는 있어. 자네가 도와주어야겠네."

빌리의 절박한 곤경을 아는 매니저가 졌다. 그는 제법 힘든 적수를 찾아냈다. 뎀프시를 상대로 10라운드까지 버텨낸 빌 브레넌이라는 사람이었다. 뎀프시와 10라운드까지 갈 수 있으면 진짜 실력자다.

매니저는 11월 7일을 시합 날짜로 정했다. 그날 밤, 빌리는 처음 친구를 찾아왔을 때보다 더 쇠약한 모습으로 나타났다. 사람들의 예상대로 싸움은 4라운드까지밖에 가지 않았지만, 빌리는 2,400달러짜리 수표를 집으로 가져갔다. 1920년대에는 제법 많은 돈이었다.

크리스마스 날 아침, 빌리 주니어와 더글러스와 도나와 그들의 엄마 마리가 깨어보니 동화책 속의 크리스마스가 기다리고 있었다. 선물들이 정말 벽처럼 쌓여 있고, 그 둘레의 기찻길로 장난감 기차가 소리를 내며 달리고 있었다. 마리는 꿈에 그리던 소형 그랜드피아노가 거실에 놓여 있는 것을 보고 자신의 눈이 믿어지지 않았다. 그들은 아무도 믿지 못할 만큼 웃고 노래하고 축하하며 왕과 왕비와 왕자와 공주처럼 먹었다. 아이들 얼굴에서 웃음이 떠날 줄 몰랐으나 누구보다도 환히 웃는 사람이 있었다. 빌리 미스크는 자신의 시합이 가치 있는 싸움이었음을 알았다.

크리스마스 다음 날 빌리는 다시 한번 자신의 트레이너에게 전화를 걸었으나 이번에는 전혀 다른 싸움에 대한 대화였다.

"잭, 와서 나 좀 데려가게나." 그는 말했다. "때가 된 것 같네."

트레이너가 빌리를 급히 병원으로 데려갔으나 그 당시에는 병원에서 아무 손도 쓸 수 없었다. 신장이 작동을 멈추면서 빌리는 1924년 설날에 스물아홉의 나이로 이생을 떠났다.

그렇다, 한 가지 말하지 않은 게 있다. 4라운드까지밖에 가지 않았던 11월 7일의 그 시합 말이다. 시합이 그렇게 빨리 끝난 이유는 죽을 병을 앓던 수척한 빌리 미스크가 상대를 KO로 이겼기 때문이다.

가족에게 마지막 크리스마스의 추억을 남겨 주려고 최후의 희생을 각오한 아버지에게 감히 맞설 일이 아니다.

Chapter 13

떠나보내기

자녀 양육은
통제와 두려움을 넘어
신뢰와 소망에
이르게 한다

사람이 장래 일을 알지 못하나니 장래 일을 가르칠 자가 누구이랴 바람을 주장하여
바람을 움직이게 할 사람도 없고 죽는 날을 주장할 자도 없으며

_ 전도서 8장 7~8절

30~40대에 성경을 읽는 방식이 10대나 20대 때와는 달라졌음을 느낀 적이 있는가? 내 경우도 20년 전에는 두 번 생각하지 않았을 구절들에 지금은 마음이 철렁해진다. 마태복음 4장 22절이 좋은 예다. 예수께서 야고보와 요한을 부르시자 "그들이 곧 배와 아버지를 버려 두고 예수님을 따르니라." 20년 전에는 나 자신을 흥미진진한 모험에 나서는 야고보나 요한으로 보았기 때문에 이 구절이 크게 심금을 울려주지는 못했다. 나는 젊은 아들이었고 그 이별 속에서 내게 보인 것은 장차 닥쳐올 일뿐이었다.

　지금은 나 자신이 떠나가는 사랑하는 자녀들(내가 자녀를 위해서 희생해 왔고, 있는 것을 다 주어도 아깝지 않을 자녀들)을 지켜보는 아버지로 생각된다. 집에 남아 있는 쪽이 되는 기분은 아주 다르다.

　자녀들을 떠나보내는 일은 하늘 아버지의 후하신 마음을 잘 보여준다. 하나님은 그분이 이미 하시지 않은 일은 우리에게 하나도 요구하시지 않는다. 하늘 아버지는 아들을 보내실 때, 세상이 대체로 아들의 신성을 인정하지 않을 것을 아셨다. 반대로 세상은 그분이 마귀와 한편이라며 비난하고, 때리며, 결국 죽일 것이었다. 하나님이 그것을 미리 아시면서도 아들을 세상에 보내셨는데, 우리가 어떻게 우리 자녀들을 잡아 둘 수 있겠는가? 하나님이 우리를 위해 아들을 떠나보내신 것처럼 신성한 자녀 양육은 하나님과 그분의 나라를 위해 우리 자녀들을 떠나보내라고 우리를 부른다.

어려운 일이고, 자녀마다 다르지만, 이 과정에 따르는 아픔을 우리를 위한 하나님의 크신 희생을 더 온전히 이해하고 감사하는 길로 성화시킬 수 있다.

자녀들의 독립 과정은 빨리 시작된다

자녀를 떠나보내는 일은 영성 훈련의 아프지만 소중한 부분이다. 자녀들의 독립 과정은(그렇다. 그것은 과정이다) 대다수 부모가 원하는 것보다 빨리 시작된다. 엄마들에게 있어 이는 대개 아기가 모유를 떼고 우유로 넘어갈 때부터 시작된다. 레이첼 커스크는 남편을 통해 처음으로 우유병으로 우유를 먹는 딸의 모습을 지켜보던 때의 아픔을 이렇게 토로했다.

> 저녁이 되면 나는 우유병을 준비한다. 이 배반은 배신자인 나 자신보다 다른 사람이 수행하는 것이 가장 좋다고 하니, 딸에게 우유를 먹일 사람은 아기 아빠다. 나는 남편이 고무젖꼭지를 아기 입술에 대주는 모습을 본다. 딸은 코에 주름살을 지으며 꼭지를 얌전히 물어뜯지만, 이내 아빠의 단호한 뜻을 눈치챈다. 이것은

아기가 처음 짐작한 대로 새삼스러운 낯선 수작이 아니다. 딸이 병을 뚫어지게 쳐다보다가 이윽고 사태를 간파하는 순간이 내 눈에 보인다. 딸은 고개를 홱 돌려 내 눈에 시선을 고정한다. 상처받고 방황하는 눈빛이다. 아기는 내가 이 범죄의 주동자임을 본다. 그리고는 울음을 터뜨린다. 내 손이 자동으로 앞섶 단추로 간다. 작전을 철회하고 속죄하려는 움직임이다. 하지만 내가 위층으로 가야 한단다. 그래서 나는 비켜 준다. 침대에 앉아 있으려니 눈물이 앞을 가리고 명치가 아파온다. 몇 분 후 나는 살금살금 내려가 구석에서 엿본다. 남편과 딸은 불빛 한가운데에 앉아 있다. 방은 아늑하고 고요하다. 아기는 병을 빨고 있다. 나는 외도 장면이라도 목격한 것처럼 재빨리 이층으로 돌아온다.[1]

내 아내가 아이들에게 젖을 먹일 때가 기억난다. 사람들은 "젖을 언제 뗄 거예요?"라고 묻곤 했다. 그러면 농담 반 진담 반으로 "문제는 아기가 언제 젖을 떼느냐가 아니라 아내가 언제 이 일을 떼느냐 하는 겁니다"라고 말하곤 했다. 우리 막내 아이의 경우에 특히 그랬다.

모유를 뗀 후 아이는 부모의 이상적인 기대를 버리고 자기 성격을 주장하는 또 다른 이유기로 넘어간다. 켈시는 일곱 살 무렵부터 자주색의 열성 팬이 되었다. 옷을 고르라고 하면 항상 자주색을 골랐다. 새집으로 이사해 아이들에게 자기 방 페인트를 고르라고 하면 당연히 켈시는 자주색을 택했다. 자신의 열 번째 생일날에는 아예 '자주색 파티'를 열기로 했다. 자주색 음식을 일부 갖추어 놓고 모든 사람이 자주색 옷을 입고서 자주색 음료를 마시고 자주색 사탕을 먹었다. 켈시는 자기가 열여섯 살 되는 날을 손꼽아 기다리고 있다. 무슨 이유에선지(그런 일은 없을 거라고 우리가 정식으로 알렸는데도) 그날 자기가 자주색 지프를 선물 받을 줄로 알고 있다.

내 아내는 잡지를 잘 읽지 않지만, 신혼 초에 〈빅토리아〉를 읽던 아내의 모습이 기억난다. 자주색 옷을 입고 자주색 방에 사는 어린 소녀의 사진은 단 한 장도 떠오르지 않는다. 켈시는 〈빅토리아〉의 어린 소녀들이 입는 드레스와는 거리가 한참 멀다. 최근에 켈시는 엄마에게 이렇게 말했다. "드레스는 엄마가 딸을 하나 더 낳아서 입히고 저는 그냥 바지를 입으면 안 될까요?"

자녀 양육은 고삐를 쥔 우리 손에서 서서히 힘을 빼는 긴 과정이다. 자녀들이 아기일 때는 그들의 환경을 사실상 전부 부모가 통제한다. 그들의 보는 것, 먹는 것, 입는 것, 아기침대의 장식, 함께 놀 친구들을 부모가 정해 준다. 아기는 100% 부모에게 의존한다. 모든 통제가 우리에게 있다. 아는가? 우리 인간들은 통제하기를 좋아한다.

그러다 자녀들은 초등학교에 들어간다. 갑자기 그들은 다른 코치들 팀에서 운동하고, 가끔 다른 부모들 집에서 자고 온다. 그들은 한 번에 6시간 내지 8시간씩 집을 떠나 학교에 머문다. 친구들도 자기가 고르고, 점심도 우리가 싸주는 도시락을 마음대로 그들과 바꿔서 먹는다.

그러다 사춘기라는 큰 쇠망치가 날아오면 우리 아이들이 다름 아닌 하나님에게서 왔다는 감상적인 개념은 깨끗이 사라진다. 이 시기에도 우리는 자녀를 포기할 수 없다. 가정은 여전히 그들 삶에 중심적 관계가 되어야 하지만, 그들은 자기만의 길고 은밀한 전화 통화가 있다. 주말에는 물론 간혹 주중에도 캠프나 중고등부 수련회로 며칠씩 집을 비울 수 있다. 그들은 차를 운전하기 시작한다. 우리는 자녀의 운전 실력을 믿지만, 자녀에게 마주 오는 다른 차들을 통제할 수는 없다. 갑자기 우리의 통제권은 신화가 된다.

부모들은 자녀를 마음을 다해 자상히 보살피는 중대한 영적 교훈도 배워야 하지만 동시에 그들이 자연스럽게 우리를 점점 떠나 독립적인 존재가 되도록 해주어야 한다. 우리의 양육은 통제에서 영향력으로 넘어가야 한다. 이블린과 제임스 화이트헤드(Evelyn & James Whitehead)는 그것을 이렇게 표현했다.

> 예상치 못한 방향으로 나가는 자녀를 볼 때 우리는 자녀의 자유를 빼앗거나 실망해 아예 포기하고 싶은 유혹이 든다. 자녀를 구속하면서 우리는 그들의 성장을 내 계획대로 강요하려 한다. 우리는 자녀에게 그들이 '우리 것'임을 주지시킨다. 우리의 양육은 통제를 벗어나지 못하며 거기서 우리는 나의 가장 깊은 욕구가 새 생명을 독립적인 존재로 섬기기보다는 나 자신을 재생산하는 데 있음을 깨닫는다. 우리는 "내가 너에게 해준 게 얼마인데" 그것도 모르냐며 자녀에게 불만을 품고는 … 자녀를 포기할 때도 있다.
>
> 자녀가 … 내 소유물이 아님을 인정할 때 우리는 심리적으로나 신앙적으로나 성숙해진다. 자녀 양육의 중심을 차지하는 금욕이

란, 양육의 투자는 계속하면서도 점차 통제를 줄이는 법을 배우는 것이다. … 자녀가 '나처럼' 되지 않을 줄 알면서도 … 우리는 여전히 차세대에 자신을 내어줄 수 있을 것인가?[2]

이 분야의 가장 큰 시험은 신앙의 전수 쪽으로 찾아올 수 있다. 자녀의 구원이라는 선하고 거룩한 열망에서 그리스도인 부모들은 우스꽝스러울 정도로 뻔한 선택으로 자녀의 운명을 통제하려 한다. 예컨대 우리는 세 살 난 아이에게 이렇게 말한다. "조니, 너는 눈물도 없고 아픔도 없는 천국에 가서 모든 천사들에 둘러싸여 영원히 엄마랑 아빠랑 할머니랑 할아버지랑 예수님이랑 함께 살고 싶으냐, 아니면 영원히 마귀와 함께 지옥에서 불타며 살고 싶으냐?"

아는가? 세 살 난 아이에게 그것은 전혀 힘든 질문이 아니다. 아이는 "아빠, 생각해보고 말할게요"라고 하지 않을 것이다. 당연히 아이는 "천국에 가고 싶어요"라고 말할 것이다. 그래서 우리는 아이 자신이 무엇에 헌신하고 있고 무엇을 받아들이는 것인지 이해하기도 전에 아이에게 '영접 기도'를 시킨다. 자녀의 선택이 이 순간으로 끝난다고 생각한다면 우리는 바보다. 고등학교와 대학에 들어가면 자녀들은 우리가 내놓는 결단 방식에 구애받지 않는다. 자기 나름의 의문이 있어 자기 나름의 답을 찾는다.

고등학교 때든 대학 때든 그 갈림길에서 통제는 신화가 된다. 사실, 통제하려 하면 할수록 아이들을 더 밀어내기 쉽다. 대신 우리는 영향력의 유산을 남길 수 있다. 자녀들이 우리 안에서 진정한 모본을 본다면 우리에게 있는 것을 자기도 얼마든지 원하게 될 수 있다. 그러나 그들이 두려움에 지배당하는 통제 중심의 종교를 목격한다면 최대한 빨리 최대한 멀리까지 반대쪽으로 달아나기 쉽다.

내 아내와 아들은 요즘 몇 달째 골든리트리버 강아지를 훈련하는 중이다. 얼마 전 산책 중에 아내가 보여 준 행동은 놀라움과 감화를 동시에 안겨 주었다. 산책로 중에는 도로 바로 옆으로 나 있는 짧은 구간이 있었다. 우리 강아지 앰버가 달려오는 차들 쪽으로 빠지고 있었다. 나는 깜짝 놀라 뒤를 쫓아갔으나 오히려 엉뚱한 방향으로 더 멀리 모는 꼴이 되고 말았다. 아내는 고개를 돌리고 위험한 곳 반대쪽으로 걸었다. 갑자기 앰버는 홱 돌아서 안전한 산책로 쪽으로 리자를 따라갔다. 훈련 과정에서 앰버는 리자 곁을 떠나지 말아야 함을 배웠다. 잘 훈련된 개는 자기 주인을 가장 중요한 정보원으로 여긴다. 앰버는 리자가 돌아서면 자기도 돌아서야 함을 알았다. 그래서 리자가 안전한 쪽으로 가자 앰버도 본능적으로 따랐다.

나처럼 자녀를 위험 속으로 몰아넣는 부모들이 너무 많다. 대신 우리는 리자의 예를 본받아 위험을 피하는 모본을 보이면서 아이들 스스로 따라올 마음이 들게 해야 한다. 예수도 그러셨고 바울도 그랬다. 하지만 이는 말보다 훨씬 어렵다. 소수의 겁먹은 제자들 손에 교회를 맡길 것을 생각하시며 예수가 느끼셨을 우려를 잠시 생각해 보라. 그분이 죽으시면 제자들이 모여서 겁에 질려 문을 잠그고는 자기들의 앞날을 걱정하리라는 것을 그분은 아셨다. 새로 세워질 교회의 기초인 '반석' 베드로가 예수를 모른다고 세 번이나 부인할 것을 그분은 죽으시기 전에 아셨다.

예수가 만일 두려움에 지배당하는 통제 광이었다면 절대 십자가로 가시지 못했을 것이다. 제자들이 '충분히 준비된' 상태란 절대로 오지 않았을 테니 말이다. 그러나 예수는 놓아 보내셨다. 그분은 여태 자신이 가르쳐 오신 교훈을 위로자이신 성령이 확증해 주실 것을 믿으셨다. 마찬가지로 우리도 여태 자녀들이 배워온 영적인 진리를 성령이 생각나게 해주실 것을 믿어야 한다. 예수는 아버지께로 돌아가셨고, 비록 교회가 완벽하다고 주장할 사람은 없겠지만 교회는 2천년이 넘도록 살아남아 부흥해 왔다. 다시금 우리는 위대한 아이러니에 부딪친다. 독신자 예수는 육신적으로 자녀를 두신 적이 없음에도 자녀 양육 과정은 영적으로 우리를 예수가 지상에 사시는 동안 거하셨던 바로 그 자리로 데려간다.

하나님을 의지함으로 염려 다스리기

우리의 영적 성숙은 항복의 태도를 통해 성숙된다. 일이 내 뜻대로 되지 않을 때 하나님을 원망하기보다는 하나님을 의지하며 그분 안에 쉬는 태도다. 아스페르거증후군(자폐증과 비슷한 장애)이 있는 자녀를 둔 한 어머니는 아들에 대한 하나님의 사랑에 심각한 의문이 든 시기가 있었다.

그녀는 의사 캐시 카펜터에게 말했다. "한때 나는 하나님이 마이클을 사랑하시지 않는다고 생각했어요. 사랑의 하나님이라면 왜 아이에게 이런 고통을 허락하시겠어요? 하나님이 마이클을 사랑하신다는 것이 정말 믿어지지 않더군요. 하나님을 의지하는 믿음이 부족했던 거지요. 남들처럼 살아가지 못할 마이클을 보면 속상했어요."[3]

자폐증 아이들은 대개 대인관계의 신호들을 잘 읽지 못한다. 그래서 마이클의 엄마는 중학생 아들이 책가방에 넣어 가지도 다니도록 《친구를 사귀고 사람들에게 영향을 미치는 법》이라는 책을 사주었다. 일반인들이 자연스레 터득하는 상대가 화났는지 어떻게 알며, 어떤 언행이 남에게 불쾌감을 주는가 등을 마이클은 암기식으로 배워야 했다. 그는 사회적 상황에 대한 본능적 감각이 없어 물러나야 할 때를 분간하지 못했다. 상대방이 한계점에 이르고 있음을 보여 주는 신호도 그는 파악할 줄 몰랐다.

중학교 첫날, 그 책을 가방에 넣고 간 마이클은 물어볼 것이 있어 어느 상급생의 어깨를 톡톡 쳤다. 마이클이 너무 세게 쳤으리라는 것은 가히 상상하기 어렵지 않다. 어쩌면 너무 오래 쳤을지도 모른다. 자폐증인 아들이 톡톡 칠 때는 가능한 상황이 얼마든지 많았고, 마이클의 엄마는 그것을 잘 알았다. 어쨌든 마이클의 행동은 상급생의 심기를 건드렸다. 그는 마이클에게 그만두지 않으면 한 방 날려버리겠다고 말했다.

마이클은 그의 경고를 소화하지 못했다. 자폐증이 있는 사람들은 동일한 상황을 전에 겪어본 적이 없는 한 어떻게 행동해야 할지 잘 모른다. 그래서 정보가 부족했던 마이클은 무슨 뜻이냐고 물어보려고 상급생의 어깨를 다시 톡톡 쳤다가 그의 펀치에 바닥에 나동그라지고 말았다.

마이클의 특성상 그런 상황에 부딪치는 것이 거의 불가피함을 마이클의 엄마는 잘 알았다. 그 상급생은 한 번도 자폐증 아이를 만나본 적이 없었다. 그러니 그가 좀 더 참을성 있게 반응해 주었더라면 싶으면서도 무지 때문에 그런 것이니 충분히 이해된다. 하지만 의문은 떨칠 수 없다. 하나님은 왜 마이클이 그런 수모를 당하도록 두시는 것인가?

어머니 마음의 의문이 흥미롭게도 마이클 자신에게는 없는 것 같다. 마이클은 뉴저지주 오션시티에서 CCC(Campus Crusade for Christ, 대학생선교회) 사람들과 함께 여름을 보낸 적이 있는데, 다른 십대 친구들과 같이 산책로로 관광객 전도를 나갔을 때 그는 엄마에게 전화해 이렇게 말했다. "엄마, 예수님이 내 단짝 친구니까 나는 평생 결혼하지 않아도 괜찮아요. 절대 외롭지 않을 거예요."

마이클의 엄마는 이렇게 고백했다. "나는 늘 마이클과 하나님과의 관계를 걱정했답니다. 인간과도 가까워질 수 없는 아이가 어떻게 하나님을 이해하겠습니까? 마이클의 삶에 관한 한 나는 하나님을 과소평가하는 경향이 있었던 것 같아요. 놀랍게도 그해 여름 오션시티에서 하나님은 아들을 깊이 만져 주셨습니다."

우리 대다수 부모도 집 떠나는 자녀를 지켜보며 저 아이가 과연 어떻게 살아갈지 걱정되는 것이 정상적인 심정이다. 그러니 자폐증 아들을 놓아 보내는 심정이야 오죽하겠는가! 마이클의 엄마는 값진 교훈을 배웠다. 자녀를 기를 때 우리는 소망 없는 자처럼 하지 말아야 한다. 우리에게는 우리 자녀들을 지켜주시는 하나님이 계시다.

대학을 졸업한 후 마이클은 결국 다른 주로 가게 되었다. 부모는 아들이 집을 떠나 멀리 가는 것이 걱정되면서도 아들을 하나님의 손에 맡기며 떠나보냈다. 선하신 섭리 가운데 하나님은 마이클을 어느 작은 교회로 인도하셨는데 그들은 팔 벌려 맞아주었다. 그들은 마이클이 어딘가 '다른' 것을 느꼈고 그래서 목사 부인이 마이클 엄마에게 전화해, 한 시간 동안 그의 이력과 그간 병원에서 받은 진단에 대해 들었다. 교인들은 마이클을 반겨주며 긍휼과 사랑을 넘치도록 부어 주었다.

이 모든 과정을 보며 마이클의 엄마는 이전의 염려를 다시 생각하게 되었다. "내게 이것은 하나님의 하시는 일과 화해하는 것입니다. 내 제한된 인간적 이해로 마이클의 장애가 어딘지 하나님을 제한하고 있다고 생각했어요. 마이클이 사람들을 잘 이해하지 못한 것처럼 하나님도 잘 이해하지 못할 줄 알았던 거예요. 어리석은 생각이었지요. 하나님이 마이클에게 하실 수 있는 일에 대해 내 나름대로 판단하고 있었는데 하나님은 자신이 그보다 훨씬 크신 분임을 다시 한번 보여 주셨습니다."

당신의 자녀는 자폐증은 없을지 모르나 학습 장애, 도덕적 약점, 성격 결함, 신체장애가 있을 수 있다. 이 아이가 장차 어떻게 될지 당신은 시름이 가실 날이 없다. 이 아이가 세상을 어떻게 살아갈 것인가? 하나님이 당신의 아이를 세상에 홀로 던져두시지 않음을 절대로 잊지 말라. 당신의 자녀에게 그분은 사랑하는 부모를 주셨고, 당신이 갈 수 없는 곳에 함께 가주실 인도자요 위로자이신 성령을 주셨다. 설사 아이가 그분을 거부할지라도 하나님은 쉬지 않고 일하시며 아이를 빛으로 부르신다.

물론, 당신의 영혼을 하나님께 의탁하기가 당신의 맏아이, 둘째 아이, 막내를 하나님께 의탁하기보다 쉬워 보일 수 있다. 그러나 대학원에 온 당신을 환영한다! 신성한 자녀 양육을 통해 당신의 믿음은 확장되게 되어 있다.

떠나는 자녀를 지켜보기란 어렵다. 떠나보낸다는 것은 힘든 일이다. 이 떠남이 거리의 문제의 아니라 죽음의 문제일 때도 있다. 우리의 믿음은 여기에 대해 뭐라고 말할 것인가?

내면의 항복

세 살 반밖에 안 된 아들 케빈 크리스토퍼(K.C.)가 보스턴 아동병원에 누워 죽어가고 있을 때 케빈 콘론(Kevin Conlon)은 어쩌면 최후 항복의 전쟁을 치렀다. 아들이 사나운 질병과 용감히 그러나 부질없이 싸우는 동안, 케빈은 자기 생각을 편지글 형식으로 기록하기로 했다. 여기 그중에서 두 군데를 발췌해 소개한다. 여태 내가 읽은 가장 감동적인 글 중 하나다.[4]

> 사랑하는 K.C.에게
> 너를 안고 침대에 누워 있으려니 네가 우리와 함께 있을 시간이 몇 분이나 몇 시간밖에 없다는 생각에 가슴이 저며 온다. 시간이

얼마 없지만 북받쳐 오르는 감정을 가눌 길 없어 네 아름답고 자애로운 엄마에게 너를 맡겨두고 병원 안의 피난처를 찾아 이렇게 아빠의 생각을 네게 편지로 쓰고 있다.

지난 8개월 동안 네가 머릿속의 '돌'을 없애려고 견뎌 온 씨름을 생각하면 아빠는 가슴이 찢어진다. 너하고 자리를 바꿀 수만 있다면 못할 일이 없으련만 … 아빠에게 그 이상의 행복은 없을 것이다.

눈을 감고 천국에 가고 싶은 시간을 정할 때 부디 네가 아빠에게 얼마나 자랑스러운 존재인지 기억해다오. 태어나던 날부터 오늘까지 너는 아빠에게 기쁨과 행복만 가져다주었다. 아비가 된다는 것이 어떤 것일까에 대한 이 아빠의 부푼 기대를 너는 훨씬 뛰어넘었다. 그간 너는 내 아들일 뿐 아니라 내 가장 소중한 친구였고 충실한 짝이었다. 직장에 있을 때나 출장을 갔을 때나 아빠는 너와 함께 있고 싶어 애가 탔다.

케빈은 아들과 함께했던 즐거운 시간을 많이 언급한 뒤, K.C.가 동생 코디에게도 정말 좋은 형이었다고 말한다. 그러나 이제, 죽어가는 아들을 지켜보는 슬픔의 한가운데서도 잃지 않는 이 아버지의 놀라운 항복 정신을 들어보라.

그래, K.C. 아빠는 네가 보고 싶을 거다. 매일매일, 여행 갈 때나 크리스마스 같은 특별한 날에 특히 보고 싶을 거다. 작년에 너는 너무 아파서 크리스마스를 즐길 수 없었지. 지난 8개월간 아빠는 금년 크리스마스가 특별한 날이 되기를 꿈꾸어 왔다. 선물을 뜯어보거나 코디와 사촌들과 함께 노는데 네가 없는 크리스마스는 상상할 수 없구나.

아빠는 네가 미치도록 그리울 거다. 아빠의 삶이 정상 노선으로 가고 있고 아빠의 가치관이 옳은 자리에 있음을, 그간 너에게서 배운 모든 것들이 확증해 주고 있다. 그렇지 않고서야 어떻게 너처럼 훌륭한 아들을 둘 수 있었겠니? 그래서 너에게 고맙다.

작년 12월부터 회복의 싸움이 네 삶을 지배해 왔다. 너는 1만 병사의 군대처럼 싸워 주었다. 아주 용감했다.

천국 갈 준비를 하면서 부디 네 엄마와 코디와 할머니 할아버지와 사촌들과 삼촌들과 숙모들과 친구들과 아빠가 너를 뜨겁게 사랑하고 있음을 알아다오. 네가 하루도 빼놓지 않고 날마다 우리에게 가져다준 그 모든 기쁨과 행복을 우리는 영영 잊지 않을 거다. 네 아빠이자 친구가 되었으니 이 아빠는 세상에서 가장 복받은 사람이다. 아빠는 너를 미치도록 사랑한다.

그러니 K.C., 이제 눈을 감고 편히 쉬어도 된다. 더 이상 싸우지 않아도 된다. 너는 삶의 가장 큰 싸움에서 이겼다. 너는 완전히 충만하고 아름다운 사람이 되었다. 그래서 하나님이 너를 천국의 그분 집으로 초대하신 것이다. 아빠의 아들이 되어주어 고맙다.

언제나 사랑하는 아빠가.

일부 기독교 진영에서 믿음을 삶의 많은 장애물과 시련을 기도로 '이겨내는' 영적 능력으로 이야기할 때가 너무 많다. 우리의 믿음만 충분하면 암이 우리의 사랑하는 이의 목숨을 절대로 앗아갈 수 없다는 생각이다. 그러나 케빈 콘론이 아들에게 쓴 이 편지에서 우리는 진정한 믿음이 스며나는 것을 본다. 결국 믿음이란 내가 원하는 것을 얻어내는 힘이 아니라 하나님이 주시는 것을 받아들이는 자세다. 물론 케빈은 아들의 치유를 위해서 기도했다. 그러나 하나님이 K.C.를 천국 집으로 데려가기로 하셨을 때, 케빈은 긍정의 응답보다 부정의 응답을 은혜로이 받아들이는 것이 더 큰 믿음을 요구하는 일임을 보여 주었다.

분명 당신은 방금 믿음의 사람의 고백을 읽었다. 때로 부모는 헛된 희망을 붙잡기보다 자녀의 죽음을 준비해야 한다. 이는 믿음 없는 태도가 아니다. 이거야말로 믿음의 극치요 믿음의 참된 척도다. 예수는 눈앞에 다가온 슬픔의 잔을 없애 달라고 아버지께 기도하셨다. 그러나 아버지께서 "아니다, 그 잔을 꼭 마셔야 한다"라고 말씀하시자 예수의 믿음은 항복으로 나타났다. "내 원대로 마시옵고 아버지의 원대로 되기를 원하나이다"(눅 22:42).

이 타락한 세상에서 우리는 아무런 보장도 없다. 날마다 미국에서 약 350명의 부모가 자녀를 땅에 묻는다.[5] 이 사별은 부모에게 평생 한으로 남는다. 가수 신디 불런즈(Cindy Bullens)는 열한 살 때 암으로 죽은 자기 딸 제시에 대해 이렇게 절절히 고백했다.

지금도 그 얼굴이 보고 싶다. 이 마음은 영영 떠나지 않으리라. … 5년이 지나도, 10년이 지나도, 영영. 오늘 나는 웃을 수 있다. 2년 전에는 할 수 없던 일이다. 오늘 나는 좋은 시간을 보낼 수 있다. 그러나 항상 슬픔이 있다. 내가 죽어 다시 제시와 함께하는 그날까지 나는 슬픔을 안고 살아갈 것이다.[6]

지극히 사소한 것들이 아픔을 새로 건드려 뇌성처럼 되살아나게 할 수 있다. 빨간 머리의 다른 아이를 볼 때, 빨랫감이 줄어든 빨래 바구니, 슈퍼에서 당신의 아이가 가장 좋아하던 시리얼 상자 옆을 지날 때, 텔레비전 채널을 돌리다가 당신의 아이가 즐겨 보던 프로그램이 나올 때, 아픔은 현존하며 지속된다. 우리 중 누구의 어떤 말로도 그 부모의 '기분을 살려 줄' 수 없다. 사실, 자녀를 잃은 부모의 아픔을 빼앗는 것은 잔인한 일이다. 아픔만이 너무도 소중한 사랑하는 이와의 마지막 남은 연결고리일 수 있기 때문이다. 우리는 그들과 함께 아파할 수는 있어도 그들을 치유할 수는 없다.

나는 죽음의 위협을 제할 수 없다. 그것을 무시한다면 나는 작가로서 솔직하지 못한 것이다. 사실 죽음이란 기독교적 관점에서 볼 때, 거룩하신 하나님이 죄 많은 세상에 내리시는 의로운 심판이다. 그러나 잠시 후에 보겠지만, 이 죽음의 심판과 그전의 이별 연습은 지상 여정의 다른 어떤 것들보다도 우리에게 가장 큰 소망을 일깨우며 우리의 자녀 양육에 초점을 잡아 줄 수 있다.

우리 모두가 가야 할 길

어느 날 펜실베이니아주 요크에서 나는 작은 문제를 자초했다. 길 잃은 고양이의 건강을 되찾아주느라 동물병원에 거의 600달러를 지출한 내 친구 이야기를 한 것이다. "길 잃은 고양이들에 대한 내 동정심은 6달러 정도면 바닥납니다." 나는 솔직히 말했다. "만약 나에게 골프 연습장에서 큰 통으로 공 한 통을 치는 것과 길 잃은 고양이 한 마리를 돌봐주는 일 중 어떤 걸 선택하겠냐고 묻는다면 대개는 큰 통의 골프공 쪽이 이길 겁니다."

청중 가운데 수의사도 하나 있었고 반려동물 애호가들도 많이 있었다. 그들 모두의 반응이 들렸다! 다음 강의가 시작되면서 나는 부스럼을 더 키우고 말았다. 실제로 내가 우리 아이들의 반려동물 소유에 대한 열렬한 팬이라고 반어적으로 말했다. "예를 들어 저는 우리 딸 켈시에게 물고기가 있어 얼마나 고마운지 모릅니다. 알고 보니 물고기는 아주 귀한 반려동물이더군요. 아이들에게 죽음에 대해 가르쳐 주니까 말입니다."[7]

배꼽을 잡고 웃는 청중도 많았지만, 나는 반려동물 애호가들 앞에서 수렁에 더 깊이 빠져들고 말았다. 하지만 내 말 뒤에는 진지한 영적 진리가 깔려 있다. 죽음은 궁극적인 떠남이요 우리가 모두 가야 할 길이다. 우리 자신이 죽음으로 떠나게 될 때, 부모로서 우리는 떠나보내기를 어떻게 배울 것인가? 대부분 부모가 자녀보다 먼저 죽으므로 우리 대부분은 이 영적 이행을 먼저 맞이할 것이다.

이 책을 쓰는 요즘, 나는 그레이엄의 보이스클럽 농구팀이 조에서 우승하는 것을 지켜보았다. 넷째 쿼터 전 휴식 시간에 그레이엄은 라커룸으로 뛰어갔다. 나는 아들을 따라가 특정 작전에 대한 훈수를 했다. 우리 둘은 3~4분쯤 함께 이야기했다. 심판들에 대해, 상대 팀에 대해, 그리고 리드를 유지하려면 그레이엄과 팀 선수들이 어떻게 해야 하는가에 대해 이야기했다. 뭐든 함께 충분히 이야기하는 것, 그것이 그레이엄과 내가 즐기는 일이다.

언젠가 그레이엄이 어렸을 때 내가 출장을 간 적이 있다. 리자는 풋볼 시합을 시청하는 그레이엄을 보고 깜짝 놀랐다. 플로리다주의 두 대학이 전국 우승을 놓고 싸우고 있었다.

리자는 텔레비전 스포츠 중계를 즐기는 남편을 참아주는 법은 배웠으나, 그것이 아들에게까지 전수되었다는 생각에는 반감이 들었다.

"그레이엄, 너 뭐 하고 있니?" 리자가 물었다. 우리는 한 번도 플로리다에 산 적이 없었기에 리자는 그레이엄이 이 시합에 관심을 두는 이유를 알 수 없었다. 그럼에도 그레이엄은 초지일관이어서 리자는 25분만 더 보게 해주었다. 25분이 지나 그레이엄은 잠자러 가려고 계단을 오르기 시작했다. 하지만 엄마의 불편한 심기를 느끼고는 잠시 멈추어 이렇게 말했다.

"엄마, 내가 왜 이 시합이 보고 싶었는지 아세요?"

"왜?"

"분명히 아빠가 호텔 방에서 이 시합을 보고 있을 거예요. 오늘 밤 아빠와 내가 같이 있지는 못하지만, 적어도 같은 시간에 같은 시합을 볼 수는 있잖아요. 그럼 같이 있는 거나 마찬가지예요. 그러다 내일 아빠가 전화하면 함께 시합 얘기를 하는 거지요."

그것이 우리 부자 관계다. 우리는 함께 이야기하기를 좋아한다. 내가 죽음을 생각할 때 가장 마음 아픈 것은, 내 죽음을 처리할 그레이엄을 곁에서 돕고 말하고 싶어도 그 자리에 내가 없을 거라는 사실이다. 그는 그 일을 혼자 힘으로 당해야 한다. 프랭크 쉐퍼(Frank Schaffer)의 말이 기억난다. 그는 아버지 프란시스(Francis)가 죽은 지 얼마 안 되어 아버지에게 전화를 건 적이 있다. 전화벨이 네다섯 번 울리고 나서야 프랭크는 전화 받을 아버지가 그곳에 없다는 생각이 났다.

그런 생각을 하면 마음이 찢어지는 것 같다. 그레이엄이 아버지를 잃을 때 내가 그 자리에 있어 함께 이야기할 수 없다고 생각하면 상상할 수 없는 슬픔이 몰려온다. 내 딸들이 아버지가 곁에 없음을 깨달을 때 그 뿌리 의식(그 '관계의 생명줄')을 잃을 때, 나는 그들이 울어도 곁에서 안아줄 수 없다. 조그만 쪽지에 격려의 말을 적어 그들의 방에 놓아둘 수 없다. 나는 그들과 함께 기도할 수도 없고 그들을 세워줄 수도 없다. 내가 떠나면 그 일을 누가 다 할 것인가?

그러나 믿음이 내게 일깨우는 것이 있다. 아무리 부모라 해도 나는 내 자녀들의 우주의 중심이 아니다. 내가 중요하거나 영향력 있는 존재가 아니라는 뜻이 아니라, 내가 그들에게 궁극적인 존재가 아니라는 말이다. 《탁월한 헬퍼 바나바》(가이드포스트)라는 명저에서 내 친구이자 편집자인 존 슬로운(John Sloan)은 자기가 겨우 여덟 살 나이에 아버지를 잃은 경험을 기록했다. 처음에 그는 "세상이 궤도를 벗어난 느낌이었다. 내 삶에 단 한 시간도 더는 행복이 없을 것 같았다"라고 털어놓았다. 그러나 하나님이 개입하셨다. "그 순간 일련의 남자들이 하나씩 차례로 나타나기 시작했다. 단순히 나와 함께 있어 줌으로써 그들은 하나님이 여전히 살아 계시다는 희망을 내 마음속에 계속 심어주었다."[8]

자녀들을 두고 간다고 생각하면 정말 내 마음이 아프다. 하지만 먼저 떠나는 죽음을 내가 능히 당해 내게 하실 하나님이 동일한 섭리로 앨리슨, 그레이엄, 켈시에게도 그 죽음을 소화할 은혜를 주실 것이다. 설령 떠날 날이 빨리 와도 두려움에 휩싸일 필요는 없다. 반대로 하나님께 대한 믿음과 소망과 당당함이 그날의 색조가 되어야 한다.

이 지극히 현실적인 관심사는 우리에게 모든 부모의 가장 중요한 작업을 이루는 동기가 되어 줄 수 있다. 바로 자녀들의 구원을 위한 노력이다. 강연 중에 C. J. 머헤니는 자기 아들과 함께 복음에 대해 대화할 새로운 길들을 모색하는 이유를 설명했다. 그는 청취자들에게 자신의 남은 생이 몇 해일지 모른다고 고백한 후 이렇게 말했다.

> 나는 아들이 크는 동안 내가 곁에 있을 수 있기를 기도한다. 아들이 결혼한다면 그때 내가 곁에 있을 수 있기를 기도한다. 아들의 자녀들에게 내가 할아비 노릇을 할 수 있기를 기도한다. 그러나 미래를 생각해 보면 내 생명이 오늘을 넘기리라는 보장조차 없다. 최선의 경우라 해도 내 날들은 계수되어 있다. 그래서 나는 내 죽음을 거꾸로 돌려 이렇게 묻는다. "내 삶의 목적은 무엇

인가?" 내 삶의 목적은 내 아들을 죽음에, 죽음만이 아니라 죽는 순간 당하게 될 심판에 대비하는 것이다. … 가장 중요한 과제는 내 아들이 하나님 앞에 단독으로 서서 하나님께 답변할 그날을 위해 그를 준비하는 것이다.[9]

부모인 우리는 떠날 날이 올 것을 생각보다 빨리 알기에 정말로 중요한 것에 집중할 수 있다. 그 마지막 날 나는 그레이엄의 골프 점수를 별로 마음에 두지 않을 것이다. 보이스클럽 농구 결승전도 생각나지 않을 것이다. 그의 방이 항상 깨끗했다거나 그가 어른들에게 인사하며 악수할 때 눈을 똑바로 바라보았던 것도 대단해 보이지 않을 것이다. 그런 것들은 다 아무래도 좋다. 그러나 내게 훨씬 더 중요한 것, 궁극적으로 중요한 것은 그레이엄이 하나님께 이런 말씀을 듣는 것이다. "잘하였다, 내 착하고 충성된 종아. 네 안식에 들어가라!"

그래서 나는 이 한 가지 목적으로 내 하루하루에 세례를 베풀고 싶다. 즉 내 자녀들이 꼭 복음을 받아들일 수 있도록 내 힘껏 최선을 다하는 것이다. 나는 그들이 자기를 영원으로 맞아주실 하나님을 알았으면 좋겠다. 우리 아이들에게 이 일의 시급성을 각인해 줄 시간이 내게는 제한되어 있지만 적어도 죽음의 현실은 이 책임을 환기해 주는 역할을 톡톡히 해낸다.

나의 책 《뿌리 깊은 영성은 흔들리지 않는다》(CUP)에서 한 장 전체를 할애해 살펴본 것처럼, 위대한 기독교 고전작가들은 죽음을 늘 염두에 두는 것을 영적 본분으로 알았다. 늘 바른 태도로 거룩함과 사명에서 자라가는 것과 영원한 사고방식을 간직하는 것을 그들은 필수 훈련으로 보았다. 그 작가 중 하나인 십자가의 요한(John of the Cross)은 해골 그림과 십자가로 뒤덮인 방에서 살았다. 그는 죽음을 망각하고 싶지 않아 가끔 인간 해골 모양의 그릇으로 음식을 먹기까지 했다.

나로서는 감히 상상도 못 할 일이지만, 아버지인 나는 죽음을 상기하기 위해 굳이 주변에 해골을 늘어놓지 않아도 된다. 자녀를 두는 것, 그리고 누군가를 한없이 사랑하는 그 두려운 일에 직면하는 것으로 그 목적은 훌륭히 달성된다. 자녀를 키우는 일은 정말 영성 훈련의 명문 학교다. 이는 놀라운 여정이다. 진을 빼놓지만, 시종일관 만족스러운 여정이다. 누가 먼저 이 땅을 떠나 영원에 들어갈지는 아무도 모르지만 우리는 안심해도 된다. 하나님은 한번 시작하신 일을 이루실 것이며 자신이 그토록 애지중지 사랑하시는 자들의 영혼을 빚으실 것이다.

그저 잠시 헤어질 뿐이다

엄마 마샤(Marsha)가 의사에게 유방암 진단을 받았을 때 에린 베쉬넌(Erin Bescheinen)은 세 살이었다. 마샤가 두 번째 진단을 받았을 때는 에린도 열세 살이라서 상황을 더 많이 알았다. 이번에는 마샤의 몸 다른 부위에 새로 종양이 생겼다. 처음의 공포 때문에 의사들은 조기에 발견해 화학요법 대신 방사선 치료를 썼다.

암이 세 번째이자 마지막으로 재발했을 때 에린은 열여섯 살이었다. 마샤는 유방암 생존자들을 드물지 않게 괴롭히는 일종의 폐암에 걸렸다. 왕성한 세력으로 4개월 만에 양쪽 폐와 식도로 퍼진 암은 결국은 뇌 외피(外皮)까지 공격했다.

3차 진단 초기부터 에린의 엄마는 왠지 이번에는 자신이 '삼진 아웃' 당할 것을 알았던 것 같다. 이번 암은 어딘지 다르다는 것을 그녀는 알았다. 자기가 이겨내지 못하리라는 것도 알았다.

마샤는 멋있게 떠나기로 했다. 그녀는 평범한 유리잔이며 식기류를 모두 치우고도 사기그릇과 크리스털 제품을 꺼냈다.

에린은 회상한다. "사기그릇에 시리얼을 먹고 크리스털 잔에 오렌지주스를 마시니 정말 근사했어요."

마샤는 병을 이겨내지 못할 것을 안 순간부터 가족의 적응을 순조롭게 해줄 각오로 계획을 짜기 시작했다. 자신의 부고도 직접 쓰고 장례식도 계획했다. 그녀는 집을 한 바퀴 돌며 특정 물품들 위에 각기 이름을 써두었다. 자신의 사후에 무엇이 누구 몫이 될 것인가에 대한 다툼을 미연에 막기 위해서였다.

"이것은 에린(또는 켈리 또는 스캇)에게 주고 싶구나. 그 이유는 … "

에린은 그런 당부의 '이유' 부분이 특히 소중하게 느껴졌다. 평범해 보이는 물건들에 애틋한 정감을 실어주었기 때문이다.

에린은 콜로라도주 그랜드 정션에서 자랐는데 그녀의 기억으로 공립학교 시스템이 엉망인 곳이었다. 에린은 성적 때문에 힘들어했다. 에린의 엄마와 아빠는 교장과 교사들에게 면담을 신청하려 했다. 그러나 마샤는 오히려 책망을 들었다. "보세요, 토마스 여사. 에린은 마약을 하는 것도 아니고 임신을 한 것도 아닙니다. 그런데 뭐가 그렇게 걱정입니까?" 학교 측의 말이었다.

마샤는 그 말을 들은 것으로 족했다. 그녀는 "에린은 이제 그 학교에 그만 다니겠습니다"라고 말한 뒤 즉시 에린을 사립 기숙사 학교에 입학시켰다. 그래서 에린은 마샤가 세 번째 암 진단을 받을 때 집에 없었다. 에린의 부모는 에린이 기숙사에서 외출을 나올 때까지 기다렸다가 암 재발 소식을 알렸다.

그해 여름, 마샤의 자녀 중 둘이 결혼했다. 몸 상태가 좋지 않으니 아들의 결혼식에 가면 안 된다는 의사의 말에 에린은 유난히 슬펐다. 결혼식에 가려면 비행기를 타야 했는데 의사는 그녀가 비행기 여행을 절대로 견딜 수 없다고 말했다.

마샤와 에린의 아빠 루만 빼고 나머지 가족은 다 축하하러 갔다. 에린의 엄마와 루가 사유 제트기를 전세 내기로 했다는 전화를 받고 자녀들이 얼마나 기뻤을지 상상해 보라. 마샤는 한다면 하는 여자였다. 의사가 뭐라고 하든 아들의 결혼식을 놓칠 수는 없었다!

결혼식을 마치고 돌아오는 길에 부모는 에린을 학교에 내려주었지만, 에린은 학교에 남아 있기가 싫었다. 엄마의 병세가 너무 악화되어 엄마를 떠나기가 두려웠다. 그래도 에린은 마지못해 남았다.

학교가 시작된 지 2주 후, 에린은 집으로 전화를 걸어 울음을 터뜨렸다. 아버지가 전화를 받았다.

"이번 주말에 꼭 집에 가야겠어요." 에린이 울먹이며 말했다.

에린의 아빠는 그로부터 2주 후면 에린이 집에 다녀갈 것이고 항공

권까지 예약되어 있음을 알고 있었다. 그는 "무슨 소리냐, 에린, 넌 잘 지낼 거다"라고 말했다. 그러나 에린은 잘 지내지 못했다. 에린은 숨이 턱에 차도록 떨며 울부짖고 있었고, 사실상 악을 쓰고 있었다. "그냥 이번 주말에 가고 싶어요!"

"에린아, 집 떠나 있기가 어려운 줄은 안다만, 네가 있어야 할 곳은 학교란다."

에린은 너무 화가 나서 전화를 끊었다. 그리고 언니에게 전화를 걸었다. "켈리, 난 집에 가고 싶어. 언니가 아빠에게 전화해서 내가 꼭 집에 가야 한다고 좀 말해 줄래?"

켈리도 에린의 아빠하고 똑같이 나왔다. "에린, 너 왜 그래? 어차피 두 주 후면 집에 올 거잖아."

그래서 에린은 전화를 끊고 다시 집으로 전화했다. 이번에는 아빠도 마지못해 마샤에게 전화를 바꿔 주었다. 마샤는 힘없이 지친 목소리로 말했다. "그래, 엄마도 네가 집에 오면 좋겠구나."

에린의 아빠도 그 말로 족했다. 그는 "공항에 전화를 걸어두마. 카운터에 가면 네 표가 기다리고 있을 거다"라고 말했다.

에린은 가방을 싸서 공항까지 택시로 가서는 집으로 돌아와 주말 내내 엄마 곁에서 지냈다. 그때쯤 마샤는 암이 식도로 다 퍼져 심한 기침 발작을 일으키곤 했다. 에린은 무엇보다도 그런 발작이 두려웠다. 때로 엄마의 발작이 그대로 멎지 않을 것만 같았다.

일요일, 에린의 출발 예정 시간을 불과 몇 시간 남겨 두고 엄마가 최악의 기침 발작을 일으켰다. 집에는 모녀 둘 뿐이었다.

"내 평생 가장 무서운 순간이었어요. 나는 엄마가 돌아가시는 줄 알았어요." 에린의 회상이다.

마샤는 결국 기침이 멎어 물을 몇 모금 마셨다. 20분 후 에린의 아빠가 집에 돌아오니 딸은 "안 갈래요" 하며 고집을 부렸다.

"에린, 이러면 안 된다. 넌 지금 고3이야. 여기저기 대학에 원서를 내고 있잖아. 학교로 가야 한다." 아빠는 말했다.

"아뇨. 전 안 가요."

에린의 아빠가 다시 한 번 반박하려 했지만, 마샤가 남편의 손과 딸의 손을 잡고 이렇게 말하는 순간 모든 입씨름은 끝났다. "나도 에린이 가지 않았으면 좋겠어요."

마샤는 다음 날 아침에 세상을 떠났다.

에린은 그 생각을 하면 지금도 눈물이 앞을 가린다. "엄마는 알았어요. 하나님도 아셨어요. 신기하게 하나님은 제가 거기 있어야 함을 알려 주셨어요."

비록 죽기 전 여름철에 자녀 둘의 결혼을 지켜보았지만, 마샤는 자녀들 인생의 수많은 굵직한 사건들과 고비들을 자기가 놓칠 것을 알았다. 많은 사람이 당연시하는 그 결정적인 순간에 함께 있고 싶은 마음, 그것이 가장 가슴에 사무쳤다. 이 슬픈 현실에 정면으로 맞서 마샤는 죽기 전에 아주 창의적인 일을 했다. 자녀들 모르게 선물을 여러 개 포장해 가족 금고에 남겨 두었다. 자기가 죽고 나면 남편이 열어 볼 것을 알고서 말이다.

그래서 에린은 열여덟 번째 생일날, 예쁘게 포장된 상자 위의 낯익은 필체를 알아보고는 눈물을 흘렸다.

"에린에게, 열여덟 번째 생일날"

에린은 믿어지지 않았다. 엄마의 선물을 받는 것이야말로 전혀 예상치 못했던 일이었다. 열심히 상자를 열어보니 엄마의 결혼반지가 있었다. 마샤는 가운데 다이아몬드를 빼내어 그것은 남편의 반지에 박아 주었고 그 자리에 자수정을 물려놓았다. 에린은 엄마가 이 특별한 날 용케 함께할 길을 찾아낸 데 대해 너무나 감격했다. 몸으로는 더 이상 함께 있지 못해도 영적으로 엄마는 여전히 딸의 인생에 중추적인 힘이었다.

몇 년 후 에린은 대학을 졸업했다. 졸업식이 있기 전날 밤, 아빠가 똑같은 낯익은 필체가 적힌 다른 상자를 내밀었다. 이번 선물은 마샤의 손목시계였다.

에린은 말한다. "정말 심금을 울려준 선물이었습니다. 그러잖아도 나는 '엄마의 등록상표'라고 할 만한 몇 가지 물건들이 어디로 갔나 늘 궁금했어요. 엄마가 날마다 몸에 차고 있던 것들 말이에요. 엄마는 액세서리의 여왕이었거든요. 그래서 나는 그런 것들이 어떻게 됐는지 늘 궁금했어요. 이 손목시계는 엄마가 결혼 50주년 때 받은 선물입니다. 롤렉스 시계인데 지금 내 팔목에 끼고 보니 정말 멋있어요. 이 시계를 보면 날마다 내 마음속에 품고 사는 엄마가 생각나요."

세월이 몇 년 더 흘러서 마침내 에린은 꿈에 그리던 남자를 만났다.

둘은 연애하다가 약혼했다. 결혼식을 준비하면서 에린은 어느 때보다 마샤가 더 그리웠다. 젊은 여자는 결혼을 계획할 때 엄마가 옆에 있어 주기를 원하는 법이다. 전부 혼자 힘으로 할 일이 아니다. 에린은 약간 자기연민이 들었다고 고백한다. 그러나 그보다도 그녀는 그런 중요한 날 엄마가 옆에 없어 너무나 허전했다.

에린이 신부 대기실에서 준비하며 들러리들과 이야기하고 있는데 에린의 아버지가 문을 노크했다. 에린은 아빠에게, 들어와 대님을 매달라고 했다. 그러나 방 안에 들어온 아빠는 대님만 가져온 것이 아니라 이번에도 그 낯익은 상자를 들고 왔다. 에린은 엄마의 또 다른 선물임을 즉각 알아차렸다. 에린은 아버지의 손에서 가만히 선물을 받았다. 역시 익숙한 필체로 이번에는 이렇게 적혀 있었다.

"에린에게, 결혼식 날"

상자를 뜯어본 에린은 전에 엄마 귀에서 반짝이던 다이아몬드 귀걸이를 보고 숨이 막혔다. 귀걸이를 차노라니 마치 엄마가 에린을 따뜻하게 껴안아 주거나 그 부드러운 손으로 에린의 머리를 쓰다듬는 것 같았다. 에린은 그 귀걸이를 차고 신부 입장을 했다. 그녀의 생각은 장래에 대한 생각과 교회당 앞쪽에서 자기를 기다리고 있는 남자에 대한 생각으로 가득했지만, 동시에 그녀는 자기에게 생명을 준 여인을 기억했다.

불가능한 상황에서도 마샤는 에린의 결혼식에 참석할 길을 찾아냈다. 자기를 기다리고 있는 선물이 더 있는지 에린은 모른다. 아빠는 말해 주지 않는다. 다만 아빠는 결혼 선물을 넘겨주면서 "이게 마지막 선물 중 하나다"라고만 했다. 그것이 모두를 위한 마지막 선물 중 하나라는(그래서 에린의 것은 더 이상 없다는) 뜻인지 아니면 에린을 위한 마지막 선물 중 하나라는 뜻인지 에린은 모른다.

에린은 내게 말했다. "무엇보다도 나는 엄마를 준비하신 하나님을 찬양합니다. 주님이 아니었다면 엄마는 이런 일을 거뜬히 해낼 수 없었을 거예요. 주님의 인도가 많이 있었다고 믿어요."

에린은 이렇게 말을 이었다. "선물들은 다 소중한 추억들이지요. 하지만 나는 엄마로 인해서, 엄마가 그런 분인 것을 인해서 하나님을 찬양합니다."

작가 아니랄까봐 나는 에린의 문법적 실수를 잡아내 알려준다. 에린은 엄마가 그런 분이었다고 하지 않고 그런 분이라고 현재시제로 말했다.

"분명히 지금도 엄마의 인도가 더러 느껴져요." 에린은 시인한다. "엄마 생각을 자주 합니다. 우리 엄마라면 어떻게 할까? 엄마라면 뭐라고 말할까? 엄마라면 무엇을 자랑스럽게 여길까? 엄마가 지금도 여기 있다고 생각하지는 않지만 나를 내려다보고 계신 것만은 확실히 느껴지는 것 같아요."

에린이 나이가 들어갈수록(이 글을 쓰는 현재 에린은 아직도 이십대니까, 상대적인 표현이다) 엄마의 친구들과 친척들은 에린이 마샤를 쏙 뺐다며 자주 흥분하곤 한다. "그들은 우리 모녀가 똑같이 생겼다며 '와' 하고 놀라지요. 하지만 그게 다가 아니고 말투, 주님을 향한 사랑, 버릇까지도 둘이 똑같다는 거예요. 분명히 엄마는 오늘 나라는 존재의 한 일부입니다. 틀림없이 엄마의 도움이 있었기에 지금의 내가 빚어진 것이지요."

에린의 이야기는 우리가 자녀를 아주 떠나지 않음을 보여 준다. 우리는 그저 잠시 헤어질 뿐이다. 몸으로는 자녀들 곁을 떠나야 하지만, 지극히 현실적인 의미에서 우리는 여전히 그들의 한 부분이다. 때로는 그것이 선물일 수도 있고 때로는 추억일 수도 있다. 최소한 우리의 유전자와 DNA가 그렇다.

우리에게 보장이란 없다. 우리가 죽을 수도 있고 자녀가 죽을 수도 있다. 아니면 자녀가 마냥 반항하며 우리를 피할 수도 있다. 우리는 통제할 수 없다. 다만 깊은 영향을 미칠 수는 있다. 그러나 그것조차도 우리에게 하나님이 계시다는 사실에 비하면 의미가 절반에도 못 미친다. 그분은 우리가 의지할 수 있는 하나님, 더 이상 이별이 없는 곳을 가리켜 보이시며 우리를 그곳으로 초대하시는 하나님이다.

자녀들을 최후의 피난처로 안내하되 그 과정에서 우리가 하나님을 믿고 의지하고 그분 안에 쉬는 법을 배우는 것, 그것이야말로 신성한 자녀 양육의 핵심이다.

Chapter 14

당신이
받을 상

자녀 양육은
신성한 소명이다

이 올망졸망한 아들 녀석들 때문에 내 직업에는 차질이 생겼지만, 그러나 그들은 사정없이 나를 내 영혼과 전능하신 그분과 현재와 미래와 이어주곤 했다. … 이 꼼지락대는 아이들은 지금이라는 찰나 속에서 나를 사로잡았고, 결국 내가 늘 애타게 이르려 했던 평안으로 나를 이끌어 주었다.

_ 아이리스 크래스노(Iris Krasnow)

리자가 젊어서 처음 엄마가 되었을 때 나는 아내를 격려하려고 단편소설을 썼다. 제목은 "하얀 반점"이라 붙였는데 실어주겠다는 출판사가 한 곳도 없었다. 하지만 내 생각에 그 메시지는 여전히 중요하다. 중요해서 소설로 성공하지 못했는지도 모른다.

"하얀 반점"은 리자의 수유의 물리적 증거를 가리킨다. 아내의 셔츠마다 매번 자국을 남겼고 그래서 빨랫감이 자주 쌓였다. 우리 첫아이는 젖을 곧잘 토해냈다. 반점이 묻을 때마다 블라우스를 갈아입어야 했다면 리자의 깨끗한 셔츠는 여섯 시간이면 바닥났을 것이다. 한동안 리자는 늘 얼룩진 옷을 입는 것이 창피하고 속상했다.

대다수 젊은 엄마들처럼 리자도 생활방식의 이런 변화에 적응하느라 애를 먹었다. 몇 년 전만 해도 리자는 우리 문화가 말하는 '전성기'를 달리고 있었다. 차림새도 최고였고, 체육관에서 운동도 했고, 금요일과 토요일 밤이면 뭐든 마음대로 하며 재미를 만끽했다. 이제 리자는 결혼해 엄마가 되어 아이와 함께 집에 있다. 아이가 물려낸 젖으로 범벅이 된 채 이전의 몸매로 돌아가려 애쓰고 있었고, 우선 베이비시터부터 구하지 않으면 아무것도 할 수 없었다.

소설 속의 젊은 엄마는 아기를 세상에 맞이하는 자신의 행위가 예수께서 심판 날에 극구 칭찬하시는 바로 그 행위임을 깨닫고 크게 놀란다.

> 내가 주릴 때에 너희가 먹을 것을 주었고 목마를 때에 마시게 하였고 나그네 되었을 때에 영접하였고 헐벗었을 때에 옷을 입혔고 병들었을 때에 돌보았고 옥에 갇혔을 때에 와서 보았느니라 (마 25:35~36).

갓 깨어나 애타게 엄마 젖을 찾는 아기보다 더 주린 사람이 누구인가? 태어난 지 얼마 안 된 아이보다 더 벗은 사람이 누구인가? 아는 사람 하나도 없는 세상을 찾아온 유아보다 더 나그네 된 사람이 누구인가? 걸핏하면 기저귀에 짓무르고 귓병과 배탈이 나는 어린 것보다 더 자주 아픈 사람이 누구인가?

엄마가 아이를 세상에 맞이해 먹이고 마시우고 입히고 아플 때 안아 주는(그리고 적어도 첫아이 때만은 고무 젖꼭지가 바닥에 떨어지면 삶고, 아기 체온이 38도만 되어도 안고 응급실로 뛴다) 것은, 예수께서 천국에서 상이 가장 크다고 말씀하신 바로 그 일을 하는 것이다.

"그래도 그렇지, 자기 자녀를 보살핀 것 가지고 어떻게 천국에서 상이 있겠나? 예수님 말씀은 그런 뜻이 아니겠지." 그렇게 물을 사람들도 있다.

그렇게 묻는 사람들은 우리가 기르는 아이들이 궁극적으로 우리 것이 아님을 모르는 것이다. 하나님은 아이들 하나하나를 창조하신다. 남아와 여아 하나하나에 대한 사랑과 긍휼이 어찌나 깊으신지 그분은 그들 삶의 사건을 단 하나도 놓치시지 않는다. "내가 진실로 너희에게 이르노니 너희가 여기 내 형제 중에 지극히 작은 자 하나에게 한 것이 곧 내게 한 것이니라"(마 25:40).

자신의 피조물에 대한 하나님의 기쁨을 이해하는 것은 우리 평생에 맛보게 될 깊은 영적 체험의 하나다. 아들의 열두 번째 생일 때 그의 가장 친한 친구를 데리고 캘리포니아에 가서 여러 테마파크에서 사흘을 보냈다. 단골 고객 항공권과 호텔 무료 숙박권 덕에 경비가 끔찍하게 많이 들지는 않았지만, 그래도 만만찮은 돈이라서 나는 두 번 생각해야 했다. 하루는 그 생각을 하고 있는데 내 아들과 그 친구가 곧 경험하게 될 일을 하나님이 기뻐하신다는 느낌이 확연히 들었다. 우리와 함께 갈 한 친구는 조종사가 되는 것이 꿈인데 대형 상용 비행기에 타본 적이 없었다. 마치 하나님께서 그 아이와 내 아들이 경험하게 될 일을 기대하시며 그분의 기쁨을 내게 나누어주시는 것 같았다. 하나님이 친히 우리의 여행을 기뻐하셨다.

그것은 묘하고 이상한 느낌이었고 아이들을 보는 내 시각에 확실히 영향을 미쳤다. 아이들에 대한 하나님의 관심이 늘 아주 뜨겁다는 점에서 특히 그랬다. 아이들을 기쁘게 해줄 때마다 우리는 하나님 얼굴에 웃음꽃이 피게 해드리는 것이다. 반면 아이들의 순수함을 짓밟을 때마다 우리는 흉포한 적을 불러들이는 것이다. "누구든지 나를 믿는 이 작은 자 중 하나를 실족하게 하면 차라리 연자 맷돌이 그 목에 달려서 깊은 바다에 빠뜨려지는 것이 나으니라"(마 18:6).

어머니들과 아버지들이여, 당신의 조그만 아기를 목욕시킬 때 당신은 하나님의 아기를 씻어주는 것이다. 바쁜 하루 중 잠시 멈추어 하늘을 올려다보라. 당신이 그 아이를 섬길 때 당신을 내려다보며 웃음 지으시는 하나님이 그려지는가? 배고픈 여섯 살 난 아이에게 땅콩버터 샌드위치를 만들어줄 때, 당신은 하나님의 자녀 중 하나를 먹이는 것이다. 귀 기울여보라. 기뻐서 껄껄 웃으시는 하나님의 웃음소리가 들릴지도 모른다. 학교에서 다른 아이들에게 무자비하게 놀림당한 사춘기 아이를 안아줄 때, 당신은 하나님의 자녀를 위로하고 있다. 당신의 어깨를 적시는 그것은 하나님의 눈물이 아닌가?

보살피고 사랑하는 과정에서 당신은 하나님께 큰 기쁨을 안겨 드린다. 바로 그 순간 당신은 그분의 공급, 그분의 위로, 그분의 열정이 된다. 그 기쁨 안에 헤엄치는 법을 배우라. 자녀 양육이 절대로 전과 똑같아 보이지 않을 것이다.

당신은 이 아이를 거부할 수도 있었다. 당신의 시간과 자원과 정서적 행복을 달라는 요구를 일축할 수도 있었다. 그러나 당신은 이 아이를 받아들였고, 엄청난 고통을 거쳐 출산했으며, 더 엄청난 고통을 거쳐 날마다 희생하며 사랑하고 있다. 당신의 하늘 아버지는 이 희생을 단 1초도 놓치시지 않는다. 다 보고 계신다. 그분은 당신과 함께 웃고 당신과 함께 우시며, 당신이 하는 선한 일에서 큰 기쁨을 얻으신다.

이제 바깥에서 아이들을 보면 나는 그들을 향한 하나님의 기쁨에 주파수를 맞추려 한다. 잠깐 위해서 기도할 때도 있다. 비행기에서 아이들 옆에 앉게 되면 나는 그들에게 말을 걸어 부모의 짐을 조금이나마 덜어주려 한다. 아이들과 함께 여행하기가 쉽지 않음을 나도 알기 때문이다. 한번은 시애틀행 비행기 안에서 어느 단란한 가족 옆에 앉은 적이 있다. 어린 딸은 붙임성이 아주 좋았고, 18개월 된 남동생은 놀랍도록 말을 잘 들었다. 비행이 끝나갈 무렵, 두 아이가 내 몸에 덥석 기어올랐다. 비행기가 레이니어산을 지나고 있어 아이들은 당연히 산이 보고 싶었는데, 내 자리가 창가에 있었다. 비행기가 착륙하자 어린 소녀는 나를 올려다보며 말했다. "다음에 또 만났으면 좋겠어요."

"나도." 나는 대답했다. 이 아이를 보호하고 사랑하고 양육하며 자신에게 인도하기 위해서라면 하나님이 아무리 귀한 것도 아끼시지 않겠다는 생각이 들었다. 그런 의미에서 나는 그 아이를 무척 사랑했다.

우리가 부모이든 아니든 아이들을 향한 하나님의 열정에 동참할 놀라운 기회가 우리에게 있다. 물론 하나님은 교회 본당에도 계신다. 예수께서 두세 사람이 그분 이름으로 모인 곳에는 자신도 그들 중에 있다고 하셨으니 말이다(마 18:20 참조). 그러나 정말로 하나님의 임재 안에 살고 싶다면 놀이터나 주일학교 방이나 보육원에 얼쩡거리는 것도 좋다.

거기서 벌어지는 일을 하나님은 절대로 놓치시지 않는다.

도전은 끝나지 않았고, 배움은 계속된다

10년도 더 전에 나는 워싱턴 D.C. 외곽의 고속도로로 출퇴근했다.

늦어도 새벽 5시 반에는 집을 나서야 했다. 5시 45분에 나가면 사무실까지 가는 데 30분이 더 걸렸다. 6시까지 떠나지 못하면 점심시간 전에 직장에 도착하지 못할 수도 있었다.

그날 아침, 나는 일과를 향해 떠나기 전에 몇 분 더 여유를 냈다. 보통 때는 급히 문을 나섰지만, 그날은 뭔가 기적이 벌어지고 있다는 느낌이 들었다.

나는 위층으로 다시 올라가 아이들 방을 살펴보았다. 두 녀석의 침대가 비어 있었다. 안방으로 가보니 리자가 어린 켈시를 안고 곤히 잠들어 있는데, 켈시는 숨을 쉴 때마다 그 작은 콧구멍이 가만히 벌름거렸다(그때 켈시는 아직 아기였다). 세 살배기 그레이엄이 침대 발치에 끼어 있어 세 사람은 마치 퍼즐 조각처럼 보였다. 다들 평화롭게 단잠에 빠져 있다. 앨리슨은 언제나 그렇듯이 시트와 담요를 둘둘 말고서 세상모르게 곯아떨어져 있다.

고요한 아침 시간에는 뭔가 거룩함이 있다. 수수한 연립주택이나 아파트가 성소와 성전이 되는 시간이다. 침묵은 내 마음에 하나님의 평안과 임재를 가져다준다. 낮에는 종일 웃음으로 가끔 눈물로 요란할지라도 이른 새벽의 고요함보다 내게 더 큰 소리로 말하는 것은 없다.

이윽고 나는 더없는 만족감에 젖어 어둠 속으로 발을 내디뎠다. 내 영혼은 한없이 충만했다. 페미니스트들은 한마디 할지 모르지만, 아빠로서 단잠에 빠진 가족을 뒤로하고 일터로 향하는 것보다 더 기분 좋은 일은 많지 않다. 마땅히 이래야 한다고 뭔가 음성이 들려온다.

나의 아버지도 그랬고, 할아버지도 그랬으며 그 할아버지도 그랬다.

내 몸은 소형차 혼다 시빅에 앉아 66번 도로로 향하고 있었지만, 내 영은 하나님 무릎에 앉아 주께서 나를 지명하셨다는 평화로운 기분에 젖어 있었다. 아직 지평선 위로 해가 떠오르기 전이었지만 어둠 속을 운전하면서, 신성한 자녀 양육이 무엇인지에 대한 생각이 섬광처럼 떠오르는 것을 깨달았다. 이 놀랍고 기이한 여정 중에 내 앞에 어떤 도전이 닥쳐와도 당당히 맞서고 싶어졌다.

도전은 끝나지 않았다. 배움은 계속된다. 그러나 내가 아는 것이 하나 있다. 자녀 양육은 신성한 부르심(소명)이다.

주

01. 아빠 하나님

1. 같은 구절에서 바울이 "악에는 어린아이가 되라, 지혜에 장성한 사람이 되라"라고 말한 것은 흥미로운 대목이다.
2. Rachel Cusk, *A Life's Work: On Becoming a Mother* (New York: Picador, 2002), 8.
3. 다음 책에 인용된 말. Rick Reilly, *Who's Your Caddy?: Looping for the Great, the Near Great and Reprobates of Golf* (New York: Doubleday, 2003), 59.

02. 가장 뼈저린 아픔

1. David McCullough, *John Adams* (New York: Simon and Schuster, 2001), 226.
2. Rick Reilly, "The Weak Shall Inherit the Gym," *Sports Illustrated* (2001년 5월 14일), 96.
3. 다음 기사에 인용된 말. Marilee Jones, "Parents get too aggressive on admissions," *USA Today* (2003년 1월 6일), D1.
4. Jim Schmotzer, 개인적인 대화.
5. David Brooks, "The Organization Kid," *Atlantic Monthly* (2001년 4월), 43.

6. Brooks, "The Organization Kid," 44.

7. Brooks, "The Organization Kid," 54.

8. 이 테이프와 그 밖에 많은 테이프를 웹사이트 www.sovereigngrace ministries.org에서 온라인으로 주문할 수 있다.

9. Gary Thomas, *Sacred Marriage* (Grand Rapids: Zondervan, 2000), 237.(《결혼, 영성에 눈뜨다》, 좋은 씨앗)

10. 물론 본래는 "나의 하나님, 나의 하나님, 어찌하여 나를 버리셨나이까"(마 27:46)이지만, 요점을 살리기 위한 이 정도의 재량은 큰 무리가 없을 줄 믿는다. 예수께서 어떤 호칭을 쓰셨든, 정말 아픈 부분은 "어찌하여 나를 버리셨나이까"라는 말이다.

11. 다음 책에 인용된 일화. Rabbi Nancy Fuchs-Kreimer, *Parenting as a Spiritual Journey: Deepening Ordinary and Extraordinary Events into Sacred Occasions* (Woodstock, Vt.: Jewish Lights, 1998), 162~163.

03. 죄책감 뒤에 숨은 보화

1. 참조. Rabbi Nancy Fuchs-Kreimer, *Parenting as a Spiritual Journey: Deepening Ordinary and Extraordinary Events into Sacred Occasions* (Woodstock, Vt.: Jewish Lights, 1998), 115.

2. Lisa Belkin, *Life's Work: Confessions of an Unbalanced Mom* (New York: Simon and Schuster, 2002), 119.

3. Belkin, *Life's Work*, 120.

4. 다음 기사에 인용된 말. Merrell Noden, "Marty Liquori, Dream Miler," *Sports Illustrated* (2000년 6월 5일), 18.

5. 다음 책에 나오는 말로, 나는 그 책의 초고를 읽는 특권을 누렸다. Carolyn Mahaney, *Feminine Appeal: Seven Virtues of a Godly Wife and Mother* (Wheaton, Ill.: Crossway, 2003).

6. 이 예화는 로버트 스톤(Robert Stone) 박사에게 빚진 것이다. 그는 2002년 10월 13일 워싱턴주 벨링햄의 힐크레스트 교회에서 교인들과 방문자들에게 한 설교에 이 예화를 사용했다.

04. 천국이 잡히는 순간

1. 다음 책에 인용된 말. Dennis Rainey, *Ministering to Twenty-First Century Families* (Nashville: Word, 2001), 216.

2. Frank Buchman, *The Revolutionary Path* (London: Grosvenor, 1975), 2~3.

3. Buchman, *The Revolutionary Path*, 5.

4. Gordon Smith, *On the Way: A Guide to Christian Spirituality* (Colorado Springs: NavPress, 2001), 72.(《우리가 가야 할 길》, 도서출판 누가)

5. 다음 책에 인용된 말. Peter Howard, *Frank Buchman's Secret* (London: William Heinemann, 1961), 13.

05. 오, 이 기쁨!

1. 다음 기사에 인용된 말. Rick Reilly, "The Gold Standard," *Sports Illustrated* (2002년 3월 4일), 88.

2. 같은 기사, 88.

3. Carol Lynn Pearson, *On the Seesaw: The Ups and Downs of a*

Single-Parent Family (New York: Random House, 1988), 4~5.
4. 다음 책에 인용된 표현. Elton Trueblood, The Humor of Christ (New York: Harper and Row, 1964), 22.
5. Barna Research Group, "Surprisingly Few Adults Outside of Christianity Have Positive Views of Christians." Barna Research Online 참조 (www.barna.org/cgi-bin/PagePressRelease.asp? PressReleaseID =127&Reference=F).
6. 다음 책에 인용된 내용. Elton Trueblood, The Humor of Christ, 23~25.
7. 다음 책에 인용된 내용. John and Susan Yates, What Really Matters at Home: Eight Crucial Elements for Building Character in Your Family (Dallas: Word, 1992), 141.
8. Trueblood, The Humor of Christ, 32.
9. C. J.의 테이프 시리즈 제목은 "복음 중심의 자녀 양육"이며, 캐롤린과 딸들의 말은 "어머니와 딸" 편에 수록되어 있다. www.sovereign graceministries.org에서 구입할 수 있다.

06. 지독히도 무력한 자리

1. 다음 책에 인용된 말. Albert Kim and Mark Mravic, "The Beat," Sports Illustrated (2001년 6월 11일), 40.
2. Iris Krasnow, Surrendering to Motherhood: Losing Your Mind, Finding Your Soul (New York: Hyperion, 1997), 149.
3. Dennis Rainey, Ministering to Twenty-First Century Families (Nashville: Word, 2001), 223.

4. 다음 기사에 인용된 말. Cal Fussman, "Al Pacino—the Legend," *Esquire* (2002년 7월), 48.

07. 불타는 사랑

1. Augustine, "Enchiridion," *A Select Library of the Nicene and Post-Nicene Fathers of the Christian Church* 제3권, Philip Schaff 편집(Grand Rapids: Eerdmans, 1998 재판), 249.
2. Rachel Cusk, *A Life's Work: On Becoming a Mother* (New York: Picador, 2002), 79.
3. Cusk, *A Life's Work*, 79~80.
4. Cusk, *A Life's Work*, 80.
5. C. S. Lewis, *Reflections on the Psalms* (New York: Harcourt, Brace and World, 1958), 30.
6. Lewis, *Reflections on the Psalms*, 31~32.
7. Hans-Cristoph Hahn, "Anger," *The New International Dictionary of New Testament Theology*, 제1권, Colin Brown 편집(Grand Rapids: Zondervan, 1975), 109.
8. 참조. Duane Miller, *Out of the Silence: A Personal Testimony of God's Healing Power* (Nashville: Nelson, 1996).
9. Dan Allender and Tremper Longman III, *Cry of the Soul* (Colorado Springs: NavPress, 1994), 74.
10. Joy Davidman, *Smoke on the Mountain* (Philadelphia: Westminster, 1974), 67~68.

08. 망가짐 저편의 영광

1. Rabbi Nancy Fuchs-Kreimer, *Parenting as a Spiritual Journey: Deepening Ordinary and Extraordinary Events into Sacred Occasions* (Woodstock, Vt.: Jewish Lights, 1998), 26.
2. Rachel Cusk, *A Life's Work: On Becoming a Mother* (New York: Picador, 2002), 69~70.
3. Cusk, *A Life's Work*, 70~71.
4. Cusk, *A Life's Work*, 138.
5. Iris Krasnow, *Surrendering to Motherhood: Losing Your Mind, Finding Your Soul* (New York: Hyperion, 1997), 74~75.
6. 참조. Patrick Carnes, *Out of the Shadows: Understanding Sexual Addiction*, 3판(Center City, Minn.: Hazelden, 2001), 87.
7. Carnes, *Out of the Shadows*, 88.
8. Krasnow, *Surrendering to Motherhood*, 86~87.

09. 유난히 힘든 아이도 선물이다

1. 다음 책에 인용된 말. David McCullough, *John Adams* (New York: Simon and Schuster, 2001), 548.
2. 다음 책에 인용된 말. McCullough, *John Adams*, 634.
3. 다음 책에 인용된 말. Elton Trueblood, *The Recovery of Family Life* (New York: Harper Brothers, 1953), 50.
4. Trueblood, *The Recovery of Family Life*, 50~51.
5. Trueblood, *The Recovery of Family Life*, 56~57.

6. 다음 책에 인용된 이야기. Rabbi Nancy Fuchs-Kreimer, *Parenting as a Spiritual Journey: Deepening Ordinary and Extraordinary Events into Sacred Occasions* (Woodstock, Vt.: Jewish Lights, 1998), 59.

10. 삶을 영원히 바꿔 줄 성경의 가장 지루한 장

1. 다음 책에 실린 기사. Richard Wheeler, *Iwo* (New York: Lippincott and Crowell, 1980), 79.
2. 다음 책에 인용된 말. Terrence Rafferty, "The Evil Do-Gooder," *GQ* (2002년 6월), 83.
3. Rabbi Nancy Fuchs-Kreimer, *Parenting as a Spiritual Journey: Deepening Ordinary and Extraordinary Events into Sacred Occasions* (Woodstock, Vt.: Jewish Lights, 1998), 10.

11. 모전여전 부전자전

1. George Gilder, *Men and Marriage* (Gretna, La.: Pelican, 1986), 192.
2. Gilder, *Men and Marriage*, 192~193.
3. 다음 기사에 인용된 말. Ivan Solotaroff, "Pride of the Confederacy," *GQ*(2002년 10월), 279.
4. 참조. Patrick Carnes, *Out of the Shadow: Understanding Sexual Addiction*, 제3판(Center City, Minn.: Hazelden, 2001), 5.
5. Carnes, *Out of the Shadow*, xviii.
6. Carnes, *Out of the Shadow*, 5.
7. 다음 책에 인용된 말. John Stott, *Guard the Gospel* (Downers Grove,

Ill.: InterVarsity Press, 1973), 27.

12. 희생

1. Jeremy Schaap, "A Father's Gift," *Sports Illustrated* (2002년 1월 7일), 28.
2. Rachel Cusk, *A Life's Work: On Becoming a Mother* (New York: Picador, 2002), 29~30.
3. Cusk, *A Life's Work*, 30.
4. Elton Trueblood, *The Recovery of Family Life* (New York: Harper Brothers, 1953), 92.
5. 다음 책에 인용된 글. David McCullough, *John Adams* (New York: Simon and Schuster, 2001), 236~237.
6. 다음 기사에 인용된 말. Dan Rafael, "Full Force Tyson…," *USA Today* (2000년 10월 18일), 2C.
7. 참조. "Spending Time with Tyson," *Sports Illustrated* (2002년 5월 20일), 38.
8. Iris Krasnow, *Surrendering to Motherhood: Losing Your Mind, Finding Your Soul* (New York: Hyperion, 1997), 166~167.
9. Trueblood, *The Recovery of Family Life*, 30.
10. Cusk, *A Life's Work*, 65.
11. Thomas Kelly, *A Testament of Devotion* (New York: Harper and Brothers, 1941, 중판 HarperCollins, 1992), 75.
12. Kelly, *A Testament of Devotion*, 75.
13. Francis de Sales, *Thy Will Be Done: Letters to Persons in the World*

(Manchester, N.H.: Sophia Institute Press, 1995), 60.

14. De Sales, *Thy Will Be Done*, 86~87.

15. Cusk, *A Life's Work*, 41.

16. 참조. C. S. Lewis, *The Lion, the Witch and the Wardrobe* (New York: HarperCollins, 1994 재판), 154~155.(《사자와 마녀와 옷장》, 시공사)

17. 다음 칼럼에 기초한 일화. Rick Reilly, "Twas the Fight before Christmas," *Sports Illustrated* (1999년 12월 27일), 144.

13. 떠나보내기

1. Rachel Cusk, *A Life's Work: On Becoming a Mother* (New York: Picador, 2002), 107~108.

2. Evelyn and James Whitehead, *Marrying Well: Possibilities in Christian Marriage Today* (Garden City, N.Y.: Doubleday, 1981), 243~244.

3. Cathy Carpenter, 미간행 원고, 74.(개인적인 대화를 통해 들은 내용)

4. 다음 책에 인용된 사연. Bob Greene, "A Father's Farewell to His Dearest Friend," in *Chevrolet Summers, Dairy Queen Nights* (New York: Viking, 1997), 243~245.

5. 다음 기사에 인용된 내용. Greg Barrett, "A Child's Death Leaves an Unfillable Void," *USA Today* (2001년 8월 1일), 10D.

6. Barrett, "A Child's Death Leaves an Unfillable Void."

7. 공정성을 위해 밝히지만 이 '통찰'은 내 좋은 친구 폴 피터슨(Paul Petersen)에게서 얻은 것이다.

8. John Sloan, *The Barnabas Way* (Colorado Springs: WaterBrook 2002), 7~8. (《탁월한 헬퍼 바나바》, 가이드포스트).

9. C. J. Mahaney, "복음 중심의 자녀 양육, 제2부: 교육의 당위성." Sovereign Grace Ministries, www.sovereigngraceministries.org에서 CD를 구입할 수 있다.